谨以此书献给我的孩子

书寻法意 ❷

法学名著导读

王水明 ◎ 编著

知识产权出版社
全国百佳图书出版单位
—北京—

图书在版编目（CIP）数据

书寻法意：法学名著导读.2/王水明编著.—北京：知识产权出版社，2021.11
ISBN 978-7-5130-7614-2

Ⅰ.①书… Ⅱ.①王… Ⅲ.①法学—文集 Ⅳ.①D90-53

中国版本图书馆 CIP 数据核字（2021）第 140003 号

责任编辑：齐梓伊　唱学静	责任校对：谷　洋
封面设计：瀚品设计	责任印制：刘译文

书寻法意2
——法学名著导读
王水明　编著

出版发行：知识产权出版社有限责任公司	网　　址：http://www.ipph.cn
社　　址：北京市海淀区气象路50号院	邮　　编：100081
责编电话：010-82000860 转 8176	责编邮箱：qiziyi2004@qq.com
发行电话：010-82000860 转 8101/8102	发行传真：010-82000893/82005070/82000270
印　　刷：天津嘉恒印务有限公司	经　　销：各大网上书店、新华书店及相关专业书店
开　　本：880mm×1230mm　1/32	印　　张：13.25
版　　次：2021年11月第1版	印　　次：2021年11月第1次印刷
字　　数：307千字	定　　价：68.00元
ISBN 978-7-5130-7614-2	

出版权专有　侵权必究
如有印装质量问题，本社负责调换。

作者简介

王水明，男，1975年4月生，浙江杭州人，西南政法大学法学学士、浙江大学法律硕士。现任青海省人民检察院法律政策研究室主任，三级高级检察官。

多年来，办理各类民事、行政检察案件600余件，其中有两起案件入选最高人民检察院民事行政检察厅编写的《民事行政检察工作30周年经典案例》。在《法学杂志》《人民检察》《人民法院报》《检察日报》《人民法治》《青海社会科学》等刊物发表文章150余篇，撰写的《民事检察抗诉制度的重构》等多篇论文荣获全国、全省检察系统理论研究成果奖。出版专著两部：《书寻法意：法学经典名著导读》《民事检察：案例与实务研究》。承担青海省法学会课题4项。

先后荣获"浙江省检察机关首届十佳民行办案人""全国检察业务专家""青海省检察业务专家""首批全国检察机关调研骨干人才""首届青海省优秀青年法学家"等称号。曾被浙江省人民检察院荣记个人三等功一次，被青海省人民检察院荣记个人二等功一次。被青海省法学会聘为特邀研究员，分别被青海师范大学、青海民族大学聘为法学（法律）专业硕士研究生实务导师、导师，被中国法学会检察学研究会第三届理事会选为理事，被国家检察官学院青海分院聘为兼职教授，被中共青海省委政法委员会聘为执法监督人才库成员，被中共青海省委组织部、青海省法学会等六单位聘为青海省"双百"法治宣讲团成员，被中共青海省委组织部聘为第二届青海省党员教育省级"高原先锋师资库"入库师资。

电子邮箱：wshm2152@sina.com

序言：寂寞长跑，万里之志

两年前，青海省人民检察院王水明检察官以多年读书思考的心得领悟为基础，完成了《书寻法意——法学经典名著导读》一书，并请我作序。应诺之后，我自然要考虑怎样去写这篇序。因为，我觉得为他人作序既是一件荣幸的事，同时也是责任很大的事，你既不能草草了事敷衍别人，也不能胡吹乱捧误了读者。就像一个写书的人，你既要为自己负责，也要为读者负责。最后，我实际上是写了篇带有个人感情的读书推介代之以序，题为："投之以浮瓶，期之以灵犀"。其用意是说，这本书实际上是向不特定的读者传播和投放出许多思想、观点和领悟，如果有谁恰巧接收到这些信息，并从中有了新的思考和思想，有了观点和领悟，那则正是作者期待的心有灵犀。时间过去两年，水明检察官又完成了《书寻法意 2——法学名著导读》，再次请我作序。对我来说，这的确是一个惊喜。因为在这么短的时间里，包括 40 部法学名著导读的《书寻法意》第二辑便将出版，至少说明两点：第一，作者一直在坚持读书，没有自我满足和懈怠；第二，他投放出去的漂流瓶已经为许多心有灵犀的人所接收，这当然是一个成功，有读书人或文化人自己才能体味的喜悦。为此，要祝贺水明检察官！

祝贺之际，我不想就《书寻法意》第二辑本身多说什么，读者自会有判断。我只想由此谈谈它所体现的三种精神境界。

第一种境界。我相信大多数读书人都知道中国有句古训：读万卷书，行万里路。其中的道理初看很简单，即读书和实践是相辅相成的。只读书本，没有游历和经历，没有对自然、社会和世界的直观认识是不够的。书本上读到的、学到的，必须能够用于实实在在的人生和社会生活，否则只是自我陶醉的空读而已，尽管这也不失为一种读书境界。我想，水明检察官对此肯定是明确的。所以，身为检察官，他在紧张的履行工作职责之余，在生活和读书条件相对来说仍然无法和北京、上海和广州这些大城市相比的青海，从来没有中断过读书思考，这本身就是非常值得赞扬的可贵精神。更有意义的是，他在此过程中已经实现了"读万卷书，行万里路"的境界。

第二种境界。许多人都喜欢用清末学者王国维的词句来形容读书的三个阶段，即"昨夜西风凋碧树。独上高楼，望尽天涯路""衣带渐宽终不悔，为伊消得人憔悴""众里寻他千百度，蓦然回首，那人却在灯火阑珊处"。作者在其自序中也引了这首词，说了他的理解。我认为，王国维所说的，是读书的三个阶段场景，但总的体现了一种精神境界，即读万卷书就是行万里路。读书不难，似乎每个人都可以做到，但读万卷书可没有那么容易，能做到的人可能没有几个。人这一辈子，认真细致地读上几百本甚至上千本已属不易，何况万卷乎！要想追寻读万卷书的境界，只有一个方法，那就是：锲而不舍，耐得住寂寞。读书是一个人的自我修炼，必然要在独处的情况下进行，久而久之，当然免不了孤寂，一个耐不住寂寞的人，是不可能读万卷书的。这意味着，读万卷书必定是"寂寞的长跑"。在一个社会里，有雄心的人固然不少，但有雄才的人并不多，而有恒心的人恐怕更少，矢志于万里之志，不问一时功利，不受条件和环境影响，几十年如一日寂寞长跑的人少之又少。《书寻法意》第二辑问世，可以看作是这种境界的一个体现。作者感悟到读书是"寂寞的长跑"，说明他早已有了这种精神境界。

第三种境界。读书是寂寞的，读万卷书更是寂寞的长跑。但是，如果一个读书人在寂寞长跑过程中，不断地向有心人、向旁人、向路人投赠玫瑰或灵启，那么他其实就不寂寞；相反，他会有行善布道的成功享受。读书人不是为自我满足、人前高谈阔论，而是为传经布道、经世济民，这其实是一种善行。我认为，《书寻法意》这两本书已经有了这种行善布道的境界。他的两辑《书寻法意》传播了多少思想、智慧和精神，每个读者会有不同接收和领悟。但毫无疑问，这是读书人和文化人的一种天命和功德。更难能可贵的是，作者身为一个司法实务工作者，没有满足和局限于实务工作的尽职尽责，而是通过读书著书传播法律的信仰、理念和思想，提高自身的职业水准，从而把自身工作和整个职业领域的进步结合在一起，这实在是应该得到称赞的善举。多年前，我写过一篇文章，讲法律职业共同体。我认为，中国司法界存在的问题，并非中国司法界自身的问题。根本原因在于我们没有一个明确的，有自身职业定位、价值观念、职业素养和职业道德的法律职业共同体。直到今天，我仍然持此观点。我认为，一个法律职业共同体的形成，需要一个历史过程。在这个过程中，每个法律人的自身修炼，其职业价值观念、道德操守、专业素质的养成等，都是基本的条件。我百分之百地确信，水明检察官读了这么多富有人类智慧的法学经典名著，对他自己的职业信仰、观念和专业素质一定会产生深深的影响，而这些影响会在他的法律实务工作中得到体现，最终会有更符合或接近普遍正义的专业判断和解决问题的方式。就此而言，我以为他是用一个个人的方式，追寻着真正的法意。所以，为其新书作序，其乐之至，颇有告之众人与其一起追寻之用心。最后，我想引用作者自己的话，作为我的认同和赞许：

"当今的法律工作者，不应该再是高贵而孤独的王侯，应当是个泥瓦匠，从抹一把泥砌一块砖做起；应当是个农夫，从撒一把种子锄一次草开始；应当是个传教士，把法律思想的种子，撒向每一颗心灵的深处。"

二〇二〇年九月十三日于澳门氹仔海明湾畔

自　序

　　清末民初国学大师王国维在其著作《人间词话》里谈到，古之成大事业、大学问者，必须经过三种境界："昨夜西风凋碧树。独上高楼，望尽天涯路"，此为第一境也；"衣带渐宽终不悔，为伊消得人憔悴"，此为第二境也；"众里寻他千百度，蓦然回首，那人却在灯火阑珊处"，此为第三境也。无论是第一境界"登高望远、瞰察路径、明确目标与方向的执着追求"，还是第二境界"坚定不移、废寝忘食、孜孜以求的坚持"，抑或是第三境界"专注求索、反复追寻、豁然通达的理想世界"，三种境界的核心是两个字：坚持。在学术道路上，我认为应该做到三个坚持：阅读、思考、写作。

　　阅读是前提。阅读是与意义紧密相连的，它让我们知晓，生活不只是苟且，还有诗和远方；也不只有面包，还有玫瑰与咖啡。阅读又是与现实密不可分的，它教会我们审视自身、迎接挑战、辨别善恶，继而读懂生命的真谛、探得生命的意趣。书籍并非是装点门面的饰品，而是精神的营养品，浸润书香，才能让我们驶向无限广阔的海洋，让人气象万千。书籍传递给我们的不仅是知识，更有认识这个世界的逻辑、方法和哲理，帮助我们于升平气象中看到隐患风险，于问题荆棘中看到山路希望，从历史幽暗中看到璀璨未来，从人性冷漠中看到道德之光。有人说，海明威阅读海，发现生命是一条要花一辈子才会上钩的鱼。"智者阅读群书，亦阅历人生。"阅读总能帮助人们透过薄薄的纸张，感受历史进程的脉搏；总能启迪人们透过苍白的语言，体验人生百态的曼妙。如果说，人生的旅途就是探寻一个又一个未知的可能，那么阅读，或许就是不同世界的入口。让我们记住契诃夫的忠告："学问是光明，愚昧是黑暗。读书吧！"

思考是桥梁。"循序渐进、熟读精思、虚心涵泳、切己体察、着紧用力、居敬持志"，在朱子24字读书法中，熟读精思是主要内容。所谓精思，就是用心地仔细地精确地思考，如果说阅读的最终目的是学有所用，那么精思无疑是必不可少的环节。德国哲学家康德说："若想拥有自己的主张，就必须动脑思考，将想法转化为语言。"如何思考，我认为，应做到三个有机结合：一是阅读与思考有机结合。正所谓学有所思，学有所悟，在阅读的过程中，对于产生的所思所想及时进行整理，无疑为做学问打下了良好基础。二是实践与思考有机结合。作为司法工作者，面对实践中的一些难题，在寻求解决之道的过程中必然会深入思考，这些思考汇聚起来，同样会成为很好的写作素材，体现了理论与实践的融合。三是生活与思考有机结合。法律是社会生活的反映，因而法律的主要功能是解决纠纷、化解矛盾，对于生活中出现的一些法律问题，如能通过思考探求解决之道，无疑生动体现了法律回应社会现实的场景。因此，唯有不断思考，才能让我们在法律的道路上走得更远。

写作是归宿。英国哲学家培根说过："读书使人丰富，讨论使人成熟，写作使人精确。"因而，精确源自于写作。自2002年拿起笔，便再没有放下。写作成为我追寻法律梦想、实现人生价值的一种方式。从此，《法哲学》《法律与道德》《英国普通法的诞生》《法律的正当程序》等众多法学名著成为我阅读的对象，富勒、拉德布鲁赫、庞德、丹宁等法律名人成为我热衷的话题。通过与每一位智者进行深度对话，让我逐渐走近了法律思想的殿堂。我深深感到，只有在写作中阅读，才能更深刻地理解和思考，更有效地完善自己的思想、观点和方法，使思想更深刻，思维更缜密，思路更清晰。

"道阻且长，行则将至。"面向未来的学术道路，只有进行时，没有休止符。今后，我将努力方向归结为三句话：坚守法律信仰、遵从内心良知、强化法律实践。

坚守法律信仰是一种信念。法律是一种规则体系，同时亦为一种意义体系。任何规则必蕴涵有一定的法理，载述着一定的道德关切，寄托着深切的信仰。凡此种种，一言以蔽之，曰法意，它们构成了规则的意义世界，而为法制之内在基础。由此，我们也就不难理解美国著名法学家伯尔曼的那句名言："法律必须被信仰，否则它将形同虚设。"作为一名法律人，要坚守法律信仰，我认为要做到以下三点：第一，对法律要有一种信仰的情结，将法律视为内心的确信、行动的依靠。第二，对法律要有一种信仰的态度，这种态度体现在对法律的认同、尊重和奉行，正如美国法学家德沃金教授指出的那样，"法律帝国并非由疆界、权力或程序界定，而是由态度界定"。第三，对法律要有一种信仰的行为，心中树立起循法而治的观念，由此法律的权威与尊严才能得以彰显。

遵从内心良知是一种确信。英国法学家阿克顿说，"良知是人类必须坚守的不可或缺的堡垒"。作为法律人，良知是内心底线，是指最起码的有关法律的规则意识和精神追求。它犹如职业门槛，至关重要。这种良知不仅是法律人的职业操守、职业标志，更是法律人的思想境界；只有具备良知，我们所做的法律工作才具有法律的气息、符合法律的精神，凸显法律的意义。

强化法律实践是一种行动。美国著名法理学家庞德说，"法律的生命在于其实施，因而迫切需要对怎样使大量立法和司法解释有效而进行认真的科学研究"。因而，司法工作者的最大任务是通过司法工作来维护法律权威，彰显法律公信力，推动法律改革和社会进步，实现良法善治。我认为，随着司法体制改革深入推进，当今的法律工作者，不应该是高贵而孤独的王侯，应当是个泥瓦匠，从抹一把泥砌一块砖做起；应当是个农夫，从撒一把种子锄一次草开始；应当是个传教士，把法律思想的种子，撒向每一颗心灵的深处。

目录 CONTENTS

1. 世俗自然法论者：富勒
　　——《大师学述：富勒》导读 003

2. 法史长河中的思想之光
　　——《世界上伟大的法学家》导读 015

3. 德沃金的权利观
　　——《认真对待权利》导读 026

4. 拉德布鲁赫的相对主义法哲学思想
　　——《法哲学》导读 035

5. 麦考密克的法律推理观
　　——《法律推理与法律理论》导读 045

6. 变化中的公正观
　　——《论公正》导读 054

7. 萨维尼的法学方法论
　　——《萨维尼法学方法论讲义与格林笔记》导读 064

8. 齐佩利乌斯的法学方法论探析
　　——《法学方法论》导读 074

9. 学法须穿过一片片荆棘丛
   ——《荆棘丛——关于法律与法学院的经典演讲》导读 ... 085

10. 凯尔森的纯粹法律理论
    ——《法与国家的一般理论》导读 ... 095

11. 穗积陈重与他的法典编纂思想
    ——《法典论》导读 ... 105

12. 一次跨越法学好望角的远航
    ——《法律与道德》导读 ... 114

13. 法理世界的姹紫嫣红
    ——《读懂法理学》导读 ... 123

14. 娓娓道来的"美国法律史"
    ——《美国法律史》导读 ... 136

15. 独步天下的普通法
    ——《法官、立法者与法学教授——欧洲法律史篇》导读 ... 146

16. 让英国普通法不再神秘
    ——《英国法释义》(第一卷)导读 ... 158

17. 中世纪法律的窗口
    ——《中世纪的法律与政治》导读 ... 167

18. 诉讼形式是普通法基础
    ——《普通法的诉讼形式》导读 ... 179

19. 群星璀璨的法律人生命史
    ——《英国法的塑造者》导读 ... 187

20. 欧洲法律文化新画卷
    ——《新的欧洲法律文化》(增订版)导读 ... 197

目录

21. 温故1066：普通法诞生的"三驾马车"
　　——《英国普通法的诞生》导读　　206

22. 法律文化的渊源
　　——《比较法律文化》导读　　216

23. 英国法与法国法之差异
　　——《英国法与法国法：一种实质性比较》导读　　226

24. 从法观念视角探视东西方法律
　　——《东西方的法观念比较》导读　　238

25. 法律传统：多样性从何处来，往何处去
　　——《世界法律传统——法律的持续多样性》
　　（第三版）导读　　247

26. 比较法学研究的视角与成果
　　——《比较法导论》导读　　260

27. 政治学视野下的司法程序
　　——《司法和国家权力的多种面孔》（修订版）导读　　269

28. 程序正义：正当程序的法律价值
　　——《法律的正当程序》导读　　279

29. 法学家的界碑
　　——《法律的未来》导读　　288

30. 法庭判例的政治后果
　　——《最后的篇章》导读　　297

31. 沃伦法院对美国社会的历史印记
　　——《沃伦法院对正义的追求》导读　　306

32. 巴拉克的司法哲学
——《民主国家的法官》导读 ... 313

33. 法官：正义与良知的守护者
——《法官能为法治做什么——美国著名法官讲演录》导读 ... 323

34. 强制性乃法律的本质特征
——《原始人的法——法律的动态比较研究》（修订译本）导读 ... 333

35. 始终关注社会生活的"活法"
——《法社会学原理》导读 ... 341

36. 在社会中认识和研究法律
——《法律社会学导论》（第2版）导读 ... 351

37. 加罗法洛的犯罪学思想
——《犯罪学》导读 ... 361

38. 从研究犯罪到研究罪犯
——《犯罪人论》导读 ... 371

39. 近距离观察德国刑法学的窗口
——《刑法总论教科书》（第六版）导读 ... 380

40. 菲利的犯罪学多因素理论
——《犯罪社会学》导读 ... 390

后　记 ... 402

法律是一切人类智慧的聪明的结晶,包括一切社会思想和道德。

——[古希腊]柏拉图

1. 世俗自然法论者：富勒

——《大师学述：富勒》*导读

法律体系是一项使得人类行为服从于一般性规则的引导和控制的有目的的人类事业。

——［美］富勒

【作者、作品简介】

罗伯特·萨默斯于1933年出生于俄勒冈哈夫威，1955年获俄勒冈大学理学学士学位（BS），1959年获哈佛大学法学院学士学位（LL.B），1969年来到康奈尔大学法学院执教，曾任康奈尔大学法学院William G.McRobert行政法研究教授。萨默斯作为富勒和哈特的学生，对于中国法律人来说，是一处需要好好开采的金矿。他在合同法、商法、法理学和法律理论等领域的研究获得了国际法学界的赞誉。比如，他和詹姆斯·怀特合著的关于统一商法典的论文集在这个领域被引用的次数最多；他于1987年与英国著名法学家阿蒂亚合著的《英美法中的形式与实质》揭示了英国法与美国法理念的

---

* ［美］罗伯特·萨默斯：《大师学述：富勒》，马驰译，法律出版社2010年版。

异同；他于1997年与麦考密克合著的《解释先例：比较研究》打开了英美先例解释学的大门；他于2006年在剑桥大学出版社出版了其作为分析实证主义法学家的代表作《法律系统的形式与功能》。另外，萨默斯是俄罗斯民法典和埃及民法典起草委员会顾问，是卢旺达合同法典的主要起草者之一。

《大师学述：富勒》是萨默斯为其老师富勒所写的传记，同时又是一部全面介绍富勒法律理论的著作。正如其在序言中所说的那样，"这是一本讨论富勒法律理论的导论式著作，如果本书有致谢有扉页的话，一定会写上如下文字：献给哈佛的富勒和牛津的哈特，他们分别且共同地让我们这个时代的法律理论焕发青春"。萨默斯在序言中还说，富勒绝对是本世纪最重要的法律理论家之一，而本书是献给他的礼物。在书中，萨默斯对富勒的观点采取了一种认同式的概括与阐释。可以说，对于富勒法律理论和法律思想的论述，本书具有极其重要的价值。

【名句共赏】

他（指富勒——编者注）的核心观点毋宁是，目的观念——规定所服务的目标——必须成为规定含义的组成部分。他还做过这样一个比喻：如果我们将法律为了什么与法律是什么相分离，结果好比一个空载的独轮车，它很容易被推向各个方向，却无法靠自己的动力挪动半步。

——第二章，第39页

合法性的追求——对法律普遍的程序目的的追求——是一项实践技艺，此项技艺要求人类的判断（human judgment）这种重复性行为必须倚重精力、洞察力、智力和责任心。

——第二章，第 53 页

　　真正的审判程序是法律中常见且重要的"是—应该"的混合体，它必然具有价值负担性和规范性，因此不能将其化约为简单的事实（如承担某些社会职能或法庭活动）。

——第二章，第 57-58 页

　　在一个既定的法律体系中，一项待定法律形式的法律效力（legal validity）不仅仅必须通过"基于来源"（source based）准则的检验（该准则分配立法权，并细化如何才能产生制定法、先例和合同），还同时必须通过内容性准则的检验。换句话说，一项合同条款要被检验是否体现"良知"，一项交易习惯法要被检验是否具有"合理性"，一项先例是否符合最低限度的"善"（"它是一项良法吗？"），一项制定法是否具有"实质公平性"，如此等等。

——第三章，第 62-63 页

　　遵循合法性原则，可以为公民提供一套框架，有利于公民以契约和其他形式与其同道或政府人员打交道。法律由此成为一种设施，这种设施为社会中的互动生活提供必要的条件，并实现诸如自由和公平之类毫无争议的道德价值。

——第三章，第 69-70 页

法律的内容，不仅仅是法律的内容，还要关注法律内容的良善（goodness）。一个既定的法律体系的稳定性及其实现和平与秩序的能力正是依靠普罗大众心甘情愿地将那些规则看作本质上是正确的而加以接受。

——第四章，第94页

　　从本质上说，自然法思想传统的核心主要由实质推理（substantive reasoning）所构成，实质推理关涉潜藏在所有法律体系背后的，它是正当化了的内容式的普遍内核。

——第五章，第113页

　　在探究法律应该是什么这样一个极为广泛的问题时，他（指富勒——编者注）绝不会将自然法理解为"天空弥漫的无所不知"（brooding omnipresence in the sky）或诸如此类的东西。……他的方法并不是"面对神坛顶礼膜拜"，相反在本质上是"一位试图在薄煎饼皮中寻找秘方的厨师，或是一位试图构想出一种方法来连接峡谷两岸的工程师"。

——第五章，第121页

　　司法审判的主要目的有两重：解决发生在过去的特定争端，并且为未来宣示法律。

——第七章，第156-157页

　　与普通法不同，制定法以明确的权威形式出现，这导致了两者在解释、适用方法方面的区分。这也有助于说明，为什么法官们在普通法案件中作出判决时，通常比他们在解释、适用制定法时更加自由，进而更负责任。

——第七章，第166页

先例——已决案件——得以主张正当化的途径要么是通过参照某个先前发生的案件,要么是直接诉诸实质理性,或是两者兼具。通常来讲,得以适用的规则与用来证成规则的理由是"同一个推理过程的两个方面"。

——第九章,第194页

修剪事实陈述,使其适应针对案件的某个特定理论,这促进了普通法的成长与再述,而对普通法的再述正是普通法最为核心的特质。

——第九章,第198-199页

创造性的学术工作是法律教育的关键部分,然而学术若脱离了律师实践中的问题,便会沦为虚妄。

——第十一章,第240页

一个好的律师敏于对事实争点可能的陈述,并且能够对事实进行有效的收集、筛选、组织和陈述。他清楚调查与陈述事实过程(包括对事实进行必要的压缩)中发生失真的主要原因,他也知道当无法消除对事实的某些怀疑时又该如何应对。

——第十一章,第244页

【作品点评】

世俗自然法论者:富勒

朗·L.富勒是美国著名法理学家,是"二战"后兴起的新自然法学派的代表人物之一。富勒不仅是理论家、教育家,也是出色的批评家，其思想更是影响深远，至今仍占有重要地位，故而被他的传记作者、美国康奈尔大学教授罗伯特·萨默斯称之为过去一百年来美国最重要的四位法律理论家之一，而另外三位则是大名鼎鼎的霍姆斯、庞德和卢埃林。如要探寻富勒的法律思想，读者不妨去阅读罗伯特·萨默斯所著的《大师学述：富勒》一书，相信该书可以为我们打开富勒法律思想的宝库，并领悟他丰富的理论智慧和深刻的学术洞见。

正如作者所说，富勒是他那个时代英语世界世俗"自然法"理论的旗手，也毫无疑问是20世纪英语世界最重要的世俗自然法论者。富勒有关法律程序与合法性原则的论著使其成为法律理论思想史上最伟大的程序主义者；他还是法律归序的目的－手段关系方面最出色的理论家；他不仅是法律实证主义的主要批评者，还是工具主义法律理论的先行者。这一切造就了他在世俗自然法传统的坚实地位，同时又使其显得非同寻常。

法律的目的－手段论。目的和手段的关系是富勒思想的核心所在。富勒认为，一项法律规则若要存在，必须包含或反映一个可认知的目的，并采用一种最低限度的手段去实现该目的。为此，他作了如下论述。

首先，区分了法律的目的性和价值负担性，前者指向目的，后者表征手段。在法律理论的发展史上，法律的目的性论述既不起眼也不明确，然而，富勒却将法律的目的性概念发展到了任何一位前辈都无法企及的地步。他说："无论默示法还是创制法都是有目的的：一项法律规则的本质含义在于其目的，更为一般地说，在于目的的集合。"由此可知，他的核心观点是，目的观念必须成为规定含义的组成部分。就好像如果我们将法律为了什么与法律是什么相分离，结果好比一个空载的独轮车，无法靠自己的动力挪动半步。在两者的关系上，富勒的命题是"在有目的的人类活动领域——蒸汽机和法律也在其中，价值和存在非但不是两种不同的东西，相反恰恰构成了一个完整实体的两个方面"。由此，法律应该是"是—应该"的混合体，是"存在"与"价值"的联合体，也是事实、目的、手段的集合体。

其次，指出了法律体系与法律程序的目的性。富勒指出，法律体系是一项"使得人类行为服从于一般性规则的引导和控制的有目的的人类事业"。因而，法律体系具有某种宽泛的普遍目的。这种目的既包括实体目的，也包括程序目的。富勒重点关注了程序目的：一般性、清晰性、前瞻性、公开颁布、官方执行等八项原则被视为是程序目的性的体现，也是法律之所以成为法律的内在要求。正如他所说的："只有当前述八项工具性观念得到满足时，法律体系才会存在。"至于程序目的性则体现在，程序在本质上都是"有目的的人类安排"，因此，一项程序最适合做什么就取决于其目的，"目的明确了程序的样态和结构，进而也就限制了程序能够被用来做什么"。

最后，对目的—手段论的运用。富勒认为，有关社会—法律手段的研究在政治理论与法律理论的发展史中被忽略了，而对于"良秩学"的研究，富勒却采取了不同于实证主义者的研究方法，关注基本的社会—法律归序程序，并将之作为根本性的法律手段，这也是富勒对法律理论最具原创性的贡献之一。

一是"程序性"理论。在习惯程序中，富勒认为，习惯法可以发端于人们的相互交往，要想使得习惯法获得正当性，一般基于这样一个事实：这些规则服务于一个一般性的目的，即"满足那些首先通过这些规则使自己行为定型的人的需要"。而习惯法的产生须具备一般性条件:相互交往的行为要充分重复发生,当事人的行为必须在本质上是一种回应,而且,对于当事人来说,他们必须能够依据这类行为断言某些期待。在合同程序中,富勒认为,合同程序的一般性目的是多元的,比如从当事人角度看,合同目的包括满足需要、多方获益等,而从社会角度看,这些目的包括财货生产与分配,与当事人进行交易等。至于合同程序的正当性,就在于它"使得互惠原则在人们脑中生动起来,而这一原则是社会中所有生命的基础"。在国内立法程序中,要获得最大程度的合法性,公民不但要选举立法者,还必须通过听证或其他方式参与到创制法律的过程中去。此外,诸如清晰性、公开性等合法性原则也是必需的。

二是民事审判。富勒认为,司法审判的主要目的有两重:解决发生在过去的特定争端,并且为未来宣示法律。谈及民事审判程序,他认为,该程序最为重要的要素在于,相关当事人所提交的证据与论证是针锋相对的,即包含证据与论证的对抗性呈词。此外,该程序还具有判决者保持中立、具备某种特殊理性、判决具有回溯性和前瞻性、相关当事人适当参与性等特征。谈及审判法的本质,那就是找出普通法原始素材中的实质理由,这些实质理由来自于可认知的共同需要和互惠性的规范。富勒很关注司法审判的范围和限度,为此,他指出了不适合司法审判的一些情境,比如对于争点存在重大争议的诉讼,司法审判不大可能发挥作用;在社会飞速发展、秩序剧烈重构的地方,司法审判的作用就会大打折扣。而对于社会中存在的多核性难题,同样不适合司法审判,不过可以通过合同或管理性指令、制定法等方式予以解决。

三是一般性理论。在作者看来,提出一套由程序而非规定作为基本分析单位的一般理论,富勒是第一人。第一,他阐述了所有主要的社会—法律程序,并试图按照其性质、限度与相互关系构建出一套一般理论,通过这些理论也有效地扩展了法律概念。从此,学者们已经无法再忽视程序及其职能。第二,对于司法审判、民主立法和缔结合同这三种程序来说,公平审判、民主自治和契约自由是各自的构成性目的,也是道德性目的。由此,富勒认为,"如果说这些法律程序在一定程度上由包括道德价值(公平、民主、自由选择)的规定构成,那么我们就能恰当地说,法律与道德不但有交叉,它们之间还有必然联系"。第三,每一种程序都有其独有的内在程序,比如审判必然分为三方,缔结合同必然涉及交易,投票与计票系统必须符合多人数规则,富勒将这些内在强制定义为社会秩序的"自然法",此种自然法包含于使人们之间相互关系有序化的各种方式中,而社会—法律程序的理性构建必须遵守这些特别适用于该程序的自然法。

法律的道德论。关于法律与道德之间的关系,实证主义者认为,法律与道德是分离的,富勒坚持法律具有道德性,主张两者无法分离。一是法律标准具有道德性。一个既定的法律体系中,不仅要通过"基于来源"准则的检验,还要通过内容性准则的检验。比如,一项合同条款要被检验是否体现"良知",一项交易习惯法要被检验是否具有"合理性",一项制定法是否具有"实质公平性"等,这些内容性的法律标准显然在性质上具有道德性。二是合法性原则即为"法律的内在道德性"。一般性、清晰性、前瞻性等八项合法性原则,在富勒看来,构成了"法律的内在道德",因为如果违反了合法性原则,将会出现道德上的双重错误情形:公民屈服于恶法,并且没有任何公平的机会事先知悉该法律以至调整自己的行为。三是法律程序中包含道德价值。富勒以司法审判程序为例,此种程序要提供给参与者一个公平的机会,使其争议事项得到倾听,因而这种程序也是正当的。这里公平性和正当性,不单单是指一般的价值观念,还是指道德价值。

法律方法论。基于遵循先例是普通法的基本原则,因此,如何解释和适用先例就成了一个基本问题。对此,富勒认为,一是法官要去寻找先例背后的言外之意,这与大陆法系主张的目的解释不谋而合;二是遵循一种方法,即所有的判例法规则都应该被视为"理性与决断"的混合。对于理性问题,后任法院须考虑先前法院所处境地,并尽量依照先前法院的决断进行推理;对于决断问题,后任法院必须紧守先前法院设置的界限,正如他自己所说:"已经确定的决断的本质在于,理性命令我们必须考虑到决断本身。"谈及适用先例与造法之间的界限,富勒从法官造法需要强调社会和伦理因素角度谈了看法。他认为,法官造法需要考虑理性,这种理性并非"额外的法律",而是造法的原始素材,同时这种素材必须具备客观性,并不能以法官主观臆断作为替代;法官造法首先是发现,然后才是发明,由此,"法官在造法时必须发现并尊重诸如合同、立法甚至司法审判本身这些基本社会归序化程序中的内在秩序与整体,一个不能做到这些的法官将会作出不合理的判决或者造出恶法"。至于制定法的解释,富勒认为,一方面,从制定法的整体中找出总体性目的,采用目的解释方法,即越与文本的实质目的相一致,就越有可能在个案中产生合理的结果;另一方面,任何制定法都不可能把所有含义都写入其中。因此,法官的职能应当具有创造性,可以从文本和其他证据中发现制定法的目的,也可以正当地将某些目的归于制定法目的之中。当然,富勒也明白,任何一种解释方法都有其自身的局限性,"我们应该期待的不过是从一种一般方法中获益,而不是别的"。

法律教育论。在富勒看来，传播法律知识与实务训练，对于法律教育同等重要，学术工作固然是法律教育的关键部分，但是学术若脱离了律师实践，便会沦为虚妄。因此，法律教育必须有一套有关律师任务与职责的一般观念。作为公共职业的律师，其职责是保证法治的良性运转，"守护正当程序"。对于律师来说，最为重要的任务是，将理性适用于他所处理的人类关系，即法律实践是一项有目的的事业；此外，调和相互冲突的利益、调查事实也是其职责所在。比如，他提出，"作为审判程序的参与者，律师的贡献可以既在于新法的创制，又在于旧法的适用""一个好的律师敏于对事实争点可能的陈述，并且能够对事实进行有效的收集、筛选、组织和陈述"。谈到法律教育，缺陷之一是课程，法律教育者并未将律师看作建构人类交往活动蓝图的策划者和建筑师，仅把律师视为事实发生之后的麻烦处理者，直接导致的后果是，所采用的案例教学法依然仅仅强调破坏，忽视策划抉择；过分强调法律技能而忽视调查事实技能，实际上忽视了"未经加工的事实"的处理能力的培养。缺陷之二是教学方法，即放弃苏格拉底式教学方法，导致教师在课堂上仅仅是在讲课。为此，富勒倡导课程改革，拓宽法律教育，强调法律与非法律之间的关联必须成为课程的核心；改变教学方法，将案例教学法与苏格拉底式的方法结合起来，实现在课堂上对案例进行探究和思考的目的；设置法理学、比较法、法律程序等课程，从而"将学生带离法律体系，使其将法律体系看作一个整体，以引导学生去反思法律与政府更为一般的目标以及有利于实现这些目标的条件"。

此外，书中还论述了富勒的法律理性论、合同法理论等。谈及法律的理性，富勒指出，法律就其普遍本质而论，主要是将理性而非决断适用于人类之间的关系，同时，自然法的最为根本的原则就是肯定理性在法律归序中的作用，理性应当具有客观性，"客观诉求能够立足于事实之物"，正是在这个意义上，再一次印证了富勒是一位自然法学家。关于合同法，富勒的著作虽然不多，却依然显示出相当的独立性和原创性。他的独到贡献在于，增进了人们对以下主题的理解："合同"责任的实现和形式根据、合同救济的范围，尤其是权利与救济之间的相互影响、合同法中信赖利益本身的重要意义、意思与默示推定在合同分析中的作用。而其中有关信赖利益的论述是最大贡献，他是今天通常被称为信赖利益的奠基人，他与帕杜合作的《合同损害赔偿中信赖利益》一文已经成为美国合同法领域引用率最高的文献。

本书虽是一本传记，却是迄今为止最为出色的分析富勒思想的导论式著作。书中作者采取一种认同式的概括阐释手法，深入细致地挖掘了这一法理学思想的珍贵宝藏；更为难能可贵的是，由于富勒本人从未完全成系统地发展自己的观点，也未能明确地意识到如何将自己的洞见予以最大限度的理论化，因此，在诸多论题上，作者依据富勒散见各处的学术性文字，对富勒的观点进行了重构，重现了其思想中的精华部分。可以说，这项基础性的梳理工作，展现了作者极高的学术涵养，也凸显了本书难以取代的学术价值。

2. 法史长河中的思想之光

——《世界上伟大的法学家》*导读

> 法学家们的伟大使命仍在于，在借助伦理学的协助下，每当法律未作规定或者文意模糊时，回答"何为正义"这一问题。
>
> ——［英］麦克唐奈

【作者、作品简介】

《世界上伟大的法学家》译自美国著名比较法学家约翰·H.威格摩尔组织翻译、编写的"大陆法制史系列"第二卷，原书名"Great Jurists of the World"。本书由英国科学院院士约翰·麦克唐奈爵士和比较立法学会干事爱德华·曼森合编。

人类法律文明的进步，从古代罗马到19世纪的德国，是一个重要的跨越时期。在这个时期，立法开始兴盛，法律教育已经起步，法学研究成果卓著，法律思想也已成为人们精神文化的重要组成部分。本书介绍、评述的法学家，就是这一时期创造法律文明成果的杰出代

---

* ［英］约翰·麦克唐奈、爱德华·曼森：《世界上伟大的法学家》，何勤华、屈文生、陈融等译，上海人民出版社2017年版。

表。本书间接折射出的是法学的历史变迁过程。全书介绍的主要法学家有盖尤斯、帕比尼安、乌尔比安、巴托鲁斯、阿尔恰托、居亚斯、贞提利斯、培根、格劳秀斯、塞尔登、霍布斯、苏支、柯尔贝尔、莱布尼茨、普芬道夫、维柯、宾克尔舒科、孟德斯鸠、朴蒂埃、瓦特尔、贝卡利亚、斯托厄尔、边沁、米特迈尔、萨维尼、耶林。

此外,需要说明一下大陆法律史系列丛书的来历。为深入了解大陆法的历史,美国法学院协会通过决议,决定成立一个由五人组成的大陆法制史翻译委员会,该委员会有权组织安排合适作品的翻译及出版。正如该委员会在总序中所说的:"要对大陆法有研究,就要对大陆法的历史或多或少地有些了解。大陆法的各个国家都有其自己的法律制度及法制史。但英国法对于大陆法并非一无所知,这种陌生的程度远不及大陆法对英国法的不了解程度。只不过是,如果说我们能够对大陆法制史有持续的研究,我们就能永保英美文献的最佳传统。"从这段表述中,我们看到了英美法系这种与时俱进的法律风格。

【名句共赏】

我们既要感谢他(指盖尤斯——编者注)为我们做的一切,还要感谢他做这一切所采取的路径——也就是说,我们要感激他展现给人们宝贵的法律和历史资料以及他向历史上众多隐秘之处投射的灯光——不仅包括罗马法历史,还有一般意义上人类制度的历史(特别是模糊的早期法律程序史)——我们还要感激他的纯朴、机敏和温雅,他用一种"智者的温文尔雅"圆满地完成了自己的使命。

——第1讲,第17页

我们的法官现在已不像从前那般嫌厌制定一般规则或发表普遍法律准则,而且他们正如奥斯丁认为的那样,感到自己有责任去这样做。但是,对于重要的法律(它们不断从法院的实践活动中产生)的归纳,特别是归纳到"可认知的程度"(奥斯丁语),即使能让专业人士明白认知,也正变得日益艰难。

——第2讲,第31页

法律持续遭受着外来诱惑的困扰,它们总是试图把它从高贵自然的科学的地位上拉下来,从而降为一种取巧的行业。我们要感谢那些把法律保持在高贵理想层面的人。在法学领域,一如其他学科领域一样,我们总是可从爱默生笔下的"怀抱远大理想的"那个人身上学到很多。

——第3讲,第40页

正如我们必须在日耳曼原始森林中去寻找自由之根一样(孟德斯鸠曾这样说过),我们必须在入侵意大利的蛮族部落中去寻找属人法神圣化为最高权威之基本观念的最早萌芽,而它注定要对欧陆国际私法的发展产生巨大和深远的影响。

——第4讲,第42页

阿尔恰托曾这样讲过:春去秋来,世事变幻,但是罗马法体系却仍然延续着它的辉煌与伟大,正如古人所言,它是永恒的上帝的一件作品。

——第5讲,第70页

能为盎格鲁-撒克逊民族创立衡平法程序，绝非司法史上一件容易的事情。仅此一件就足以堪称伟大。当我们向他的百年规则（Century of Orders）致敬的时候，我们必须清楚的是，这也只是弗朗西斯·培根向世界贡献的全部法律和理性中的一小部分而已，这可能会让我们意识到，这位英格兰人是一位多么伟大的法学家。

——第 8 讲，第 141 页

枯燥无味的中世纪哲学、浩如烟海的普通法案卷，都是他（指霍布斯——编者注）重述有秩序的政府理论——自然法理论是它的组成部分——的资料，然后再将自然法运用到他生活的社会（当时仍处于波动状态中）。他是那种思想极为深刻的法学家，因为他将法律与社会联系起来，自他以后，法律在整个欧洲都对社会具有约束效力。

——第 11 讲，第 187 页

阅读他（指孟德斯鸠——编者注）的书，你会觉得在和一个博学、睿智、礼貌的人谈话。他并不会独占整个话题，而是创造一种自由，宽松的气氛，每个人都需要动脑去思考，而这正是一次良好的谈话所必需的。……他又说："我的目标不是让你阅读，而是让你思考。"

——第 18 讲，第 340 页

在朴蒂埃的著作里，我们可以聆听到这位伟大法学家的声音，他坚信法律人的法律思维必须包含三大要素：在部分罗马法和大部分自然法中存在的法的精神（包括朴蒂埃自己的发现）、丰富的法律实践以及庞杂多变的习惯法系统。

——第 19 讲，第 372 页

我们绝对不能忘记贝卡利亚第一个公开质疑死刑等刑罚,他的名字将永远和主张废除死刑联系在一起。我们必须看到,无论贝卡利亚的主张招致怎样的非议,面对立法者的坚决反对,面对为死刑辩护的哲学家们,面对长久以来普遍适用死刑的史实,他勇敢并始终如一地坚持自己的主张——立法者和法官无权剥夺人的生命。

——第 21 讲,第 399-400 页

当我们穿越伟大的 19 世纪,并且公正地审视那些光芒笼罩着该世纪而又主导我们命运的伟人时,几乎没有人会怀疑,灵魂最为清澈与宽容的萨维尼是其中最耀眼的明星。

——第 25 讲,第 468 页

【作品点评】

法史长河中的思想之光[①]

在漫漫的法律史长河中,总有一些法学家熠熠生辉,他们的思想和学说就像法学大厦的基石,固守着法律的精神,推动着法律的发展,他们以自己的方式或是适应社会的法律需求,努力构建法律体系;或是辛勤耕耘在法学研究的沃土上,为法学的进步贡献着自己的力量;或是为维护人类和平、实现对全人类的爱而著书立说,履行着国际法学家的使命与职责。读者若想了解这些法学家的杰出贡献,不妨去仔细阅读英国学者约翰·麦克唐奈、爱德华·曼森所

---

① 原载《检察日报》2021 年 3 月 27 日。

编的《世界上伟大的法学家》一书。

该书讲述了世界法学史上著名的26位法学家的生平、代表性著作、法律思想、法学研究成就等，时间跨越近两千年，不仅述说着法学家们的丰功伟绩，而且也折射出法学的历史变迁，在娓娓道来之中，让读者深切感受到虽历经沧海桑田，但其中的思想魅力犹存。

立法和司法活动方面。法律史告诉我们，罗马法可谓是大陆法系的主要法律渊源，而其中查士丁尼的《法学阶梯》《学说汇纂》等又是古罗马法的主要法律渊源。因此，探寻大陆法系的渊源，自然离不开查士丁尼的《法学阶梯》《学说汇纂》。法律史还告诉我们，《法学阶梯》《学说汇纂》等著述的记载即是古罗马处理社会纠纷的依据，被奉为法律权威。而这些记述往往来自于法学家的著作，由此也就产生了被《学说引证法》确认的"五大法学家"。

作为"五大法学家"之首的帕比尼安，他不仅著有《法律问答集》《解答集》等著作，而且其伟大之处在于他对于理论的运用，通过对具体的案例教学，力求根据具体的指导原则来考量个案，并以一种抽象的、概括的形式来表达结论。作为仅次于帕比尼安的"五大法学家"之一，乌尔比安则以著作数量巨大著称，且难能可贵的是，《学说汇纂》选择了他大量的论述，以至于他对欧洲法学发展产生的影响比其他任何一位法学家都要大。如他对法的三分法，即将法划分为市民法、万民法和自然法，正如萨维尼所言，这种划分"不但正确，而且重要并值得思索"，它对其他法律思想产生的影响——不仅在乌尔比安时代，还包括随后的几个世纪里——是巨大的。

谈及培根，虽然著有《法律箴言》等著作，但若要论他对法学的贡献，还得归于他从事律师、担任法官、总检察长等职务期间所做出的成就。如颁布《大法官法院条例》，为大法官法院确立规则，从而使得大法官法院变成了一个管理有序的法院；借助自然法学说，出色地调和了"民众对于国王的臣服"和"国王对于法律的臣服"之间的关系，并得出了"国王的神圣权利就在于统治权利"的结论，从而有效解决了国王与法律之间的关系。

作为路易十四时期的法律改革家，柯尔贝尔极力推动立法，《民事条例》《路易刑事条例》等一系列法律出台，为日后《拿破仑法典》的颁布奠定了基础。可以说，他旨在通过法律的法典化使自己国家的法律条例形成一个整体，使之成为一个像罗马法那样完整、统一的法律体系，史册对他的评价是："他为这个国家的强盛，贡献了毕生的精力，他并没有实现他所有的理想，但是他做到了他所能做到的全部。"

至于边沁，我们都知道，他是一位极力主张法典化的人，他的基本观点是：立法者首先必须在人类自然哲学的高度之上给一部法典编排好合适的结构，然后再进行法典的编纂。虽然他的法典化主张并未在英国得到实施，但是通过著书立说，对后世的影响非常深远。如创立了功利主义法学，他的有关刑罚改良和罪刑相适应的观点，可以从每一个文明国家的立法中找到痕迹。

法律研究和法律教育方面。与帕比尼安、乌尔比安一样，盖尤斯也是《学说引证法》确认的"五大法学家"之一，其成功之处在于创作了罗马法学生的标准教科书《法学阶梯》，且这一地位一直持续了300余年。不仅如此，查士丁尼的《法学阶梯》事实上就是盖尤斯的《法学阶梯》的誊写本，还有盖尤斯的《法学阶梯》开创的有序的分类和体系对《法国民法典》产生了明显影响。谈及巴托鲁斯，他留给人们最大的印象是：中世纪解释罗马法的权威，这一普遍公认的荣誉在其一生中未受到任何挑战。此外，巴托鲁斯在发扬光大意大利博洛尼亚大学注释法学派成果的基础上，创立了联系当时欧洲社会实践的评论法学派。说到阿尔恰托、居亚斯，两人均致力于将比较研究法和历史研究法运用于罗马法的研究，这无疑推动了罗马法的普遍发展。前者重构了法律文本，他示范给世人的是，法律文本应该怎样去解释，应从何种角度去解释，怎样才能把这些法律文本与它们制定时期的生活和思想联系起来，毫无疑问，他被称作是"人文主义方法论的奠基者"；后者向世人展示了如何可将随意、无理性的罗马法研究转变为理性的研究，并以此为基础建立起名副其实的法学科学，文学、历史以及语文学都可以为法学研究服务，他也因此被称为最伟大的人文主义法学家。

如果说塞尔登的《席间杂谈》用深入浅出的方法将深奥的哲理阐述为"普通人能理解的"语言，那么，霍布斯在《利维坦》和《论自由》等著作中提出的政治与法律哲学学说，如自然法则学说，不仅对英国的思想界产生了巨大的指导力，而且对洛克、边沁、布莱克斯通和康德等人的政治和法律哲学的形成都产生了影响。论到莱布尼茨、普芬道夫，前者作为法学家的贡献在于他是现代法理学的主要奠基人之一，而且展现出早期的比较法思想，而后者则推出了古典自然法理论，他的《论自然法和万民法》是一部八卷本的巨著，提出了以自然法观念为基础，包含私法、公法和国际法的完整法哲学体系，由此被视为是自然法的领军人物及代表。

历史来到了18世纪，如果说维柯的《新科学》是当之无愧的最伟大的作品之一，那么孟德斯鸠的《论法的精神》无疑是最伟大的著作，而没有"之一"之说。《论法的精神》真正的价值在于书中大量细致的观察和建议，深刻又富有智慧的思考。透过这一伟大的著作,孟德斯鸠留给世界两个伟大的遗产:首先,他所创制的英国宪法理论,统治这一领域足足一个世纪,甚至成为那一时期所有宪政政府的基础理论;其次,他为法学和政治学的研究开辟了新的方向,如揭示了从多样到统一、从事实到原则的研究方法。作为中世纪最伟大的私法学家,朴蒂埃不仅在法国奥尔良大学教书育人,而且对罗马法和法国中世纪封建民法的研究孜孜以求,推出了一大批创造性的成果,如《新编查士丁尼学说汇编》《债权论》等,为近代法国资产阶级法律体系的形成提供了历史基础。

之后的几位法学家是我们再熟悉不过的了,贝卡利亚在他27岁那年完成的《论犯罪与刑罚》,不仅为他赢得了不朽的声誉,而且奠定了他作为刑事古典社会学派创始人的地位;米特迈尔游走于德国法学和世界法学之间,运用比较法研究方法,致力于理性审视和改进现有法律,是比较法学的创始人和最具影响力的代表之一,在所有德国法学家中的国际知名度最高;萨维尼以教学和著书为主要方式,毕其一生开创了历史法学派,引领欧美法学研究的潮流长达近一个世纪,难怪有学者这样评价他,"当我们穿越伟大的19世纪,并且公正地审视那些光芒笼罩着该世纪而又主导我们命运的伟人时,几乎没有人会怀疑,灵魂最为清澈与宽容的萨维尼是其中最耀眼的明星";耶林以研究罗马法著称,《罗马法的精神》《罗马私法的债务关系》《法的目的》等著作,显示了他巨大的影响力,于此,"任何一位打算深入挖掘并真正摸透法律根基的今日法学家,还是必须向耶林求教"。

国际法学方面。长期以来,人们一直把格劳秀斯视为近代国际法之父,但是,不应忘记的是,他的成功之路是由他人铺就的,尤其是贞提利斯。在贞提利斯的众多著作中,最伟大并足以永载史册的是三部论及国际法的著作：《战争法规论》《外交官论》《西班牙辩护论》。这三部著作几乎对国家法的所有关键问题都进行了全面系统的论述，由此，我们有理由这样说——作为格劳秀斯的先驱，为其开拓道路并对格劳秀斯及后世的著作都产生深远影响的先行者——贞提利斯不愧为近代国家公法真正的鼻祖。谈及格劳秀斯，他之所以赢得了"国际法学奠基人"的美名，主要原因是著有《战争与和平法》这本划时代的巨著，在书中，他提出了人文主义原则，并将其运用到战争法领域，可以说，"正是通过格劳秀斯的著作，自然法思想开始影响洛克、卢梭等大批后世学者的伦理学和政治学著作"。

　　至于苏支、宾克尔舒科、瓦特尔、斯托厄尔，则继续沿着贞提利斯、格劳秀斯开创的国际法道路继续前进。苏支对"国家间的法律"这一术语的创新运用，以及它的内在含义，对惯例法优越于自然法的认识，对习惯和惯例的新近实例的运用，对法律的发展与政治演进的相对联系的把握等，为他赢得了国际公法第二位奠基人的地位。宾克尔舒科在诸如海洋主权、大使的权利和责任、中立、禁运、战争法上的一些特殊难题等重大问题提出具体观点，如第一个提出水域边界的定义，现今国际法领海范围采用3海里说，就来自于他的建议。瓦特尔是国际法的积极推广者，他所著的《国际法》使得国际法理论和实践走出了纯学术的领域，进入了田野、集市、国会议事厅和国王的宫殿，从此，调整国家关系的法则不再是神秘之物。斯托厄尔则以法官的身份，以判决的形式将国际法提高到一个前所未有的高度，如由世界主要大国的代表所拟定的《伦敦宣言》，是战争时期的海商法典，这一宣言是斯托厄尔的杰作具有长久价值的有力证明，因为他作为捕获法庭法官时建立的很多规则已经融入了该"宣言"。

英国著名法律史学家梅特兰说,"历史是一张没有接缝的网"。当我们追寻这张网的经线和纬线时,不仅看到了人类法律演变的历史,看到了法学研究的日益深入以及所取得的辉煌成就;也看到了一批法学大师如何适应时代变迁,为法律文明的依次进步做出的贡献;还看到了法律先贤如何勤奋刻苦、殚精竭虑、前赴后继,为追求自由与平等、实现社会的公平正义、关注人类的幸福与尊严,以及达至全人类的普遍的爱的伟大情操和高尚品德。更有甚者,其中闪烁的思想光芒,让我们久久驻足:法学的首要目标是实现人与人之间的正义;自然法以最简洁的语言表达出了人类良知自省的结果;法学著作的目标是让你思考而不是阅读;法学家的目标之一是要寻找不同法律体系的普遍规则;法律人的法律思维必须包含三大要素:法律精神、丰富的法律实践以及庞杂多变的习惯法系统;所有法律的根基应当是爱……于此,本书不仅是一部法、法学和法学家史的教科书,也是一部法律人如何生活的教科书,它值得每一个法律人珍视之、爱惜之,并从中找到梦想中的精神家园;它就像一位伟大的导师,总能给我们心灵上以永恒的影响。

3. 德沃金的权利观

——《认真对待权利》*导读

如果政府不给予法律获得尊重的权利，它就不能够重建人们对于法律的尊重。如果政府忽视法律同野蛮的命令的区别，它也不能够重建人们对于法律的尊重。如果政府不认真地对待权利，那么它也不能够认真地对待法律。

——［美］德沃金

【作者、作品简介】

罗纳德·德沃金（1931—2013）是美国著名的哲学家、法学家，是继哈特之后英美法学界最负盛名的法理学大师，是公认的当代英美法学理论传统中最有影响的人物之一，当今世界最伟大的思想家之一。1931年出生于美国麻省沃塞斯特，先后在哈佛大学和牛津大学获得学士学位，在耶鲁大学获得硕士学位。他起初的兴趣是哲学，但在牛津时开始学习法学，从此发现了自己的真正兴趣所在，随后进入哈佛大学法学院学习。1957年毕业后任勒恩德·汉德

---

* ［美］罗纳德·德沃金：《认真对待权利》，信春鹰、吴玉章译，中国大百科全书出版社1998年版。

法官的助理，1959年至1961年任律师。1962年起任耶鲁大学法学教授，1969年应邀担任英国牛津大学法理学首席教授至1998年。1975年起兼任纽约大学法学教授直至去世，他还曾担任过哈佛大学、康奈尔大学、普林斯顿大学教授。2013年2月14日，德沃金在英国伦敦去世，享年81岁。德沃金被认为是与美国著名法哲学家富勒、罗尔斯齐名的法学家，他的新自然法学（也称"自由主义法学""权利论法学"）是当代西方法理学界最重要的学说之一，对西方法理学的发展产生了重大影响。主要著作有：《认真对待权利》《原则问题》《法律帝国》《自由的法》等。

《认真对待权利》是德沃金的成名之作。它是在20世纪60—70年代这个特定的历史阶段写成的。在这个阶段中，国内种族歧视、越南战争、善良违法问题等成为美国政治的核心。围绕着什么是法律，法律的目的是什么，谁在什么情况下应该遵守法律，在没有成文法依据，也没有先例的情况下法官如何审判案件等重大理论和实践问题，德沃金发表了自己的主张。他尖锐地批判了美国法律传统中的实证主义和实用主义，提出了政府必须平等地尊重和关心个人权利，不得为了社会福利或者社会利益牺牲人权的观点。他在本书中论述的关于个人权利的法律和道德理论使他成为本领域最为著名的学者之一。

【名句共赏】

一个政府可以颁布法律，可以颁布官方的政策，但是，它不可以只是因为宣布某些事情是真理，它们就真的成了真理。真理是不能通过命令而颁布的。

——序言，第23页

法理学问题的核心是道德原则问题，而不是法律事实或战术问题。

——第一章，第20页

社会无权在没有律师的情况下审判一个人，不管社会大多数人受益与否，一个被指控的嫌疑人在审判之前是自由的。

——第一章，第28页

当我们说某一条原则是我们法律制度的原则时，它的全部含义是：在相关的情况下，官员们在考虑决定一种方向或另一种方向时，必须考虑这一原则。

——第二章，第45页

自由裁量权，恰如面包圈中间的那个洞，如果没有周围一圈的限制，它只是一片空白，本身就不会存在。

——第二章，第51-52页

权利也可以是绝对的：一种把言论自由权看作是绝对权利的政治理论将承认，它没有理由不去保护每个个人所要求的这种自由；就是说，没有理由不实现这种自由。权利也可以不那么绝对：一种原则可能不得不屈服于另一种原则，或不得不屈服于一项因争执特定事实而形成的紧急政策。

——第四章，第128页

3. 德沃金的权利观

一个权利要求的核心……意味着一个个人,有权利保护自己免受大多数人的侵犯,即使是以普遍利益为代价时也是如此。

——第五章,第 197 页

在一个民主的制度之下,或者至少在原则上尊重个人权利的民主制度之下,每一个公民都负有必须遵守全部法律的基本的道德义务。

——第七章,第 246 页

一个人没有权利去做他的良心所要求他去做的所有事情,但是他可能有权利,仍然是在那个意义上,去做他的良心不要求他去做的某些事情。

——第七章,第 251 页

任何人,如果自称认真对待权利,并且称赞政府对于权利的尊重,他就必须理解那些目标。至少,他必须接受两个重要的观念,或者至少接受其中一个观念。第一个观念是人类尊严的观念。……第二个观念是关于政治上的平等这个更为熟悉的观念。

——第七章,第 261-262 页

权利制度是至关重要的,因为它代表了多数人对尊重少数人的尊严和平等的许诺。

——第七章,第 269 页

【作品点评】

德沃金的权利观

罗纳德·德沃金是美国著名法理学家,是新自然法学的代表人物之一,是当今世界最伟大的思想家之一。他立足于美国社会现实之维,本着独特的视角来建构其权利论理论。《认真对待权利》一书是其成名之作,该书提出了德沃金法律思想的核心理论——权利论,从中我们可以充分领略到德沃金的法律思想光芒。

原则与规则:对法律实证主义的反驳

德沃金是对以哈特为代表的法律实证主义的批判为其权利论起点的。之所以选择哈特的观点作为探讨的焦点,德沃金认为,"不仅是因为他的观点清晰而且精湛,而且因为,正如在法哲学的任何其他方面一样,建设性的思想必须从考虑他的观点开始"。

法律实证主义的纲要是:一个社会的法律就是由该社会直接或间接地、为了决定某些行为将受到公共权力的惩罚或强制的目的而使用的一套特殊规则;这套有效的法律规则不是面面俱到的,需要由法官行使自由裁量权;说某人负有一项"法律义务",就是说,他的情况在一条有效的法律规则的范畴之内,这一规则要求他去做什么或不得做什么。德沃金以哈特的观点作为一个靶子,作了如下论证。就哈特认为法律是主要规则和次要规则的结合体而言,德沃金的基本论点是:当法学家们理解或争论关于法律上的权利和义务问题的时候,特别是疑难案件中,往往使用的是规则以外的其他标准,如原则、政策或其他,而"实证主义是一种规则模式,而且是为了一种规则体系的模式。它所主张的关于法律是单一的基本检验标准的这个中心思想，迫使我们忽视那些非规则的各种准则的重要作用"。言下之意，德沃金认为，法律不仅包括了规则，而且也包括了原则和政策等。

为了论证自己的观点，德沃金以里格斯诉帕尔默案、亨宁森诉布洛姆菲尔德汽车制造厂案为例，着重分析了规则和原则的区别：法律原则和法律规则之间的区别是逻辑上的区别，两者都是针对特定情况下有关法律责任的特定的决定，它们的不同之处在于所作的指示的特点。第一，规则在适用时，是以完全有效或者完全无效的方式，而原则比较具有伸缩性，例如，法律尊重"任何人不得从自己的错误行为中获利"这条原则，但并没有说，法律从来没有允许过任何一个人从他的错误行为中获得利益。第二，法律原则有时并不能解决问题，"因为我们不能指望仅仅依靠一条原则的宽泛陈述来包括这些相反的事例"。第三，原则具有规则所没有的深度——分量和重要性的深度，当各个原则互相交叉时，要解决这一冲突，就必须考虑有关原则分量的强弱。而规则并没有这一层面的问题，当两条规则相抵触时，一条规则由其性质自然地取代另一条规则。笔者认为，如果我们把原则也看作法律，那么必须否定法律实证主义的第一个基本思想，即法律只是由一批特定规则所构成。

关于法律实证主义的第二个思想，即关于司法自由裁量权的思想，也是不能成立的。德沃金认为："自由裁量权，恰如面包圈中间的那个洞，如果没有周围一圈的限制，它只是一片空白，本身就不会存在。所以，它是一个相对的概念。"无论是在较弱意义上还是在较强意义上使用自由裁量权一词，法律实证主义者要么是"同义反复"，要么是"和如何对待原则确实有关系"，而否定法律根本不受原则约束，显然无法成立。

关于法律实证主义的第三个思想，即当一个现存的法律规则设定一项法律义务时，一项法律义务才存在。对此，德沃金认为，这一思想同样无法成立。因为这一思想是以前两个基本思想为前提的，如果我们承认，法律不仅是指规则，而且还包括原则，并且否认自由裁量权的思想，我们就能说，"一项法律义务可以由一群原则设定，正如它可以被一项已经存在的规则所设定一样"。

原则与政策：对功利主义法学的反驳

功利主义法学认为，制定新法的唯一标准是一般的福利，一种集体目标，也就是政策。对此，德沃金从立法和司法两个方面进行了论证，立法需要原则和政策两方面的考量，而司法尤其是疑难案件中，更多依靠的是原则而不是政策。

第一，政策与原则的区别。政策是综合性的，是指促进或保护整个社会的某些集体性目标的一种政治决定。例如，支持补贴飞机制造商旨在保护国家安全，是一种政策。原则是分配性的，是指尊重或维护某些个人或集体权利的一种政治决定，例如，赞成禁止歧视的法令，因为少数人享有受到平等尊重和保护的权利，就属于一个原则。

第二，任何一项复杂的立法纲领的证明通常既要求原则的论点也要求政策的论点。即使一个主要是政策问题的纲领，类似于一项资助重要工业部门的纲领，也需要若干原则以证明特定考虑的合理性。另外，主要依赖于原则的纲领，例如反歧视纲领，可以反映出这样一种含义，即权利不是绝对的。"当行使这些权利的后果对政策极为不利时，则不得享有这种权利。"

第三，司法方面，"那些仅仅执行某些明显有效法令的清楚条款的毫无创意的司法判决总是根据原则的观点证明其合理性,即使法令本身来自政策也是如此"。而且在疑难案件中,司法判决也应该以原则而不是政策作为依据。这里,德沃金以斯帕坦钢铁公司案为例,说明反对司法独创性的两种意见均无法成立,再次重申了法院应以原则而非政策作出判决。德沃金总结道:"法学家认为,当法官创造新法时,尽管他们受到法律传统的制约,他们的判决仍然带有个人色彩也具有一定的独创性。据说,一项新的判决反映了法官本人的政治伦理观,但它同时也反映了体现在普通法传统中的伦理观。"笔者认为,法官即便享有司法创造性,其仍然应当遵循判例原则和公平原则。

平等权利:权利观的理论核心

德沃金之所以特别强调原则的地位与作用,是因为原则事实上就是他的权利论问题。为此,德沃金展开了如下论证。

第一,论述了权利、平等观念的来源。原则的论据意在确立个人的权利;政策的论据意在确立集体目标。原则是描述权利的陈述;政策是描述目标的陈述。可以看出,权利观念来自原则。就集体目标而言,它鼓励社会内部利益和负担的交换,以实现整个社会的利益。经济效率是一种集体目标,它要求机会和责任的分配能产生最大量的经济利益。平等观念也可以理解为一种集体目标。因此,平等观念来自于目标。

第二,论述了平等观念的含义。与古典自然法学家把自由权作为个人基本权利不同,德沃金的权利观是以平等权为核心的,即"我的论点中的核心概念不是自由而是平等"。在评价罗尔斯的《正义论》时,德沃金论证了个人权利中最重要的是平等权利,首先将平等分为与某些利益的分配相联系的平等、尊重的平等两种,而第二种平等是根本性的；其次将平等权利解释为"平等关心和尊重的权利"，并再次申明："政府必须关心它统治下的人民……政府必须尊重它统治下的人民……政府必须不仅仅关心和尊重人民，而且必须平等地关心和尊重人民"。

第三，指出了认真对待权利的真谛。"如果政府不给予法律获得尊重的权利，它就不能够重建人们对于法律的尊重。如果政府忽视法律同野蛮的命令的区别，它也不能够重建人们对于法律的尊重。如果政府不认真地对待权利，那么它也不能够认真地对待法律。"

此外，德沃金还就司法、守法、善良违法、自由权等问题进行了深入研究，并借助相关案例予以论证，再次展现了其深邃的思想见地和扎实的法理学功底。

该书虽然是一本论文集，但是从中折射出的学术水准和学术价值丝毫不亚于任何一部论著，尤其是书中有关原则、正义、自由等精辟论述，直到今天，仍具有重要的现实意义。难怪马歇尔·科恩如此评价："《认真对待权利》是自哈特的《法律的概念》以来法理学领域最重要的著作。至少从法哲学的角度来看，此书是美国学者对这一领域最为重要的贡献……德沃金的伟大功绩在于，他能够把自己对于这些重大理论问题的观点同具有重要现实意义的问题联系起来……任何关心我们的公共生活的理论或者实践的人都应该读一读此书。"

4. 拉德布鲁赫的相对主义法哲学思想
——《法哲学》* 导读

> 正义是法律的第二大任务，而第一大任务就是法的安定性，安宁与规则。
>
> ——［德］拉德布鲁赫

【作者、作品简介】

G. 拉德布鲁赫（1878—1949）是德国 20 世纪最伟大、影响最深远的法哲学家和刑法学家之一。1878 年 11 月 21 日出生于德国北部城市吕贝克的一个商人家庭，1949 年 11 月 23 日辞世于海德堡，他的长眠之所是海德堡的山顶公墓。他一生著述颇丰、涉猎广泛，曾两度出任魏玛共和国司法部长，又长期遭到纳粹政权的排挤和压迫。他的《法哲学》源于新康德主义哲学，因此他也是新康德主义海德堡学派在法哲学方面的代表人物。主要著作有：《法律智慧警句集》《法学导论》《法律的不法与超法律的法》《法哲学纲要》《社会主义文化论》《法律上的人》《法哲学》《社会主义与文化》等。无论生前还是身后，拉德布鲁赫均获得了广泛赞誉，卡尔·恩吉施

---

* ［德］G.拉德布鲁赫：《法哲学》，王朴译，法律出版社 2005 年版。

在拉德布鲁赫的葬礼演说中称之为一颗"最亮的恒星"。

《法哲学》是拉德布鲁赫的代表作,在法哲学领域影响极为深远。作为德国最后一部古典法哲学教科书,成书于20世纪前半叶,一直是德国法律专业学生的必读书目。由此可见,这部著作具有强大的生命力,也可以说,这部著作是"名著"教科书。如前所述,拉德布鲁赫的法哲学源于新康德主义哲学,并创立了独具特色的基于二元方法论上的相对主义法哲学。这是在19世纪中叶以来实证主义法学独领风骚之际,对已经黯然失色的古典自然法传统的有力回护,对合乎人道的法之人文精神和价值方向的强烈召唤。

本书由"总论"和"个论"两部分组成。"总论"所要解决的问题是法的价值理念,或者说是法的本体论。"个论"则通过研究"总论"所强调过的基本观点所指向的对象,以实证的方式检验法的本体论的现实有效性和正确性。由此,从既是实证的又是规范的法律本质中推延出法律原则的概念,进而由法律原则推演出法律的事实构成和法律结果、法律行为和法律关系、合法性和违法性、法律义务和主观权利、法律主体和法律客体等法律所必须具备的概念体系。可以说,拉德布鲁赫的法哲学语言优美而准确,叙述生动而凝练,它绝非杂乱无序的堆砌,而是融经验内容的丰富性与内在逻辑的连贯性和一致性为一体的思想杰作。

【名句共赏】

使"我"退出现实,与其相对而立,并由此从价值中区分出现实,是精神(Geist)的第一个行为。

——第一章,第1页

4. 拉德布鲁赫的相对主义法哲学思想

法律是人类的作品,并且像其他的人类作品一样,只有从它的理念出发,才可能被理解。

——第一章,第3页

法律是一种文化现象,也就是说,是一种涉及价值的事物。法律的概念也只有在有意识地去实现法律理念的现实情况下才能够被确定。

——第一章,第4页

三种对法律可能的思考向我们表明:涉及价值的思考,是作为文化事实的法律思考——它构成了法律科学(Rechtswissenschaft)的本质;评判价值的思考,是作为文化价值的法律思考——法哲学通过它得以体现;最后,超越价值的法律思考,是本质的或者无本质的空洞性思考,这是法律宗教哲学(Religionsphilosophie des Rechts)的一项任务。

——第一章,第4页

应然原理、价值判断、各种评判不能运用归纳的方法建立在实然论断的基础上,而是运用演绎的方法建立在同类性质的其他原理之上。价值思考和实然思考是独立的、各自在自身的范围内同时并存的,这就是二元方法论的本质。

——第二章,第8页

法律的概念是一个文化概念,也就是说是一个涉及价值的现实的概念,是一个有意识服务于价值的现实的概念。法律是一个有意识服务于法律价值与法律理念的现实。

——第四章,第31页

社会的终极目标是人格，但是人格是属于那些人们在不再追求它的时候才可能达到的价值。人格只是对无私的献身精神出人意料的酬劳，它只是赠礼和恩赐。

——第七章，第 57 页

法律作为共同生活的规则，不能听任于每个人的不同意见，它必须是一个凌驾于所有人之上的规则。

——第九章，第 73 页

法律理念的三个方面：正义、合目的性与法的安定性，根据所有三方面的理念来共同控制着法律，即使它们可能处于尖锐的矛盾之中。当然，应该将决定权赋予这个原则还是那个原则，在不同的时代会有不同的倾向。

——第九章，第 77 页

哲学不应该剔除掉这些判断，而恰恰应当站在这些判断之前。它们不应当将生活变简单，而恰恰应当将它变复杂。一个哲学体系应该与教堂相同，在它里面，人们互相容忍，又互相排斥。

——第九章，第 77 页

法律语言是冷酷的，它放弃了所有情感的呐喊；它是生硬的，它放弃了所有的合理证明；它是简明扼要的，它放弃了所有的教育意图。

——第十四章，第 110 页

法学解释不是对先前思考的再思考,而是将已经思考的东西思考完毕。它出自于对法律的语文学解释,是为了以后能够超越语文学解释——这就像一艘船在出航时是由领航员掌舵穿过港口水域,引至规定的航道上,然后再由船长引导在公海上寻找自己的航线。

——第十五章,第115页

物权和债权在法律世界中似乎表现为材料和效力:物权是法律世界中的静态因素,债权是法律世界中的动态因素。债权自身孕育了它消亡的萌芽:当债权在履行目的得以实现的时候,它也就消亡了。物权,尤其是所有权,则其目的在于持续的存在,在物权被实现之后,它仍然继续存在着。

——第十九章,第145页

法哲学的任务只可能是来证明,法律能够及应该怎样深入分析作为既定的、可以观察的自然性和社会性婚姻的事实构成;而对事实构成自身进行评判,则是婚姻的社会哲学的任务。

——第二十章,第150页

程序法为我们特别透彻地阐明了所有法律可能产生问题之处的根据,也就是说,手段有意在法律领域内变成自己的目的:例如相对于法律理念的法律,相对于实体法的程序,以及相对于实体法和形式法的具有既判力的判决。

——第二十五章,第180页

作为能够做出规定的规则，立法就是国家，作为被规定的规则，立法就是法律。国家和法律之间的对比关系就像组织（Organismus）和体制（Organisation）一样。

——第二十六章，第183页

人类本性最自相矛盾的特征就是，只要任何纯粹经验的思考含有怀疑性的悲观主义，宗教形而上学式的乐观主义态度就能从人类本性中急速地喷涌而出。幸福自身就蕴涵了非常表象化的价值，它能使人们意识到幸福原本的形而上学的价值问题，而不幸则通过首先表现为与其矛盾的事物而猛烈激发全部人性中所固有的宗教气质。

——第二十九章，第204页

【作品点评】

拉德布鲁赫的相对主义法哲学思想[①]

拉德布鲁赫是德国20世纪最伟大、影响最深远的法哲学家之一。作为法哲学家，拉德布鲁赫就是一座桥梁，至上可以连接新康德主义的古典法哲学体系，至下可以对"二战"后自然法复兴以及新分析实证主义与新自然法学的争论和对话进行全面的解析整理与深刻思考。而体现新康德主义法学思想的即是他的代表作《法哲学》。这部被誉为"最后的古典法哲学"的著作虽颇受争议，但丝毫不影响其地位，至今仍对法哲学领域产生深远而重要的影响。

---

① 原载《人民法院报》2016年12月9日。

《法哲学》作为拉德布鲁赫相对主义的传世之作，不仅研究了法的概念、法的理念、法的目的等传统法哲学课题，还讨论了法的历史哲学、宗教哲学以及公法与私法、所有权、刑法、战争等问题。而贯穿众多内容的主线则是相对主义。在拉德布鲁赫看来，相对主义属于理论理性，而非实践理性，相对主义的任务是，"在一些最高级的价值判断关系中，或者一定的价值观和世界观的范围内确定每个价值判断的正确性，而不是就这个价值判断，或者这个价值观和世界观本身来做出评判"。由此可知，相对主义的优势在于"发展出一个在众多体系间毫无自己观点的体系"，它可以在没有自己立场的情况下，坚守对最终的价值评判立场的阐述；其中蕴含的思想精髓就是矛盾理论，而这一理论也由此打开了大千世界多彩的大门。

从渊源看，拉德布鲁赫相对主义法哲学的理论基础源自康德的二元论。现实和价值的分离，使得价值具有相对性，而对于评判价值的思考，构成了法哲学的内容。围绕着法哲学理论，首要内容是法律的概念。拉德布鲁赫认为，法律的概念是一个文化概念，是一个涉及价值的现实的概念，是一个有意识服务于价值的现实的概念。这样的概念既不是一个实证主义的概念，因为拉德布鲁赫认为，唯有那些与正义相连，并朝着正义的规范，才具有法的品质；也不是自然法学说中的概念，因为拉德布鲁赫觉得，法律可以趋向于正义的价值，甚至无限接近于正义的价值，但法律不等同于正义的价值；最终它是一种超越法律实证主义与自然法的概念。从此意义上讲，拉德布鲁赫所称的法律概念是相对主义的概念。

如前所述，法律是一个有意识服务于法律价值与法律理念的现实的概念，因此，法律概念直接指向了法律理念。而在法律理念的组成部分中，首先指向的是正义。"除了正义，法律的理念就不可能是其他理念。"但是正义只是确定了相同的相同对待，不同的不同对待，而没有确定对待的方式。这个问题只有在法律的目的中才能找到答案。这就是法律理念的第二个组成部分：合目的性。由于"法律作为共同生活的规则，必须是一个凌驾于所有人之上的规则"，由此就遇到了另一个同等重要的对法律的要求，那就是法律理念的第三个组成部分，即法的安定性。

对于这三个理念的关系，拉德布鲁赫给出的结论是：既彼此相互需要，又互相矛盾。"根据所有三方面的理念来共同控制着法律，即使它们可能处于尖锐的矛盾之中。当然，应该将决定权赋予这个原则还是那个原则，在不同的时代会有不同的倾向。"应当说，拉德布鲁赫对于法律概念、法律理念的论述，是相对主义法哲学的核心，也是其法哲学思考方法中最为精彩的部分。

论及法律目的时，拉德布鲁赫认为："在整个经验世界的领域中，只存在三种可能具有绝对真理性的事物：人类个体人格，人类总体人格和人类的作品。我们也可以根据它们的基础，来区分这三种价值：个体价值、集体价值和作品价值。"根据价值序列的排列，就可以区分个人主义的、超个人主义的和超人格的目的。当然，不同的法律会侧重于不同的目的，这一切取决于各自的价值判断，而这正体现了相对主义对价值判断的选择："对于个人主义观来说，作品价值和集体价值服务于个人价值。文化只是个人发展的工具，国家和法律是给个人提供保护和援助的机构。对于超个人主义观来说，个人价值和作品价值服务于集体价值，伦理和文化服务于国家的法律。对于超人格观来说，个人价值和集体价值服务于作品价值，伦理像法律和国家一样服务于文化。"

谈及法的有效性，拉德布鲁赫认为，法律上的"应当"最终都应来源于宪法，但是宪法上的"应当"从何而来，对此法律科学束手无策，只能在法律科学之外进行思考。历史学—社会学的法律有效性理论以权力理论和承认理论两种形式呈现出来，权力理论认为法律的有效性是由权力来保障的，所有权力都是以权力服从者的同意或者不同意的承认为基础的，这样权力理论就变成了承认理论，承认理论将法律的有效性建立在法律服从者赞同的基础上；而当我们将法律有效性建立在与有效性相关的法律服从者的真实利益的基础上时，历史学—社会学的法律有效性理论就向哲学的有效性理论过渡。哲学的法律有效性理论认为："法律之所以有效，不是因为它能得到有效的实施，而是只有在它可以有效实施时才算是有效的，因为只有此时，它才能满足法的安定性的要求。"由此，法的安定性要求法律的有效性，而只有法律的有效性才能保障法的安定性，这就是法律的有效性与法律理念之间的关系。

不仅如此，《法哲学》的个论部分也处处闪烁着相对主义的思想光芒。比如对于"私法和公法"之间的关系，拉德布鲁赫认为："对于自由主义来说，私法是所有法律的核心，公法是一个狭义的保护性框架，它保护私法（私权），尤其是私有财产。"而对于超个人主义来说，"私法只表现为一个个人积极性在包罗万象的公法领域中暂时且可撤销的发挥空间，满足了对遵守风俗义务的期望，而这种期望一旦没有得到满足，这种义务也就可以被撤销了"。对于"所有权"这个概念，拉德布鲁赫认为对于个人主义所有权理论来说，所有权"不是人对物的控制，而是一种人与物的关系"；对于社会主义所有权理论来说，所有权"最终是为个人和由个人组成的'社会'服务的"；对于保守主义来说，所有权的终极目的是"存在于社会整体或者说社会总体之中"。

不同视角对事物的看法有时是矛盾的,而矛盾作为相对主义的精髓,它给法哲学带来了区分、活力与开放性。正如拉德布鲁赫本人所言:"倘若世界最终不是矛盾,人生最终不是抉择,那么一个人的此在将是多么的多余!"[①] 关于国际法,拉德布鲁赫指出,"法哲学立场的基本三分法再一次被证明是富有成果的:个人主义要求世界国家、超个人主义国家观和法律观导向主权信条和对国际法的否定,超人格主义观则证明了它是国际法和国际联盟的基础"。

虽然拉德布鲁赫后期的思想转向了自然法学,但是这并不影响他的法哲学理论充满着丰富的内容、弥漫着艺术的芳香。正如日本法学家尾高朝雄评价的那样:"其思想系适用精密的哲学的方法,有条不紊地展开议论,从这一点看来,无论如何是属于德国式的。对于多方面精彩的题目,有时甚至渗入文学的表现,从这一点看来,当然属于法国式的。以锐敏的现实感觉,来处理实证法现象的各种问题,从这一点看来,可以说是美国式的作风。"正是凭着这一点,拉德布鲁赫无疑称得上是古往今来杰出的的法哲学家。

---

① 转引自[德]阿图尔·考夫曼:《古斯塔夫·拉德布鲁赫传——法律思想家、哲学家和社会民主主义者》,舒国滢译,法律出版社2012年版,第18页。

5. 麦考密克的法律推理观

——《法律推理与法律理论》[*]导读

> 司法所承担的维护法律正义这一责任，乃是极为复杂的一项责任，只有给出一个论证良好的判决才能说他们尽到了责任。
>
> ——[英]麦考密克

【作者、作品简介】

尼尔·麦考密克（1941—2009）是英国爱丁堡大学公法学和自然与国家法学钦定讲座教授，爱丁堡皇家学会会员和不列颠学会会员，王室法律顾问。麦考密克是当代世界法律哲学领域中最重要的人物之一，主要著作有：《法律推理与法律理论》（1978）、《制度法论》（与魏因伯格合著，1980）、《哈特略传》（1981）、《法律权利与社会民主》（1982）和大量论文。在继承和批判20世纪占据主导地位的哈特法律哲学的基础上，麦考密克做出了独特的贡献，他提出了法律作为"制度性事实"这一思想。他做出贡献的领域还涉及苏格兰启蒙运动的法律理论、作为实践理性的一个分支的法律推理

---

[*] [英]尼尔·麦考密克：《法律推理与法律理论》，姜峰译，法律出版社2005年版。

理论、欧洲联盟中的主权理论、社会民主以及自由主义和国家主义理论等多个方面。

根据什么标准来判断一个法律案件中的论辩好或者不好？法院的判决借助于纯粹的理论即可得到证明，还是其证明最终取决于某些更为主观的因素？这些问题是法理学研究的核心所在，《法律推理与法律理论》一书对之作了全面的和批判性的检讨。阐释和论证之清晰有力，已经使这本著作跻身经典之列，它对于法学家、哲学家及所有对法律过程、人类的理性推理或实用逻辑感兴趣的读者都具有重要的价值。

【名句共赏】

大陆法的做法则是，在紧闭的房门后进行秘密讨论，将司法辩论限定在单一的正确或错误立场之内，所以，法院最终呈现的判决更多的有助于增进对法律的相对确定性的信心，而不是揭示法律的相对不确定性。

——第一章，第 9 页

法官或陪审团所"发现"的"事实"随即被确认为真实的，这样做是为了实现诉讼的目的。除非在上诉过程中被上级法院法官"推翻"，这些"事实"必须被当作真理接受。

——第二章，第 25 页

法律判决都是通过把特定的事实置于与之相关的和可适用的"有效法律规则"的统摄之下，然后推导出结论，从而最终得到证明的。

——第三章，第 61 页

5. 麦考密克的法律推理观

法律制度的规则为正义提供了具体的含义,在通常情况下——即演绎性证明方式可以游刃有余地展现自己能力的场合,通过适用相关的和具有可适用性的规则,这些正义观念的要求是能够很好地得到满足的。

——第四章,第 69 页

为具体案件的判决寻求具有普遍性的证明理由,能够使我们更好地理解遵循先例原则的特征,否则我们就会被它所迷惑。我们的基本思路是,与那种从刻板和拘束性的感觉上理解遵循先例原则的做法不同,我们更注意到,形式正义对法官构成了某种限制,它使得法院在裁判时有义务专心于为法律争议给出一般性的裁判规则,而这正是对具体判决进行正当化的关键所在。

——第四章,第 81-82 页

证明需要借助于对证据的使用。所谓"证据"是这样一些东西,它们能够使我们:(a)确认当下所持的判断是正确的;(b)根据它们可以推断过去。

——第四章,第 84 页

法律规则是规范性的——它们并不是要陈述事实,而是要设定行为的模式;它们并不是要探究既定条件下的行动后果,而是要制定关于给定条件下会产生何种后果的规则;它们并不是提供一个本属于现实世界的模式,而是要为现实世界提供一个模式。

——第五章,第 98 页

司法活动的根本功能不在于创新,无论是类推论证还是基于一般法律原则的论证,都是为了对司法造法的行为施以必要的限制,以防止其越过宪政分权体制划定的权力边界侵入立法权的领地。

——第七章,第187页

案例中之所以出现疑难问题,正是因为不同的当事人及其律师在我们所谓的"相关性""解释"和"分类"问题上持有不同的立场造成的。当事人总试图寻找法律的一种特殊"含义"或者"解读方式"的支持,因为这样可以说服法院做出对自己有利的判决,这些对法律的解释,或求助于后果论辩,或求助于原则论辩。

——第八章,第208页

对于成文法,任何经由解释得来的含义,必须在某种意义上与立法者的原意相一致,才能合理地加到规则中去。而在先例中,即使是对权威裁判规则进行的司法解释,也不适用成文法上的这种严格限制。

——第八章,第215页

当我们问是什么赋予一项原则以法律性质的时候,我们的回答只能是:是它拥有的对既存法律规则的实际的和潜在的解释和证明功能,使它成了法律原则。

——第九章,第230页

【作品点评】

麦考密克的法律推理观[①]

尼尔·麦考密克是当代英国法理学家，更是继哈特之后当代世界法律哲学领域最重要的人物之一。其对法律哲学的贡献，除创设制度实证主义法学理论之外，还对法律推理、国家主义、主权等理论进行了深入思考与分析。其中，有关法律推理的论述，主要体现在其所著的《法律推理与法律理论》一书中。本书作为哈特《法律的概念》的姊妹篇，不仅继承和发展了哈特分析实证主义思想，而且对分析实证主义法学面临的挑战，尤其是法律推理理论作出了有效回应，从而奠定了本书在后实证主义制度法理论领域中的独特地位。

本书以对法律推理作出阐释为主题，以提出正当理由的辩论过程为切入点，以论述演绎性证明和二次证明为内容，以关注英国法律制度为主要素材，旨在展示法律推理的过程，阐明法律辩论的标准，从而重构与非演绎性法律推理相关的各种因素，以构建起一幅富有魅力的法律推理完整画卷。

演绎性证明：法律推理的低级形式。在作者看来，法律推理是一种实践理性，"值得研究的过程是作为正当化的论辩过程"。这一过程的核心即是：提出正当理由。而在提出正当理由的过程中，演绎推理有时是一种可能的论证方式。为此，作者以丹尼尔斯夫妇诉R.怀特和塔波德一案（1938年）为例，表明演绎推理对于法律论辩的作用是显然的，即本案是运用演绎推理给出判决正当理由的一

[①] 原载《清风苑》2018年第11期。

个有效例证。作者如此总结道，所谓演绎性判断，是指一个结论性命题隐含于另一个或者若干个命题中，后者即是前者的"前提"。就此而言，"无论前提和结论的内容是什么，只要从形式上前提中包含着（或者等同于）结论，一个演绎性判断就是成立的。就此，当某人的判断中所包含的前提与他的结论抵触时，那就会导致自相矛盾"。

当然，任何理论都有局限性，演绎推理也不例外。这种局限性是指在发生法律争论的案件中，演绎推理无法适用：第一种情况是所谓"相关性问题"，即案件是否有相关规则予以佐证，存在争议，为此作者以多诺霍诉史蒂文森案（1932年）为例，指出当时英国无此先例，导致在是否支持原告诉请方面产生争议。第二种情况是"解释问题"，即当法律用语含糊不清，需要在不同解释中作出选择，作者以伦敦厄灵自治市委员会诉种族关系委员会案（1972年）为例，说明基于"民族血统"原因的歧视存在不同解释，导致产生争议。第三种是"分类问题"，即二级事实问题，作者以麦克伦南先生诉麦克伦南夫人案（1958年）为例，指出生孩子是个基本事实，在这个基本事实之下，还需论证人工授精是否属于通奸，这一问题即为二级事实。总体而言，解释问题和分类问题在逻辑上是一样的，区别在于：分类问题涉及事实问题，而解释问题则涉及法律问题。对于上述三个问题，作者的总结是，都受到形式正义的约束。笔者认为，形式正义的作用可以表述为：为具体案件的判决寻找具有普遍性的证明理由，这种普遍性的证明理由即是为法律争议给出一般性的裁判规则，这就是对具体判决进行正当化的关键所在，也是法律推理的核心要义。

二次证明：法律推理的高级形式。二次证明所要解决的问题是，如何在若干个具有普遍的裁判规则之间作出选择，即：意味着对作选择所依据的理由进行论证。这其实是对形式正义的具体落实，更是对演绎推理的深化，所以就逻辑角度而言，二次证明是法律推理的高级形式。作者认为，二次证明包括三个基本要素：后果主义辩论、一致性和协调性辩论。为此，作者对此作了如下论述：

后果主义论辩。法律规则本质上是规范性的，这种规范性在于：设定行为模式，制定产生某种后果的规则，为现实世界提供一个模式。例如，对于生产者而言，要么认定其在违反注意义务时承担责任，要么认定其不承担责任。而在具体的社会情境中，到底适用何种规则，关键在于社会后果的不同，也正是此种后果的差异，决定了区别的内容。而运用这种后果差异进行论辩的方式即为后果主义论辩。作者以大量的案例为素材，指出了后果主义论辩所具有的特征：第一，该模式在本质上是评价性的，即它所关心的是后果的可接受性和不可接受性如何，当然评价的指标并非单一；第二，该模式也是主观性的，即法官们需要考量对不同的评价指标确定不同的权重、采纳或拒绝一项规则将导致何种不公正感，或者带来多大的效用等，以在不同的裁判方式所造成的后果之间进行权衡。总之，后果主义论辩是一个综合了各种价值的终极判断，它总是会借助于多项标准进行判断，如"正义""常识""公共利益"等，以此确定一个最优标准。

协调性论辩。所谓协调性，是指在法律制度内部，不同的规则只有联结在一起通盘考虑才会显得有意义。如何理解协调性，作者以原则和类推为例加以阐释。原则来源于规则的高度提炼和浓缩，将一项规则称为"原则"，意味着它既具有一般性，也有着肯定性价值。原则要实现协调性，一是以阐述相邻原则的历史演变为例，阐明原则须以一般性的语言来表述，以实现其效力始终处于一个不断强化的历史过程之中。二是原则的平衡，需要坚持立法与司法的功能与权力保持适当分离的原则，立法者简洁的语言加上法官保留必要的造法权力，有助于实现原则的"共同性"价值。

对于用类推实现协调性问题，一是须确定类比的相似性，作者以斯蒂尔诉格拉斯哥钢铁公司案（1944年）为例，指出要确定类比相似性，必须要探查到一项理性的原则，这项原则可以把两种不同的情形都包含在内，也能够把其他相关种类的情形涵盖其中。二是须确定类推论证是否充分，也就是找出案例其中的原则加以阐明，并使之具体化，通过论述案件事实与先例中有效事实的相似度，以确保法律制度中的诸种价值间保持协调。作为总结，作者认为，原则和类推之间，实际上并不存在明显的界限，而且两者在实现协调性上意义相同。此外，两者对于判决结论的论证而言只是一种可行的方式，而并非是必须采用的方式。

一致性论辩。所谓一致性，是指判决所采用的裁判规则不能同既定的规则相冲突。实现一致性，不仅是成文法的必要条件，也是判例法的内在需要。那么如何实现一致性，作者以判例的一致性为例，指出可以通过如下方式予以实现。一是适用先例。适用一项规则，首先必须弄清楚在特定事实背景下的恰当含义，否则容易造成适用不当。此外，随着附属性裁判规则的不断加入，判例会使得简单规则变得更为精致，从而能够适用于一般性情形，这样就可以实现规则之间的一致性。二是区分和阐释先例。在一些案件中，要适用先例，首先必须对其进行解释和区分。在解释和区分先例中，关键是要找到适合于案件的后果上及原则上的论辩理由，而且要指出，对方提出的相反先例缺乏此种论辩理由，这样，通过对先例进行司法处理，即可实现先例中的裁判规则与判决结论相一致。三是延伸和发展判例法规则。判例法的开放性特征，一方面更容易让法官给出充分论证的结论，另一方面使得判例具有相对的拘束力，推翻先例或无视先例的情况时有发生，由此导致判例不断扩展适用。正如丹宁勋爵所言，通过一个个判例的延续，判例法制度得到了发展。

正如作者坦言："任何对法律推理所做的说明，都要对法的性质到底是什么给出一个基本的假设；同样，关于法的性质的理论，也可以通过其在法律推理中的特定含义和具体应用得到检验。"本着这一观点，作者在书中以分析实证主义立场对德沃金整体性法律理论进行了批判，并对分析实证主义作出了调整，确立了以规则为中心的实践推理理论，这其实是对哈特"首要规则和次要规则相统一"理论的推进和深化。

本书的思想源于作者于1966—1967年间在敦提大学所作的一系列讲座，虽然书中提出的有关思想时过境迁，但毋庸置疑的是，本书在法律推理的发展史上仍占据着重要地位，通过展示作出公开判决时所赖以成立的推理过程，以期实现对法律推理乃至对法律本身有一个更好的理解，从而达致法律作为实践理性的目的，那就是解释社会现实、阐释司法过程。如此看来，本书值得每一位法律人仔细研读、细细品味，相信一定会有所启发和借鉴。

6. 变化中的公正观

——《论公正》*导读

> 公平是处于不确定及冲突状态中的公正理念之中的一个式样；或者，换一种更好的表达方式：它是在行为的悲剧之普通或非常制度中公正理念的一个式样。
>
> ——［法］利科

【作者、作品简介】

保罗·利科（1913—2005）是具有国际影响力的法国著名哲学家，现象学、诠释学的重要代表，当代西方最重要的哲学家之一，是与哈贝马斯、罗尔斯等当代思想巨匠齐名的大师。曾任法国斯特拉斯堡大学教授、巴黎大学教授、朗泰尔大学教授，并为美国芝加哥大学、耶鲁大学、加拿大蒙特利尔大学等客座教授。"解构主义"之父德里达曾为他担任助教。2004年11月，91岁高龄时被美国国会图书馆授予有人文领域的诺贝尔奖之称的"克鲁格奖"。

正义、权利、责任、良知和法律构成了《论公正》一书所探讨的主题。也可以说，这是几千年来西方哲学上讨论的经典问题。

---

* ［法］保罗·利科：《论公正》，程春明译，韩阳校，法律出版社2007年版。

6. 变化中的公正观

作者抱着抵御那些为我们的时代精神所强烈鼓舞的思想进路的态度，选择了独特的阐释方法，深入探讨了这些法哲学—政治哲学的核心问题，并且就"判断行为""美学判断和政治判断""解释和论证"等带有方法论性质的问题进行了专门的讨论。或许，李幼蒸教授对作者的综合判断是敏锐而公正的："利科在不同的张力场中思考，遂为我们留下了有关新时代人类认知过程中存在的方方面面的问题，利科是一个伟大的问题提出者，却不可能是其最终解答者。"

【名句共赏】

我们时代伟大的胜利存在于将复仇与正义分离的过程之中。在复仇的自行短路的过程中，是司法代替了复仇而在对手之间制造了一个距离，在刑法中确立犯罪和惩罚之间的距离成了这种距离的符号性标志。

——前言，第6页

法官之于法律正如司法执业人之于道德、君王或任何掌握国家权力的人之于政治。但是，准确地说，正是法官的角色使得正义被看作"社会建构中的第一美德"。

——前言，第9页

每个生命的历史以这样的方式与他人的历史纠缠在一起：即，任何叙述者讲述或听到的他自己的生活都会成为他人讲述的他人生活故事的一部分。……正是在这个意义上，历史才得以在历史文献的意义上将自己作为一种制度，一种以对那些我们一直思考的确认秩序的时间维度作出证明并予以保留为目标的制度。

——谁是权利的主体，第7页

"每一个人得其应得"（Rendre à chacun le tien）就是正义的格言。对正义规则中人际互动的要求预设了这样一种状态：即，我们能将社会作为一个分配的巨大体系，也即一个分配角色、负担、任务的巨大体系，它超越于那种在经济维度上发生的商品价值之分配。

——谁是权利的主体，第 9 页

一个公正的分配程序必须能够在不必参考某些评价的情况下而被确定，这些评价将善定义为可以被分配给契约当事人的各种有利条件和不利条件。……如果公正服从于善，那么它就必须被发现；如果公正由程序方法所产生的话，它就是被建构的。

——罗尔斯的《正义论》之后，第 71 页

判决意味着一种决定，以及当事人之间的分离，即，我（指利科——编者注）在其他地方曾经说过的、当事人之间的恰当距离。由此，我们决不能忘记判断义务是法官所要承担的法定义务。

——解释及/或论证，第 138 页

法律论证遇到的最根本的限制与这样的事实有关——法官不是立法者，法官只适用法律，即他将现行有效的法律纳入自己的论证之中。这就是我们重新发现法律语言的模糊特征、规范之间的可能冲突、相关法律对德沃金所谓的"疑难案件"的缄默、在法律精神和法律文字字面之间作出选择的机会（当然，也常常是必要性）之处。

——解释及/或论证，第 141 页

6. 变化中的公正观

正是互相对抗的当事人之间的恰当距离（juste distance）——在冲突发生时，这种距离太近了；而在那些无知、憎恨以及轻蔑的情况下，这种距离又太远了——对判断行为的这两个方面进行了相当好的表达。一方面，定分止争的行为，对不确定性予以终结、将当事人分离开；另一方面，由于人们可以说，在所有诉讼过程中，赢家和输家都获得了作为社会的合作典范中的公平份额，从而，每一方当事人都认同另一方当事人在同一社会中占有的份额。

——判断行为，第152页

"使法得以表达"的言辞（le parole qui dit le droit）已经具有了多重效力：它终结了不确定性；它将当事人置于在复仇和正义之间确定"恰当距离"的诉讼程序之中；最后，也许也是最重要的，它将那些被控违法的人和要受到刑罚的人确认为"行动者"（acteur），这种效果构成了正义对复仇所给出的最重要的回应，人们因为它而搁置了复仇。

——惩罚、再造、宽恕，第157页

宽恕的"目的"不是消除记忆，不是忘却；相反，宽恕的"目标"（projet）是消除债务（briser la dette），而这与消除忘却（briser l'oubli）的"目标"是不可调和的。宽恕是对记忆的一种治疗，是哀悼仪式的终点。

——惩罚、再造、宽恕，第166页

论证和解释是不可分的，论证构成了逻辑脉络，而解释则构成了导向决定形成之过程的创造脉络。

——良知与法律——哲学的赌注，第176页对于良知而言，它只是一种内心确信，这种内心确信寓于作出公平判决（jugement en équité）的法官或陪审团的灵魂之中。在这一意义上，我们可以说：判决的公平性体现的只是客观的一面，而内心确信则构成了其客观性的主体保证。

——良知与法律——哲学的赌注，第177页

【作品点评】

变化中的公正观[①]

《论公正》是法国著名哲学家保罗·利科的演讲集，书中蕴含深刻、富有原创性的公正观。正义、权利、责任、良知和法律构成该书所探讨的主题，作者将关注点集中于介于合法与善之间的公正，这种关注点是，"在以社会的方式而生活所产生的争议中，寻找法律应当在对抗者之间建立的'恰当距离'"。

从责任的伦理义务论视角，利科认为，公正等同于合法，而责任蕴含着法律和道德的含义。就法律含义而言，责任的法律基础是合法。也即符合法律规定，正确确定责任本身即代表了合法之下的公平正义。让责任人承担相应的法律义务，是公平正义的要求，也是人民群众的期待，对相关责任人采取措施要其承担相应刑罚责任，就是实现公平正义的要求。

有关这一主题的论述，主要体现于《责任的概念——一篇语义分析的短文》中。在该文中，利科探讨了责任的概念。首先，指出

[①] 原载《检察日报》2018年8月16日。

了研究动机来源于对"责任"一词的使用语境进行考察时产生的困惑:一方面这一概念看起来限定在经典的法律用语中,另一方面一些模糊性又遮掩了这一概念的表达空间。因此,不仅需要考查责任概念的上位,即责任概念的雏形,一个奠基性概念,同时也需要考查责任概念的下位,即责任在日常用语中的意义位移的演变关系、派生、偏向等问题。

其次,对责任概念的上下位进行分析。就责任概念的上位而言,明确责任的奠基性概念即:必须在动词"归责"的语义领域之中进行探询。所谓归责,是指将一个人应被谴责的行为、错误归在某人名下。这一定义展示了归责判决向惩罚判决的转变,然而,归责的核心在于,将某一行为归结于这一行为的真正行为人。为了进一步固定归责的意义,利科以"账单"一词为隐喻,指出可归责性的概念,取自道德之意,是一种相对于"行动的绝对自发性"概念而言激进性较弱的观念。

就责任概念道德下位而言,一是责任的重构,利科认为,需要从分析哲学、现象学、诠释学领域进行分析。以分析哲学为例,从语言哲学角度看,利科采用斯特劳森的"归属"理论,将归属一词用来定义属于构成"行为归责于人"这一独特流派的谓词运用,以表明对"基本个体"的确认。而从行为理论角度看,涉及对以"谁"这一词作为问题的回答域。从亚里士多德、洛克、斯特劳森等人的研究看,这种行为能力的"属我性"确实定义了一个基本事实,即被梅洛—庞蒂反复强调的著名的"我能够做什么"。面对法律的转型、道德的变革,责任的法律概念也需要进行重构,这里涉及的是"重构的图景"。二是责任的道德概念之转型上,利科的结论是,责任客体向易受伤害及脆弱的他人位移,无可争辩地趋向于在单独归责与风险分担的组合之处加强归责；由于责任主体多样化和分散化，责任范围在空间上的扩展，尤其是在时间维度上的延长可能会造成相反的效果；来源于行为的负面效果的问题——其中对他人伤害的效果就存在于这些负面效果中，这个问题的两难困境又一次将我们引至了谨慎的美德。

从期望获得善的生活的目的论视角，利科认为，公正是一种善。而这与美国法学家罗尔斯的观点有异曲同工之妙。罗尔斯所著的《正义论》，将公正的首要性置于善之上，可以说，公正与善密切相关。不过，利科对正义的观点，与罗尔斯又不尽相同。有关公正是一种善的论证，主要集中于作者对正义的论述：《正义的纯程序理论可行吗？》《罗尔斯的〈正义论〉之后》《正义层级的多元性》，而且三篇论述层层递进，先有批判，再是申明。

在《正义的纯程序理论可行吗？》一文中，利科认为，罗尔斯的正义论旨在解决自治和社会契约之间的联系问题，其通过设置原初状态、设定正义原则、论证"最大最小规则"提出了解决之道。然而，罗尔斯有关正义的程序概念最多提供了人们一直预先假定的正义感的合理化。这属于批驳。在《罗尔斯的〈正义论〉之后》一文中，利科对罗尔斯的一些研究成果进行了审视。为反驳社群主义论者提出的观点，罗尔斯修正了其观点：将正义原则的适用范围予以限制，使之只能适用于某些类型的社会，这种限制的实质是放弃将其正义理论作为"全面性"理论的一种诉求；自从20世纪80年代以后，罗尔斯的著作除了下述这句话并无其他重大建树，即"社会是一种在自由而平等的人之间存在的公平的社会合作体系"；罗尔斯作为哲学家的角色终止于他对稳定性条件本身的偶然性特征予以强调的时刻，因为他提出的良好秩序的、良好统治的社会理念，均是以稳定性为前提的；等等。这属于检讨。

在接下来的《正义层级的多元性》一文中，利科通过对罗尔斯程序形式主义直接交锋，提出了那些构成坚定为正义层次多元主义辩护的理论。利科以沃尔泽在《正义的诸领域》中的理论，以及伯尔坦斯基和蒂沃诺在《证成理论：权威的机构》中的理论为依托，指出两者虽然差异明显，但是都涉及多元性问题：沃尔泽的方案与平等性有关，通过为社会善提供三维标准，扩大社会善的适用范围，以此延伸社会善的理念；相比沃尔泽对复杂平等的诉求以及对社会善的探究共同形成的概念，伯尔坦斯基和蒂沃诺则通过对证成的诉求以及对权威秩序的探究之间的关系来与之对应。可以说，前者体现社会善的多元化，后者体现证成原则的多元化；前者指向对统治给定限度，后者指向对不同诉求予以合理对待，虽然存在距离，但终究反映了多元化的正义观。而这反映在我们追求的建立共建共治共享的社会治理格局中，需要运用综合手段，扬善惩恶。对于劣迹企业，就要及时予以严厉惩治，以免"劣币驱逐良币"，从而维护良好的社会主义法治下的市场经济生态。

从实践智慧视角，利科认为，公正是公平。就实践而言，公正与公平是一对孪生兄弟。利科为此作了如下论证。在《解释及/或论证》一文中，作者以德沃金和阿列克西·阿蒂安兹的研究进路为例，指出：前者遵循从解释到论证的研究路径，将疑难案件所提出的难点问题作为其出发点，并从此开始向着作为历史演变的"司法行动"的伦理——政治之纬度上升；后者则遵循从论证到解释的研究路径，从对于所有的规范实践讨论都有效的普遍性论证理论出发，然后将法律论证作为普遍性论证理论的从属领域。总之，这两条进路可以用一句格言作为总结："更多的阐释是为了更好的理解。"

在《惩罚、再造、宽恕》一文中，利科指出：惩罚、再造和宽恕体现了复仇和正义这一主题，而通过诉讼程序的介入，可以在复仇和正义之间建构其"恰当距离"。惩罚首先要归责于法律，正是因为惩罚，才"恢复了"法律；由于犯罪造成了"非正当距离"这一事实，被害人从对等报复制度中被排除了出来，这种公共认知使得社会在判处被指控方有罪的时候，也就宣告了控方是被害人，此时可以认为惩罚应归责于被害人；惩罚的发生，确实存在着某种应当归责于"公众舆论"的因素，而这种公众舆论将得到复仇的某种"净化"的加冕；承认理论蕴含着这样的一个理念：承认控诉方是受害人，承认被指控人是有罪的人，此时，惩罚即归责于有罪的人。论及再造，利科认为，"对惩罚给予一条出路"的理念的目的是旨在逐步减少惩罚带来的"超距离"，同时重建"恰当距离"。如法律明确规定，每一个服刑完毕的罪犯都能获得权能恢复，合理的量刑期可以帮助罪犯更好地重返社会。至于宽恕，虽然并非法律秩序，但是也规避不了法的领域。宽恕的主体只能是被害人，宽恕的"目的"不是消除记忆，不是忘却；相反，宽恕的"目标"是消除债务，而这与消除忘却的"目标"是不可调和的。作为惩戒—再造—宽恕这一序列的范畴，宽恕构成了一种永远的提示：司法是人类的正义，它决不能将自己设想为最终的裁判。总之，宽恕需要借助司法，以正义之名与复仇相分离。

从道德伦理的角度，对于公正，还需要解决法律与良知的关系。在《良知与法律——哲学的赌注》一文中，利科从三个层面分别论述了法律与良知的关系。第一个层面即基础层面，在法律这一极，放置善与恶之间的基本辨别，借用泰勒的"强势评价"表述，指出正是有了强势评价的"秩序等级化"倾向，才能区分出美德与罪恶的不同类型；而在良知的这一极则将自我概念与善的概念相联系起来加以思考，在坚持模式的指引下，通过自我定位这一方式，人们可以在某个时刻"选择自己的立场"，并在某个时期内"坚持自己的立场"。作为总结，法律与良知的两极关系可以概括为：强势评价——坚决坚持。第二个层面是道德义务的意义和禁止意义层面，利科从合法性入手，指出合法性具有三个特征：禁止性、普世性、在人的多样性层面上作为秩序而行使的规范角色；而对于良知，体现的是对法律的尊重，体现的是"所有其他人的生活都与我自己的生活同样重要"。这就是对良知和法律之间关系的思考所能到达的最远地方。第三个层面即道德判断的范畴，法律与良知之间的关系体现在"是什么法在确定的情形中以言辞得以表达？"的问题，对此，利科认为："判决的公平性体现的只是客观的一面，而内心确信则构成了其客观性的主体保证。"

在这个意义上，公正该如何实现？笔者认为，以司法为例，司法承担着维护公正的最后一道防线，说明公正是司法的生命和核心。如何实现公正，这就需要执法者忠诚于法律，依托于事实，借助于内心判断并形成内心确信，最终作出符合法律精神的判断。这个过程体现的是司法的公信力，体现的是社会的整体价值观，这就是公正。

公正有着一张普洛透斯似的脸，需要我们从哲学、解释学、政治学等多视角进行理解，如此，才能发掘公正的真正内涵。至于公正究竟是什么，笔者以为，公正需要根据情势变化而调整、需要与时俱进以不断适应社会需求，如此看来，公正必须随着社会条件的变化而变化，公正观的实现必须与时俱进。

7. 萨维尼的法学方法论

——《萨维尼法学方法论讲义与格林笔记》*导读

> 学术研究的成就不仅仅取决于天赋（个人智力的程度）与勤奋（对智力的一定运用），它还更多地取决于第三种因素，那就是方法，即智力的运用方向。
>
> ——［德］萨维尼

【作者、作品简介】

弗里德里希·卡尔·冯·萨维尼（1779—1861）是德国19世纪最伟大的法学家和科学理论者之一。作为著名法学文献的作者，作为学者和导师，萨维尼已经载入了德国科学史的史册。综其一生，其教学与思想，学说与政务，开宗立派，以"历史法学"为帜，代表了德语法学的最高成就，在世界范围内产生了广泛而深远的影响。1779年2月21日出生于美茵河畔的法兰克福，1861年

---

* ［德］弗里德里希·卡尔·冯·萨维尼、雅各布·格林：《萨维尼法学方法论讲义与格林笔记》，杨代雄译，胡晓静校，法律出版社2008年版。

10月25日逝世于柏林。先后执教于马堡大学、兰茨胡特大学、柏林大学，历任柏林大学校长、普鲁士枢密院法律委员、莱茵州控诉法院兼上诉审核院枢密院法律顾问、普鲁士国务兼司法大臣、内阁主席。1815年创办了《历史法学杂志》，主要著作有：《论占有》《论立法和法学的当代使命》《中世纪罗马法史》《当代罗马法体系》《作为当代罗马法之部分的债法》等。

对于法学方法论，萨维尼曾经并且在当代仍然具有重要影响，虽然关于方法论问题的内容在他的作品中只是一小部分并且经常需要从其具体语境中分离出来。本书记录的即是萨维尼的法学方法论。这里，必须提及讲义的整理者雅各布·格林。雅各布·格林出生于1785年，卒于1863年，与其弟弟威廉·格林被人们合称为"格林兄弟"。人们对格林兄弟的了解通常仅限于其在文学和语言学领域的成就，尤其是家喻户晓的《格林童话》。事实上，格林兄弟也是法学家，尤其是雅各布·格林，著有《论法中的诗意》《德意志法律遗产》《判例汇编》（四卷本）、《德意志法遗产讲稿》，在那个时代产生了重大影响。凭借其在日耳曼法律史方面的出色的研究，其也成为历史法学派日耳曼法分支的代表之一。

【名句共赏】

[纠纷]不再由法官任意裁决，而是法律本身予以决定，法官只不过是掌握规则并将其适用于个案而已。……法官唯一的工作就剩下对法律进行纯逻辑的解释。

——下篇，第72页

每部法律都应当把某种思想作为能够发生约束力的规则表达出来。解释法律的时候必须洞悉其所蕴涵的思想，揭示其内容。从这个意义上说，法律解释首先就是对法律内容的重建（Rekonstrukzion）。

——下篇，第 77-78 页

一部法律中的任何一个文本（段落）都应当表述法律整体的某一个部分，从而不能将其置于他处。解释越具有个殊性，越是以发现某个特殊的规则为目标，越不是一般性地解释文本，就越有利于立法的整体[认识]。解释者必须掌握娴熟的技艺，以每个文本（段落）自身为依据，敏锐地揭示其独特性。

——下篇，第 84 页

每一个立法都或多或少地是以往立法史的结晶。

——下篇，第 99 页

解释的最高任务是考证，在法律史中存在某些类似之处，即法源学，它也是为历史性研究提供素材，而且，它也同样要么是古文书学，即对流传下来的法源进行一般性的记录，要么是更高层面上的，即对给定的素材进行纯化，这是法律史的最高任务。

——下篇，第 101 页

深刻的著作是法学家学术事业中的最高同时也是最艰巨的任务，它需要阐明每一个立法的内容，并且从中推导出一个关于[这些内容之间的]关联性的理论。

——下篇，第 103 页

7. 萨维尼的法学方法论

立法不可能对独一无二的案件进行单独规定,每个案件都必须首先被涵摄于某一条更为抽象的规则之下。假如无法进行这样的涵摄,该如何处理?必须区分民法与刑法。

——下篇,第 117 页

评判一部著作是指考察它是如何实现其理想的。为此,我们必须探究:(1)这部著作的目标是什么?(2)为了实现这个目标,作者做了些什么?

——下篇,第 132-133 页

阅读量的多少并不重要,重要的是熟读那些经典名著并练习对其进行评判。

——下篇,第 133 页

大学教育真正的目标应该是:引导我们进行科学研习,使我们对科学的任何领域都不再陌生,或者至少使我们具备这样的能力,即能够以最容易而又最深刻透彻的方式去掌握我们所欠缺的知识。

——下篇,第 175 页

大学课程不需要创新,其功用毋宁在于直接引导学生研习科学及其文献。

——下篇,第 177 页

【作品点评】

萨维尼的法学方法论

弗里德里希·卡尔·冯·萨维尼是德国 19 世纪最伟大的法学家，历史法学派代表人物。从 1802 年到 1842 年，萨维尼先后在马堡大学、兰茨胡特大学、柏林大学开设三十多次法学方法论课程，以其清晰、流畅、优雅并且富有洞察力的讲授吸引了大批学子，可以说，萨维尼的法学方法论直接影响了不止一代法学家。在萨维尼法学方法论课程的众多资料中，最系统、最完整的是雅各布·格林所作的"1802—1803 年法学方法论听课笔记"。在该笔记中，萨维尼将他的法学方法论划分为绝对的方法、文献性研究方法和学院性研究方法，而这就是《萨维尼法学方法论讲义与格林笔记》的主要内容。

法学的绝对研究法则。萨维尼认为，法学主要有两个部分构成：私法学和刑法学。于此，国家的立法职能也包括两个方面：私法的立法和刑法的立法。对于这两种法律的研究法则应当从相同的基本原则推导出来。这些基本原则包括：法学是一门历史性的科学；法学也是一门哲学性的科学；法学是历史性和哲学性科学的统一。而这就是萨维尼有关法学方法论的三条基本原则。第一条原则体现的是历史主义法律观，"法是历史地、客观地形成的，而不是由任何个人基于其意志任意创造出来的"，同时，法具有历史发展性，应该将其置于时间序列之中进行考察。"每一个立法都或多或少是以往立法史的结晶。查士丁尼并无独创一部法典的意图，他只想对既存的丰富的法律素材进行单纯的汇编，历史的整体由此转变为（新的）法律。"第二个原则体现了体系化的方法论取向。第三条原则描述了法学的至高境界,萨维尼认为,"法学完整的品性就建立在这个结合的基础之上"。

如果从萨维尼一生的研究看,这三条原则不仅是萨维尼法学方法论的灵魂,贯穿于其方法论的各个部分,据此,他将法学的绝对研究法则分为语文性研究、历史性研究、体系性研究;而且是萨维尼毕生学术事业的基本指针,预设了其学术发展的基本路向。1803年出版的成名作《论占有》是历史方法、语文学方法与体系化方法完美结合的经典;《中世纪罗马法史》以历史性研究为主;而其晚期的巨著《现代罗马法体系》则以体系方法为主,兼用历史方法和语文学方法。

就法学的语文性研究而论,阐明的问题其实是法学的解释如何成为可能。萨维尼认为:"每部法律都应当把某种思想作为能够发生约束力的规则表达出来。解释法律的时候必须洞悉其所蕴涵的思想,揭示其内容。从这个意义上说,法律解释首先就是对法律内容的重建。""解释者应当站在立法者的立场上,模拟地形成法律思想。"因此,法律解释只有通过三种研究的配合才是可能的,即法律解释必须具备三个要素:逻辑、语法、历史。法律解释的最高任务是深层次的考证,为的是寻求确定性,"易言之,就是将毁损残缺的文本恢复原状,通过解释本身对解释的素材进行重构"。如针对乌尔比安《论著提要》第25题第13段的解释,可以采取将存在明显缺陷的《民法大全》与纯正的版本进行对照,以求得考证。

谈及解释的原则,萨维尼认为,任何合目的性的解释都有既对立又统一的侧面:它必须是普遍性的,又是个殊性的。前者基于立法必须表现为一个整体的理念,单个规则必须与立法的整体两相契合,如此,才能得到更好的解释。后者则基于这样一种观念:一部法律中的任何一个文本都应当表述法律整体的某一个部分,从而并不能将其置于他处。最终,两者都将整合于体系之下,即每一个解释都必须力求为体系提供一个结论。谈及法学的历史性研究,主要涉及历史的内在关联性和历史的区分两个问题。建立历史关联性最简单的方法是,考察各个历史时期的立法对一个特定的问题如何作出不同的回答。

然而,需要更进一步的是,应该把法体系看作一个不断发展的整体,在法体系史的整体中进行考察,才能得出符合历史的结论。作为历史的区分,最重要的是在区分不同法源的前提下研究立法。至于法学的体系性研究,萨维尼认为,所谓体系,即是指解释的各种对象的统一。为了一方面逐个地,另一方面在整体脉络中认识体系的内容,即法律规范,需要一个逻辑媒介——形式。所有的形式要么用于阐明单个法律规则的内容,通常称之为概念,为了精确解释立法的概念,需要充分利用词源学这个辅助手段;要么用于整合多个法律规则,通常称之为真正的体系,为了法律规范的整合,需要对法律规范本身的内在关联性予以阐述,且这种阐述必须绝对忠实,即界定各种法律相互之间的关系,如物权法与债权法应当区分,还应在体系的各个部分对规则和例外之间的关系进行精确的阐述。

如果说法体系可以通过一般性的逻辑误用产生谬误,那么也可以通过偶然的、形式上的操作产生谬误,即借助纯粹的形式对法体系予以补充,或者把法体系中多余的东西祛除,这就是关于扩张解释和限缩解释理论。萨维尼认为,这两种解释绝非真正意义上的解释,他将其称为"实质解释",可见其对这两种解释持一种否定态度。那么当立法对案件的某一个环节未作规定时,该如何处理呢?

萨维尼的回答是，在民法中，可以采取原则推导、类推等方法，而在刑法中，遵循的是罪刑法定原则，因而不需要类推，自然更不需要适用扩张解释和限缩解释。

法学的文献性研究。当面对繁杂的书籍时，人们往往不知道哪一本书更值得一读；当面对一本新书时，人们往往也无法断定是否比以前的书更好。因此，有必要提出如下规则：批判地阅读、历史地阅读。所谓批判地阅读，是指在阅读的过程中对阅读的对象进行评判。评判一部著作，必须探究：这部著作的目标是什么；为了实现这个目标，作者做了些什么？必须做些准备：一般性的准备包括尽其所能地开展一些研究、阅读名著，集中注意力于这部著作，对阅读素材进行摘选，并把对这些素材的评判记录下来。应予指出的是，这种阅读方法普遍适用于所有的阅读。而历史地阅读，是指在与整体的关联中进行阅读，在双重序列中阅读：每一本著作一方面处于共时性的序列之中，是整体的一部分；另一方面处于历时性的序列之中，即处于时间的脉络关联之中。也只有在纵览全部文献的基础上才能对某个作者进行研究，也才能进行批判性的阅读，因此，两种阅读必须结合起来。

至于如何把上述阅读规则运用于法学研究，萨维尼认为，法学文献史可以分为法学研究史和书籍知识，前者需要遵循两条法则：一是注重法学内在的继承性并且尽可能地避免革命，因为任何时代的法学总是与前一个时代的法学存在内在关联；二是对于每一个历史时期，需要探寻那个时代的人在从事法学研究时持何种观点：人们当时一般把什么作为理想或研究任务？各个学者为了实现这个任务做了什么？后者的获取需要：一是按照书目学的方法编纂的关于所有法学文献的一般目录，如里彭尼乌斯编纂的《法律书典》；二是关于法学书籍的详细目录，即有计划地编制一份有关所有可用著作的目录，同时附上简短的评价，说明应当以何种方式使用这些著作，以及它们在多大程度上是可用的，如施特鲁韦的《精选法律书典》。

至于哪些文献值得推荐，萨维尼区分民法领域和刑法领域，分别从解释、历史性研究、体系三个方面给予了介绍。以民法领域为例，就解释的文献而言，有一般性的著作，如舒尔廷的汇编、《狄奥多西法典》等，有专门性的书籍，包括针对某个法源中较大部分内容的解释、只对法源的某些段落所作的注释；就历史性的著作而言，有关于外部法律史的著作，如巴赫的《罗马法史四卷本》、哈乌波德的《罗马法史图解》等，有关于内部法律史的著作，如希格尼乌斯的《罗马人的古法九卷本》、布里索尼乌斯的《罗马人的程式与习俗》等；就法体系的著作而言，有包含全部罗马法的体系，如《学说汇纂注释集成》、弗特的《注释》等，有对体系的某一部分进行研究的著作，如霍法克的《罗马—日耳曼民法原理》。

法学的学院性研究方法。有人说，随着书籍印刷术的出现，大学变得可有可无了，但是，对于研究性的大学学习始终是不可或缺的。因为"为了实现研究性大学学习的目的，必须在大学学习结束的时候，使学生形成属于自己的独立的学术观点，唯有如此，他将来才能自由地进行学术研究"。因此，大学教育对于科学研习至关重要。学院式的研习不仅可以克服自主思考训练方面的不足，还可以克服阅读书籍带来的困难，因此，萨维尼给出的建议是，对于初学者，"他必须求教于某一个博览群书，已经对整个法学进行深入透彻研习并且在学术上已臻于完善的学者"。谈到大学的目标，萨维尼的回答是，引导我们进行科学研习，使得我们对科学的任何领域都不再陌生，或者至少使我们具备这样的能力，即能够以最容易而又深刻透彻的方式去掌握我们所欠缺的知识。为此，需要制订法学课程计划。所有课程应当划分为第一类课程和第二类课程，前者是指法源导论，以使学生熟知法源；后者是指关于法源研究成果的知识，即体系。还需要构建法学研习的体制，即讲授解释、历史和体系这三个部分的内容。

与法学理论的其他部分相比，法学方法论的历史不算久远。若要论真正对此予以系统化研究的，则要首推萨维尼。就连卡尔·拉伦茨的《法学方法论》都始于对萨维尼法学方法论的评价，这充分彰显了萨维尼在法学方法论史上的重要地位。本书虽是一本讲义集，但从其学术价值而言，丝毫不比萨维尼的其他作品逊色，比如法律解释的理论、法学方法论的基本原则等，都对后世产生了深远影响。不仅如此，透过该书，让我们依稀看到萨维尼法学方法论一些碎片的同时，也可以揭示出这位"欧洲所养育的最伟大的法学家"的法学思维是如何演进的，对其进行"基因解码"。于此而论，本书是学习法学方法论的开创之作，自然也是研究法学方法论的经典之作。

8. 齐佩利乌斯的法学方法论探析

——《法学方法论》*导读

> 解释法律意味着对法律用词的涵义进行探究,也就是说,探究该法律用词所表达的事实、价值和应然观念。
>
> ——[德]齐佩利乌斯

【作者、作品简介】

R.齐佩利乌斯,出生于1928年,是德国埃尔朗根—纽伦堡大学已经退休的法哲学和公法教授,在德国法学界享有盛誉。主要著作有:《法哲学》《德国国家学》《法学方法论》《国家思想史》等。

《法学方法论》是《当代德国法学名著》系列丛书之一。法学也如其他科学一样,将以理性的、可论证的方式探求开放性问题之答案的路径称为"方法"。"方法"的作用在于,当法的任务即对正义问题提出有公认力的解决办法,与严格遵循法律原则发生冲突时,进行协调、补充与纠正。本书致力于介绍法学上旨在实现对法律规范进行理性的,可控制的解释、续造和补充的思想路径。通过

---

* [德]R.齐佩利乌斯:《法学方法论》,金振豹译,法律出版社2009年版。

这些思想路径，应能使一项法律在理性的考量中获得尽可能多的确定性，并使法律的解释以及漏洞的填补得以在理性的论辩中进行。

【名句共赏】

在科学上，方法是指这样一种路径，它以理性的，因而也是可检验（nachvollziehbar）和可控制的方式导向某一理论上或实践上的认识，或导向对已有认识之界限的认识。

——第一章，第1页

法律的概念技术常常把个别的法律规范撕成"法思想的碎片"，以至于常常不容易发现个别的条文实际上只是一个确立或改变法律义务的完整法律规范的组成部分。

——第一章，第7页

法律应如此调整人的行为，以使财富和负担得以公正地分配，互相抵触的利益得被公正地衡量，应受刑罚的行为受到公正的处罚；简而言之，法律应对在一个社会当中出现的各种法律问题予以公正地解决。

——第一章，第13页

从司法判决当中发展出来的一般法律原则深深植根于这样的任务，即公正地解决社会冲突。另一方面，在有法典化传统的法秩序中同样存在法官法的成分，这尤其体现在司法性的法律续造当中。

——第一章，第15页

当需要从法律上对一项意思表示在什么条件下可以被撤销的问题作出规定时，一方面要考虑私法自治原则，另一方面也要考虑交易过程中的信赖保护原则。

——第一章，第 19-20 页

法律发现的过程并非可以完全通过客观标准事先加以把握的一个纯粹的认识过程。然而正是在法和社会伦理秩序之看起来确定可靠的部分的边界地带，在这些对个人的法感受和正义的尝试提出挑战的领域，能够看到法学也是使人类历史如此生动丰富的原因之一。

——第一章，第 26 页

正确地界定法律语词的涵义，乃是法律解释的主要任务。

——第一章，第 30 页

开放社会应从其公民的这样一种——需要按照法治国原则加以确定的——正义确信当中为其关于正义问题的决定寻找合法性基础，即通过各种观点的开放竞争以最为广泛的合意的形式表现出来的正义确信。

——第一章，第 34-35 页

构成所欲法律后果之前提条件的事实构成要素被按照"专家意见模式"(Gutachtenstil)——审查：每一项条件（包括该项条件的条件）都被一一地按顺序加以"考问"。只有在经过这样的步骤并确定这些条件中的每一项（如果存在可选择性的条件，则至少其中之一）都已经满足之后，才能确定发生了法律所规定的相应法律后果。

——第二章，第 47 页

无论如何，人们会在这一点上同意古典解释理论，即所有的解释努力都应当从法律的可能词义出发。

——第三章，第63页

法律解释不仅仅意味着寻找字句背后的意义，而且还意味着：从字句所涵盖的各种不同的意义当中，选出正确的和决定性的意义。

——第三章，第70页

将对各种相互竞争的解释论据的衡量和选择交给对正义的寻求这一目标去引导，也就是说，最终确定的解释论据应当能够使待裁定之案件获得公平的处理，是符合法的基本功能，即为法律问题寻找正义之解决的。

——第三章，第82页

判例法制度正是通过案例比较和类型化的方法一步步地从个别判决——从一代代法律人的经过训练的，以占主导地位的法感受（Rechtsempfinden）为标准的法感（Judiz）——当中抽象出法的一般原则和规范。

——第三章，第110页

对于法官来说，发现以及准确地界定或者明确法律适用的各项前提，也即一方面是应适用的法律规范以及另一方面是需要对其作出裁判的事实，是更为困难的任务。在这里叔本华的观点同样适用："确定前提，而不是从前提中得出结论，才是真正的困难所在，也是易于出错的地方。从前提中得出结论是一个必然的、自发的过程。然而困难在于发现前提，在这里逻辑是不起作用的。"

——第四章，第125页

法律人需要一种在实践中运用判断力的方法。规范和事实之间的双向归属通常是在一种"眼光的往返流转"（Hin-und Herwandern des Blickes）过程中进行的（Engisch）。"眼光的往返流转"是一个多阶段的、逐步深入的选择过程；通过这一过程，不相关的规范、解释可能和事实被一步步地排除出去。

——第四章，第 130 页

具体状态下的事实及其可涵摄性（Subsumierbarkeit）问题提供了对规范的意义范围——借助当前的事实——加以衡量和精确化的契机。这是一个法律规范面对当前的生活现实"具体化"的过程，在这过程当中需要在规范及与该规范有关的事实之间进行"眼光的往返流转"。

——第四章，第 142-143 页

经验告诉我们，对正确之解释的寻求常常会面对这样一个决定空间，即其中各个方案的高低优劣无法按照普遍适用的标准来判断，从而最终只能根据个人性的价值观念和合目的性观念作出选择，并且这种选择甚至可能仅仅是一个"尝试性的"决定。

——第四章，第 153 页

【作品点评】

齐佩利乌斯的法学方法论探析[1]

众所周知，"方法"意指通往某一目标的路径。故而，法学方

---

[1] 原载《检察风云》2019 年第 24 期。

8. 齐佩利乌斯的法学方法论探析

法即是指实现法之价值与目标的一种路径。如果说卡尔·拉伦茨的《法学方法论》奠定了当代评价法学之法律适用研究基础的话，那么同样作为德国法学家的齐佩利乌斯在其著作《法学方法论》中则继续深化和推进了法学方法论的理论与实践，从而对深化法学方法论的研究起到了积极作用。

法概念之论断：法学方法论的理论基础

拉伦茨法学方法论的基本切入点是对法学一般特征的反思，虽然他也意识到，"每种法学方法论实际上都取决于其对法的理解"。齐佩利乌斯接续了这一对法本体论（法哲学）与方法论关系的理解，认为"对象决定方法。就法而言，这意味着：法提出了哪些问题以及应以何种思考方法回答这些问题取决于法本身的性质和功能"。他的方法论研究即以三种不同的法概念对法学方法论之基本立场的影响为起点。

第一种是作为命令体系的法。新康德主义法哲学认为，法是一个应然规范的体系。为此，在纵向层面上，需要形成一个有层次的权属体系，以此构建一个无冲突且有效的秩序体系。而权属位阶结构正是合理构筑法秩序的依据。可见，规范冲突是方法论研究的重要问题之一。在横向层面上，许多法律规范实际上只是行为规范体系的组成部分，这是因为法律的概念技术常常把个别的法律规范撕成"法思想的碎片"。第二种是行动中的法。法律的效力不仅体现在规范效力上，还体现在实效性上。这种受国家保障的法的实效性的特殊之处在于，即便规范没有被自动遵守，仍可能通过有组织的法律强制程序被贯彻。这一点对法律续造问题有重要意义。第三种是作为正义问题之解决的法。作者认为，法的基本任务是要引致对问题的合乎正义的解决。因此，法除了实现正义的任务外，还存在对法律安定性和最优地、合目的地满足各种利益的需要。这种认识可以引申出方法论上的许多结论，比如正义问题由立法者预先设定、概念性的技术手段有助于问题的清晰化和精确化等。

在分析了上述三种法概念对法学方法的影响之后，作者提出了心目中的法概念，即作为规整之客观化的法律。这种法概念对法学方法论的影响有：尊重作为规整之客观化载体的语词；法律语词常存在"含义空间"或"意义波段"，此时就需要法律解释；社会伦理观念、事实状态的变化都会引起法律含义的变迁。笔者认为，以司法裁判为例，法概念对于方法论的重要性在于，它是司法裁判背后那只"看不见的手"，有什么样的法概念，就会有什么样的裁判方法。

通过上述论述，我们不难看出，作者秉持一种平衡法的安定性和实质正义的规范主义立场展开了对方法的阐述。

法律规范的结构：法学方法论的实践命题之一

作者认为，事实构成与法律后果的结合是一种特别重要的法律规范类型。从分类上看，法律规范可以分为目标程式结构与条件程式结构。前者是指那些要求某一国家机关实现特定目标，但又不为此设定具体事实构成要件的规范。后者的结构模式是：当……（事实构成），则……（法律后果）。与法律后果一般表现为义务的产生消灭或者特定义务结构的变更相比，事实构成相对比较复杂，它往往由一系列个别的事实构成要素所组成，而这些要素又往往分布在不同的法律规定中。同时，应适用于某一案件的事实构成要素之整体必须由一个"基本事实构成"及其附属性规定（定义性规定和补充性规定）构成。至于在具体案件中，如何区分基本事实构成和补充性规定，要看人们所要寻求的法律后果是什么。

法律规范的竞合是规范结构理论的重要议题，是指多项规范按其字面意思都可适用于同一事实状态的情形，包括：一是重叠式竞合，即不同规范规定的事实状态相同，且法律后果彼此相容；二是适用冲突型竞合，即虽然按其字面意思可以适用于同一事实状态的多项法律规范，但事实上只有一项应予适用，如一般法和特别法的关系；三是效力冲突型竞合，即某一规范可以排除其他规范的效力，如上位法与下位法的关系。

法律的解释、补充与矫正：法学方法论的实践命题之二

这部分内容是德国方法论传统中"法律发现"理论的重点所在，主要解决个案裁判过程中大前提的获取问题。

首先，法律解释。作者认为，法律解释即要探究法律用语所表达的事实、价值和应然观念。萨维尼的"古典"解释理论将法律解释归结为"四要素说"，可以说，现代意义上的法律解释理论大抵以此为开端。作者的法律解释理论包括以下三点内容。一是文义解释。法律的可能词义是所有解释的出发点。在文义解释时，需要考虑逻辑与习惯因素。前者是指一项法律规范之各个词语之间的句法关联，此外还有用逻辑手段实现的，由"基本事实构成"和附属性规定组成的，适用于具体案例的法律规范的建构。后者则意味着没有被立法者预先界定的语词从法律共同体的语言习惯中获得其含义，但由于指称经验事实的语词往往是多义的，所以具有不确定的语义空间。于此，一方面，解释的界限在于可能的语义界限，另一方面，这种不确定性虽有损法的安定性和可预见性，但具有适应与社会生活、社会伦理观念变迁相适应的能力。二是目的解释。作者认为，目的解释的标准是：法律出台前的历史及其发生史、制定过程中积累的各种立法材料、法律本身的体系结构等，在上述界限之外，司法不得侵入目的和目适当性决定的领域，否则司法部门即是越权。三是体系解释。所谓体系解释，是指以各法律规范彼此之间的关联为根据，进而将个别的法律语词作为整个体系的一部分，即将其置于整个法律，甚至整个法秩序的意义关联当中来理解。其作用有：提供语言标准、逻辑标准和目的标准。作为总结，作者认为，在各项解释论据互相抵触的情况下，总的指导思想是"应以尽可能合乎正义地解决问题为依据"。这与拉伦茨主张不同解释之间存在严格的优先次序不同。

其次，法律续造（补充和校正）。之所以需要进行法律续造，根本原因是存在着法律漏洞。法律漏洞可分为"表述漏洞"和"评价欠缺型漏洞"，前者是指从法律本身字面上看，即没有提供一项完整的行为指示；后者是指出于正义的考虑需要对法律规范加以校正，而同等对待原则、体系正义原则、法的统一性原则都是确定这类漏洞的方法。至于法律漏洞的填补，作者认为，对于构成要件方面的法律漏洞填补，可采用类比推理方法；对于法律后果的法律漏洞填补，则采取"举轻明重推理"方法；此外，法官在填补法律漏洞时应当在"法"的范围内寻找依据，这一过程中需要运用利益权衡、逻辑和目的一致性考量。

再次，类型化的案例比较。这种方法既可服务于漏洞填补，也可服务于法律解释活动。就法律解释而言，类型化的案例比较的核心在于，"当前有待处理的案件依据其类型，也即就其一般的要素来看，是否应当被纳入某一法律措辞的概念范围当中"。这种方法的基本思想是同等对待原则，最重要的步骤是找出作为比较基准的案例类型。至于这种方法与其他解释标准间的关系，作者只是提及：

只能在逻辑上可能的范围内，并且，在法律解释时，只能在可能的语义范围内进行。就法律续造而言，作为解释的类比与作为续造的类比并无不同，它们的界限仅在于，前者在法律语词的意义范围内进行，后者则超出了这一范围。

法律规范的适用：法学方法论的实践命题之三

这一理论主要解决大、小前提的"带入一致"（恩吉施语）问题。一是大前提的确定。对于适用之规范寻找取决于人们所提出的问题，即从特定的行为义务以及构成这一义务之基础的法律规范是否存在的问题开始。有时需要采用论题学方法"穷尽一切材料"，同时遵循"程序优于实体"的顺序原则。二是小前提的确定。裁判所涉及的事实包括从外部感知到的对象和具体的心理过程，同时，裁判事实要求"实现"每一个法律规范规定的事实构成要素。但是，对于事实存在的判断、事实的确定性、事实的举证都是外于事实本身的规范性问题，都需要通过"操作规则"（证据规则）来解决。三是大、小前提的对应，包括涵摄和解释两个方面。涵摄是法律推理的基本结构与步骤，它是指通过法律用语所指称的一般概念等同于具体的情境要素，即发现具体事实与抽象概念之间的同一性。典型形式是法律三段论。但是，由于概念的涵摄往往是不确定的，因此具体事实能否涵摄于特定的规范之下还需借助解释的手段。可以说，具体事实的可涵摄性提供了对规范的意义范围内加以精确化的契机，而法律规范层面对生活现实的具体化过程则需要在规范与事实之间进行"眼光往返流转"。

本书一经问世即受到了学界与实务界的高度重视，从 1971 年初版到 2006 年间，前后共计 10 版，其受欢迎程度可见一斑。虽然该书对法学方法论的论述并未超越德国传统的方法论研究范式，但是无论如何，作者以探究法概念为切入点来考察法学方法论的传统命题，从而赋予传统命题以新的注解，引入以类型思维理论探寻法学方法论的有效路径，以逻辑形式化和电子数据处理应对社会发展中出现的方法论等内容，无疑对推动和深化法学方法论的理论与实践具有重要的启迪意义。

9. 学法须穿过一片片荆棘丛

——《荆棘丛——关于法律与法学院的经典演讲》*导读

荆棘丛已经逼近，荆棘会划破衣衫、肌肤和眼睛。烈日当空，荆棘丛生，你们会无路可走，迷失方向，饥渴难耐。……如果你们能抵挡住成千上万个恶毒的钩刺，如果你们能奋力穿过，直到到达另一片荆棘丛，那么，划伤也会带来看得见的风景。

——［美］卢埃林

【作者、作品简介】

卡尔·N. 卢埃林（1893—1962）是美国法学家，法律现实主义运动的主要代表人物之一，20世纪最伟大的法律思想家之一，曾任《美国统一商法典》总起草人。毕业于耶鲁大学，先后任教于耶鲁大学、哥伦比亚大学、芝加哥大学。既是引人注目的异议者和正统法律人的奇妙结合，也是集多元法律理论于一身的伟大思想者。

---

* ［美］卡尔·N.卢埃林：《荆棘丛——关于法律与法学院的经典演讲》，明辉译，北京大学出版社2017年版。

《荆棘丛——关于法律与法学院的经典演讲》这本书的标题源自一首18世纪的童谣，作者引用此童谣作为标题，意在告诉我们，学习法律须当付出努力。这是一本尝试告诉法学院学生该如何学习法律的书，一本尝试告诉学生该如何穿越荆棘丛，找到正确学习之路的书。关于本书，芝加哥大学法学院桑斯坦教授的评价是，"本书作为一部经典著作，对每一代法科学生来说，都是极具启发性的必读作品，即便对于普通读者来说，也是精彩异常的"。另一位芝加哥大学法学院斯通教授则如此评价，"在已有作品中，本书是关于法律的性质与法律教育的最伟大的著作之一。卢埃林用有时尖锐、有时古怪，但总是才华横溢的分析，向认真思考法律教育的每一个人提供了非常宝贵的见解"。

【名句共赏】

法律事务职责所在之人，无论是法官、治安官、法官助理、监狱官，还是律师，都属于法律官员。这些法律官员在处理纠纷时的所作所为，在我（指卢埃林——编者注）看来，就是法律本身。

——第一讲，第5页

无论是关于遗嘱何时生效，还是关于所得税的申报格式，我们总是会追溯到一个共同的特征：关键在于法律官员将要做什么。……他们如何处理纠纷或者其他任何事务，以及观察他们的所作所为，从中寻找某种独特的规律性——这种规律性使人们有可能对法律官员及其他官员今后的所作所为作出预测。

——第一讲，第7页

节省法官和当事人的时间,提前将问题解释清楚,正当地告知被告,并且给被告提供获得听审的正当机会;在涉及被告通过辩护提出的诉讼请求时,再次正当地告知原告,并且给原告提供获得听审的正当机会,从而使审判本身得以有序进行;在一方当事人认为下级法院没有依据适当规则判案时,迅速、适当、公正地向上级法院呈递讼案;最后,记录当事人因为什么样的纠纷而提起诉讼,从而避免再次提起诉讼——这些事务构成了程序法。

——第一讲,第11-12页

法律——即法律官员对纠纷的所作所为——充当了解决以其他方式无法解决的纠纷的工具。当社会失序时,法律更多的是维持(maintaining)秩序,而不是创造(making)秩序。这既是法律的首要功能,也是法律古老的和根本的功能。

——第一讲,第18页

司法意见毕竟是一种解释,一种对判决的论证,一种至少是作出判决的法庭所接受的意见。隐藏在司法意见背后的,是整个诉讼过程——也就是之前简要介绍过的初审与上诉。

——第二讲,第43页

无论在什么地方提到正义的概念,它都会要求,类似的人在类似情况下应当得到类似的对待。……正义要求确立一般规则,并且要求公平适用规则。

——第三讲,第52页

有重要意义的，给你们指引的，使你们确信的，就是与你们从判例中解读出来的意义相关的其他案件的背景。它们影响了司法意见所使用的语言、专业术语。但是，最重要的是，它们给你们提供了必要的手段，去查明其中哪些事实意义重大，在哪些方面意义重大，以及应该在多大程度上相信已经制定的规则。

——第三讲，第 61-62 页

在学习法律时，这些内容（指整理案件摘要、巩固笔记——编者注）就是你们的基本变位、变格以及语法，也是你们的工厂、引擎、机器。它们一旦被发现，并且经过你们的艰辛努力，它们一旦被整合在一起，并且运转起来——那么，你们就真正掌握了它们。

——第四讲，第 76 页

剖析一个案件并不那么容易，它需要思考，需要有意识的思考，需要分析。如果仅仅是审视案件，阅读案件的语言，以及运用某个明确表述的语句，那就根本不存在什么伟大的技艺和巨大的困境了。

——第四讲，第 90 页

正是遵循着逻辑，缺乏说服力的法官被囚禁在前任法官建造的围城之内；经由逻辑的方法，在判决需要时，有说服力的法官可以翻越围城。

——第五讲，第 102 页

个人权利源于规则。孕生权利的规则专指实体规则,这样的规则指引社会中的行为方式。如果一种权利受到侵犯,作为一项救济,你们就会获得另外一种不同的权利,一种"行动的权利",一种"次要的权利",一种"获得损害赔偿的权利"。

——第五讲,第117页

你们必须用全部时间全身心地投入到法律学习之中。你们要咀嚼法律,谈论法律,思考法律,畅饮法律,甚至在你们睡觉时梦呓法律与判决。让你们自己沉浸在法律中——这是你们唯一的希望。

——第六讲,第138-139页

让我们继续阅读——进入法律,再走出来。全力以赴去阅读。……在你们的法律——法学院和法律实务——中,这就是智慧的组成部分:交易、文化与职业合而为一。

——第八讲,第194页

一个人,有一条路;一条路,有一百个终点;期望就是幻想。然而,我(指卢埃林——编者注)发现有一点可以确信:只要走上这条路,你们找到的东西,无论与我的发现存在多么大的差异,都是好的,甚至是更好的。

——第八讲,第194页

司法正义的精髓在于,每个人得到公正的听审,在听审中得到有力的代理;简单地说,就是确保案件得到公正的审判;除非经过审判,除非法庭审判,每个人都不得被判决有罪。

——第十讲,第228页

【作品点评】

学法须穿过一片片荆棘丛[①]

卡尔·N.卢埃林是美国著名法学家,是法律现实主义运动的主要代表人物之一。作为伟大思想家,他给后来者留下了许多深刻而富有洞见的法律思想,其中针对法学院学生如何学习法律所阐明的一系列思想,令人印象深刻。如果读者想了解这方面的内容,不妨去阅读《荆棘丛——关于法律与法学院的经典演讲》一书。通过该书,我们恍然明白了这样一个道理:学习法律是一个智识上不断接受挑战的过程,不仅要求学习者树立坚定信念,更要付出艰辛努力,这个过程就如同穿越一片片荆棘丛。

谈到法律是什么,作者开宗明义地指出,来到法学院的学生,是想学习法律的,故此应当了解所学习的法律是什么。第一,法律官员在处理纠纷时的所作所为,在作者看来,就是法律本身。其中的核心是,无论是关于遗嘱何时生效,还是关于所得税如何申报,都需要追溯一个共同的特征:关键在于法律官员将要做什么。通过对这个关键问题的观察,"找寻某种独特的规律性——这种规律性使人们有可能对法律官员及其他官员今后的所作所为作出预测"。比如理解法官的所作所为,就可以探寻到法官处理案件的技巧,这与霍姆斯主张的"法律就是预测"的观点如出一辙。第二,法律的目的在于解决纠纷,因此,法律官员就像一名裁判,"是因为在履行职责时,法律官员主要是在努力——并且带着些许成就感——坚持主张应当遵守游戏规则"。第三,法律的首要功能是,维持秩序,而

[①] 原载《清风苑》2019年第6期。

非创造秩序。这里蕴含的理念是法律的正当性。因为法律是正当的,所以人们才有义务遵守法律。通过上述分析,我们可以充分感受到作者作为法律现实主义学者的观点,那就是从实用主义角度理解法律,即法律就是法律官员的所作所为。

作为普通法系基石的判例制度,自然是法学院学习的重点。第一,判例来源于纠纷,但并不是每一起纠纷都会构成判例。真正的判例必须是法律意义上的判例,即经过了初审、复审,经过了陪审团对争议事实的评判、复审法院的裁决,包括出具的司法意见。而司法意见"作为一种解释,一种对判决的论证,一种至少是作出判决的法庭所接受的意见",体现了整个诉讼过程,从案例教科书的目的而言,它就是"判例"。因此,如果我们想要透彻地理解法院将要做什么,阅读判决和司法意见必不可少,透过表象,深入研究,尤其是要阅读每一个词、理解每一个词。由此,笔者联想到了无论是大陆法系还是英美法系,研究法院的判决应当成为法律人的必修课,因为判决作为"活的法律"蕴含了丰富内容:规则的运用、判案的技巧以及法官的思考等。

第二,如何对待判例,作者首先指出,所有案件的审判,都是基于四个特别的假定,而这正是我们学习法律的首要假设。这四个假定是:法院必须是对诉至法院的纠纷作出判决;法院只能对诉至法院的特定纠纷作出判决;法院只能根据可适用于某类相似纠纷的一般规则对特定纠纷作出判决;如果首要涉及特定纠纷——摆在法官面前的特定问题,那就要阅读该法官在司法意见书中可能会谈及的每一件事。于此,从第一项规则中可以推导出审判工作的唯一目的就是解决纠纷;第三项规则告诉我们,正义要求确立一般规则,并且要求公平适用规则;第二、第四项规则则明确表达了制度来源于智慧的凝结，这种智慧通过讨论、争辩等方式而产生。其次，通过一交通事故案例，展示了如何发现事实之间的法律关联性，剔除没有法律意义的事实，放弃没有利害关系的事实，并对留下的事实进行分类，最终找到具有法律意义的事实。而对于事实的辨别，最终将我们引向判例法制度。应当说，判例法制度的基础就在于提供必要的方法，以查明哪些事实意义重大，应该在多大程度上相信已经制定的规则等。由此，我们必须阅读司法意见，从中发现哪些类型的事实具有法律上的关联性，哪些事实在法庭上发挥根本性作用。此外，作者还谈及了判例比较的重要性，将判例汇集并展开比较分析，是从事判例法研究最根本的构成要素。最后，作者对案例摘要给予了高度重视，整理案例摘要不可或缺，一份案例摘要应当包括：检索目录、原告的诉求、被告的诉求、初审法院所做的工作、被法院认定的事实、法院采用的论证方法等。

第三，先例事实上就是官方惯例，在普通法制度中，先有遵循先例的习惯，才有先例应被遵循的法律规范。之所以创设此规则，其目的是帮助法律工作者根据过去的判决作出判断。面对社会的稳定与变化，先例同样需要正确处理稳定与变化之间的关系，因此，需要法官"手持利剑，游刃有余"。

至于法学院到底能提供什么，作者认为，法学院通过设置课程，给学生们提供法律知识，只有具备了这些知识，才能像法律人那样思考，才能对各种法律情况作出评估。而这些知识包括：打算去从事法律执业的那个州的判例、地方制定法的文本内容，以及通过读书、训练等方式获取课堂上无法获取的知识。此外，还要掌握一些技艺，比如判例论证，对判例涉及的所有要素进行分类整理、查明来龙去脉、设计论证。

接着，作者提出了一些忠告：关于学习，必须用全部时间全身心地投入，"要咀嚼法律，谈论法律，思考法律，畅饮法律，让自己沉浸在法律中"。关于撰写法律文书，唯一要做的就是实践，记住要点，并付诸行动，比如使用简洁、准确、扼要的语词，保持语词的前后一致，掌握以法律风险为核心的语词等。关于预测能力的培养，最为重要的是持久而认真地阅读案例——不断反复地观察、关注、理解法院的各种反应。关于学习功课，第一年必不可少的功课是程序法，之后是财产法、合同法、刑法等，第二年会遇到选修课，如家庭法、劳资法、比较法等。关于老师，渴望知识的学生就是老师唯一的激励，每一位老师都有值得学习的地方，必须在课堂上保持清醒，以便汲取营养；虽然老师总是片面的，但是应该见识这些片面的人，从中学到优长和看到不足，这样在知识的均衡、丰富以及构成方面就会更胜一筹。关于法律评论，这是一份学术出版物，参与其中，不仅是一种荣誉，更是一种责任，所以希望把它当成第一年追求最高成就的目标；其中的好处在于可以建立团队精神，可以培养自主研究的能力，可以学会写作，还可以学会论证性说明的法律技艺。经过以上分析，作者的总结是，荆棘丛已经逼近，荆棘会划破衣衫、肌肤和眼睛，让我们无路可走，但是，如果能奋力穿过，便是成长。

此外，作者还简要提及了其他一些问题：对于如何做好律师工作，首先最重要的是律师要充分相信自己的工作，并且在这种充分相信之下巧妙思考、为之抗争；其次就是要保持应有的职业伦理，确保律师的所作所为值得尊敬，守住清白的良知。在法学院的第二年，学生就像已有一年职龄的牧师，需要早日摆脱身陷失望与灾难交织的困境，继续专注于具体案例的分析，弄清楚每一条规则的含义和建立在确凿事实上的每一个要点等方面。总之，要"做一棵豆荚，然后攀爬"。就法律与文明而言，法律对于文明及秩序来说，就是一个安全阀，通过明确秩序、维持原本的秩序以及提供自我矫正的机构，实现对文明的积极贡献。关于逻辑，正如霍姆斯的那句名言，"法律的生命在于经验，不在于逻辑"，作者并不看好逻辑的作用，认为这是一个实用主义的世界，遵循逻辑容易造成缺乏说服力的法官被囚禁在前任法官建造的围城内，有说服力的法官翻越围城。关于制定法，必须划定范围，同时需要适应判例法，如此才能通过解释的方法作为普通法的补充。

作为本书的总结，作者认为，法律是一门兼具理论性与实践性、文化价值与职业价值的成熟学科，因此，垄断有效法律技艺（案例研究、法律咨询、裁判方法）是完全必要的。此外，还需继续发扬普通法的宏大传统，比如上诉法院应具备健全的责任意识，行动的限度和远大目标，而这一切都是作者眼中需要穿越的荆棘丛。

本书是一部法学文集，主要由作者于1929—1930年在美国哥伦比亚大学法学院的法理学讲稿汇集而成。书的主线是总结分析法律初学者可能会遇到的各种问题，并提出经验性的解决办法。不仅如此，书中还对如何做好法律工作给予了诸多建议和提示。就此而言，该书值得摆在所有法律工作者的案头，成为我们探寻法律世界奥秘、发掘法律内在精神的必备书目。

10. 凯尔森的纯粹法律理论

——《法与国家的一般理论》*导读

> 法律秩序，尤其是国家作为它的人格化的法律秩序，因而就不是一个相互对等的、如同在同一平面上并立的诸规范的体系，而是一个不同级的诸规范的等级体系。……这一回归以一个最高的规范即基础规范为终点，这一规范，作为整个法律秩序的效力的最高理由，就构成了这一法律秩序的统一体。
>
> ——［奥］凯尔森

【作者、作品简介】

汉斯·凯尔森（1881—1973）被公认为20世纪最重要的法律理论家。凯尔森于1881年10月11日出生于布拉格一个说德语的犹太家庭，凯尔森的父亲是磨坊主，属于中产阶级之家。作为家中的长子凯尔森获得了一流的教育。1906年获得博士学位，1911年开始在维也纳大学讲授国际法和法哲学。1918年成为维也纳大学的副教授，第二年成为国家法和行政法的教授。1921年被任命为宪法

---

* ［奥］汉斯·凯尔森：《法与国家的一般理论》，沈宗灵译，商务印书馆2013年版。

法院的法官，1930年因裁决问题被免除宪法法院的职务。1940年移民美国，担任哈佛大学研究助理。五年后，在哈佛大学法学院庞德院长的支持下，凯尔森获得了加州大学伯克利分校政治学系的永久席位。1973年4月20日在伯克利逝世，享年92岁。

《法与国家的一般理论》初版于1945年，凯尔森借此将其纯粹法律理论适用于"二战"后美国的环境。本书还为他提供了一个机会，向英语世界的读者展示自己国际法至上的最新理念。本书全面阐释了他的"纯粹法律理论"，四百多页的篇幅分为两个部分：第一部分讨论法律；第二部分讨论国家。这两个相关的主题结合起来就是截止到当时凯尔森法理学最系统与全面的阐述。

【名句共赏】

法是人的行为的一种秩序（order）。一种"秩序"是许多规则的一个体系（system）。法并不是像有时所说的一个规则，它是具有那种我们理解为体系的统一性的一系列规则。……只有在明确理解构成法律秩序的那些关系的基础上，才能充分了解法的性质。

——第一编，第29页

在对法的概念下定义时，我们必须从考查下述问题开始：一般称为"法"的这些社会现象是否提供了一个使它们区别于其他同类社会现象的一个共同特征？这一特征在人的社会生活中是否重要到这样的程度，即可能成为有助于认识社会生活中的各种概念的基础？为了说明问题起见，人们必须从"法"这一词的最可能广的用法出发。也许我们不能发现我们所寻求的那种特征，也许实际上的用法是这样的宽泛，以致被称为"法"的那些现象并不体现出任何真正重要的共同特征。但是如果我们能发现这样一个特征的话，那我们就有理由将它包括在定义中。

——第一编，第 31 页

将法和正义等同起来的倾向是为一个特定社会秩序辩护的倾向。这是一种政治的而不是科学的倾向。

——第一编，第 33 页

说一个社会秩序是合乎正义的……这意味着，这种秩序把人们的行为调整得使所有人都感到满意，也就是说，所有人都能在这个秩序中找到他们的幸福。对于正义的期望是人们永恒的对于幸福的期望。这是人作为孤立的个人不能找到幸福，因而他就在社会中寻找。正义是社会幸福。

——第一编，第 33 页

法律诚然是促进和平的一种安排，它禁止在共同体成员关系中使用武力。但法律并不绝对地排斥使用武力。法律和武力不应被了解为相互绝对对立的。法律是武力的一种组织。因为法律对在人们关系中使用武力赋予一定条件，它授权只由一定的人并只在一定的情况下使用武力。

——第一编，第 52-53 页

义务概念最初是一个道德上的特定概念,并表明道德规范与规范为之订定或禁止一定行为的那个人的关系。"一个人具有(道德)义务,或(道德上)负有义务,遵从某种行为"的陈述,意思是一个命令这种行为的有效力的(道德)规范,或这个人应当以这种方式行为的规范。

——第一编,第104页

与一个在法律上不负责任的人不能发生联系的,是制裁而不是如果由其他某个人来作出就会是一个不法行为的事实。归责的概念指的是不法行为与制裁之间的特种关系。

——第一编,第150页

一个规范效力的理由始终是一个规范,而不是一个事实。探求一个规范效力的理由并不导致回到现实去,而是导致回到由此可以引出(在下面将考查的意义上),第一个规范的另一个规范。

——第一编,第174-175页

在法律世界中,没有什么"本来是"事实的东西,没有什么"绝对的"事实,有的只是由主管机关在法律所规定的程序中所确定的事实,法律秩序在以某些后果赋予某些事实时,也就定要选定一个在具体案件中必须确定事实的机关并且规定该机关在这样做时所必须遵守的程序。

——第一编,第208-209页

私法行为与不法行为都是制裁的条件。它们的差别在于私法行为的法律后果，即构成当事人义务和权利的那个次要规范的效力，是私法行为有意得到的；而不法行为，一般地说，并无得到任何法律后果的意图。私法行为是创造法律的事实，而不法行为却并不是。

——第一编，第214页

民法的典型的私法行为就是契约。契约是由两个或两个以上的人一致的意志宣告所构成的。契约当事人的宣告指向这些人的某种行为。

——第一编，第215页

在民法中，通行自治的原则，根据该原则，任何人都不能在违背本人意愿或未经本人同意的情况下而负有义务。正如我们将见到的，这是私法与公法的决定性的差别。

——第一编，第217页

在每一个司法判决里，程序法的一般规范要由一个人，而且也只有这个人被授权作为法官来行为并自由裁量或根据实体法一般规范来判决具体案件。正是这一程序法的一般规范，司法权力才被委托给法院。

——第一编，第220页

对法学家来说，国家就是规范的一个综合体、一个秩序；而对社会学家来说，马克斯·韦伯认为，国家似乎是活动的一个综合体，"实际社会行为的过程"。

——第二编，第279页

司法职能实质上是由两种行为构成的。在每个具体案件中：①法院确认这样一个事实的存在，它合乎待适用于该案件中的一般规范所定的民事或刑事不法行为的条件；②法院命令在待适用的那一规范中一般规定的具体的民事或刑事制裁。

——第二编，第390-391页

【作品点评】

凯尔森的纯粹法律理论

汉斯·凯尔森是20世纪最重要的法律理论家，他一生最伟大的成就是创立了纯粹法学，向世人阐述了他的"纯粹法律理论"。而《法与国家的一般理论》一书则是纯粹法学的代表作，书中凯尔森以"纯粹"为主题，以法论和国家论两条主线，概述了法律、国家以及国家法的理论问题，系统介绍了纯粹法学的核心思想，为读者深入了解这一理论提供了广阔平台。

正如沈宗灵所说的那样，纯粹法学的核心思想可以说就在于"纯粹法学"这个名称本身，可以说，书中处处体现"纯粹"，"纯粹"贯彻始终。围绕着"纯粹"二字，作者对纯粹法学作了如下论述。

方法论。首先，就研究对象而言，作者在序言中开宗明义地指出：本书所要探讨的理论是实在法的一般理论，并且"旨在从结构上去分析实在法，而不是从心理上或经济上去解释它的条件，或从道德上或政治上对它的目的进行评价"。同时，作为一种理论，它的绝对目的是认识法律而非形成法律，"一门科学必须就其对象实际上是什么来加以叙述，而不是从某些特定的价值判断的观点来规定它应该如何或不应该如何"。可见，纯粹法学理论之所以被称作"纯粹的"理论，是因为其研究对象纯粹、研究方法纯粹，言下之意就是，它仅仅描述法，试图把严格说来不是法的任何东西从这种描述的对象中排除出去，以免受到外来因素的影响。

其次，从法律概念的定义看，法的定义有政治定义和科学定义之分，前者将法和正义等同起来为特定社会秩序辩护，由于它包含了政治和道德因素，因而是不科学的倾向。而后者即科学的法的定义，必须摆脱道德或政治价值判断，是"人的行为的一种秩序，是社会组织的一个特定技术"。这种由法律产生的法律秩序不同于道德秩序：法的反应在于秩序所制定的社会有组织的强制措施，而道德对不道德行为的反应，并非社会有组织的；虽然宗教规范更接近法律规范，但是它是一种先验性制裁，以一种超人权威的惩罚去威胁违反者，也不是社会有组织的制裁。因而，在作者眼里，法律就是一种特殊的社会技术，是一种纯技术概念。

规范论。作者认为，法律是由规范构成的体系，法律秩序是一个规范体系。这里，作者并不赞同分析实证主义法学家将法律规范与法律规则互相等同的观点，他认为，两者存在区别：法律规范是立法所规定的东西，法律规则是法学对立法机关所创立的规范的陈述，前者是规定性的，后者是叙述性的。之后，作者围绕法律规范进行了如下分析。

一是静态法律规范与动态法律规范。所谓静态法律规范，是指通过智力的作用，即通过从一般到特殊的推论才能得到的规范，比如从"你应当爱你的邻人"这一规范里，可以推导出"你决不能伤害你的邻人"这样的规范。后者是指由某个更高规范授权创造规范的那些个人通过意志行为而被创造出来的规范，而法律秩序的规范体系即为动态体系。比如，由司法判决创造的先例即属于此。

二是应然与实然（应当与是）。从规范的角度而言，法律属于"应当"范畴，即法律仅规定人们"应当如何行为"，如果说自然科学的"定律"是当A存在时，B就存在，那么法律则告诉我们当A存在时，B就应当存在。因此，"正当性"是法律的根本特征之一。可以说，法律的"正当性"不仅使得法律区别于自然科学和社会现实，而且是纯粹法学的基石，该理论的所有学说都是以此为基础的。

三是效力与实效。作者认为，前述应然和实然的区别，就法律而论，就是法律的"效力"和"实效"的区别。法律效力是指法律规范是有约束力的，人们应当像法律规范所规定的那样行为，应当服从和适用法律规范；法律实效是指人们实际上就像根据法律规范规定的应当那样行为而行为，规范实际上被适用和服从。因而，两者分属不同的现象：效力是法律的一种特性，实效是人们实际行为的一种特性，而所谓的法律实效，就是指人们的实际行为符合法律规范。

四是规范等级体系。作者认为，法律秩序由个别规范、一般规范、宪法和基础规范所构成，每一个法律规范的效力均来自另一个更高的规范，而基础规范即是这一体系的核心，它只创制法律而不实施法律，是其他法律规范的源泉，构成了组成一个秩序的不同规范之间的纽带。

国家论。这是纯粹法学的另一重要组成部分。作者在序言中指出："一个社会秩序的国家和法律必然是同一的"，它"废除了法和国家的二元论"，代之以一元论，从而"建立了一个作为法的理论不可分割部分的国家理论，并假定在一个包括所有实在法法律秩序的法律体系内的国内法和国际法的统一"。循着这一思路，作者在以下问题上的观点也就一目了然。一是在公法和私法的划分上，两者难以划分，在私法领域，国家也可以是法律关系的当事人，因而这时私法规范体现了保护国家利益，所谓的"公"益职能；国家与私人的关系中，既有"公"的性质，也有"私"的性质，难以排斥。二是在国家要素问题上，国家由三个要素构成：领土、人民和权力，这属于国内法律秩序的效力问题，以上三个要素相当于法律秩序的属地、属人和主权效力范围。当然，还应补充说明的是属时效力范围，包括国家的承认和继承等问题。三是在分权问题上，作者反对"三权分立说"，他认为，国家的基本职能不是立法、行政和司法三个，而是两个即法律的创造和适用（执行），并且这些职能不是对等的，而是上、下等的；此外，这些职能之间的界限也不是绝对的，而是相对的，"国家的大多数行为都同时既是创造法律又是适用法律的行为"。四是在国际法和国内法问题上，作者主张一元论，即国际法和包括所有国内法组成一个普遍的法律秩序，并且国际法的效力高于国内法；从效力来源看，国内法律秩序的基础规范可以从国际法律秩序的一个实在规范的实效性中得来，国际法律秩序的基础规范是各国国内法律秩序的效力的最终理由。

作者的纯粹法理论一经问世，就受到广泛争议，"既受到热烈的赞同，也受到拼命的反对"，褒贬不一。不可否认，作者的理论确实存在一些缺陷，比如为了将法"纯粹"起来，而摒弃法与政治、经济、社会等存在客观联系这一事实；否定主权国家，认为国际法凌驾于国内法之上；为纯粹而纯粹，重视法律的形式研究而回避法律的本质研究；等等。但是无论如何，作者将公平、正义等价值论域悬置，追求对法律进行纯然规则的解释，将国家作为一个法律现象进行解读，从中透视出规训权力、追求自由、崇尚理性的内在精神。这对于当下我国的法治建设仍具有重要的借鉴意义，比如面对冤假错案屡屡发生、网络管控不力导致网络高利贷、赌博等现象难以禁止、高校学生自杀事件时有发生等情况，我们不仅应当反思立法工作是否与时俱进，而且更应检讨执法能力和水平也是否与时俱进，符合新时代法治的要求。于此，纯粹法学或许可以给我们提供一个新的视角：剥离与立法、执法无关的群体利益、社情民意等非法治因素，更多将公平正义等价值融入立法、"求真"精神融入执法，为法律套上规则，为权力套上理性，以此回应社会关切、处理社会现实。这样或许可以有效避免上述法治事件。就此而言，本书仍不失为一本值得每一位法律人探究和思索的法学名著。

11. 穗积陈重与他的法典编纂思想

——《法典论》*导读

> 法律的最高品味在于其正确,不正确的法则不可称为公正之法。恰如钟鼓若发出不明之音,就无人能守护战阵的规律。法令若发出不明之声,则民众皆不能遵照其条文。
>
> ——[日]穗积陈重

【作者、作品简介】

穗积陈重(1855—1926),法学博士,出生于四国伊予国的宇和岛藩,是日本近代法律的主要奠基人,日本民法典的主要起草人,明治、大正时期著名法学家、政治家。先后就读于日本东京帝国大学、英国伦敦大学、德国柏林洪堡大学。1881年学成回国,入东京大学法学部担任讲师,在日本历史上第一次开设"法理学"课程。次年2月,升任教授兼法学部长。1890年入选日本贵族院议员,1915年被授予"男爵"称号,1917年担任日本学术界最高地位的学士院院长一职,1925年出任枢密院议长。一生著作甚丰,主要著

---

* [日]穗积陈重:《法典论》,李求轶译,商务印书馆2014年版。

作有：《法律进化论》《复仇与法律》《法窗夜话》《法典论》《隐居论》《五人组制度论》等。

《法典论》是穗积陈重展现其立法学水准的巨著，也是其青史留名之作，与《法律进化论》同为其代表性作品。本书初版于明治二十三年（1890年），至今已有100多年。本书问世当时，正值日本民法典制定过程中"断行派"与"延期派"展开争论，属于"延期派"的穗积陈重在旧民法典论争中获胜并成为日本新民法典起草工作的主持者之一。因此，本书代表了新日本民法典的精神实质。

【名句共赏】

一国的法律是否真正地具备实现国家利益，促进人民幸福的条规的问题就是该部法律的实质问题。一国的法律是否真正地制作出简明正确的条文，又是否是以该国人民容易知其权利义务所在的问题就是法律的形体问题。……实质是法律的精神，而形体是法律的躯体。

——第一编，第5页

干戈是战乱的凶器，法律是治平之要具。故而一国发生战乱，社会秩序紊乱，而在反复不能收聚之际，能加以恢复秩序的便是法律。

——第二编，第27页

古代的罗马法是欧美诸国的法律渊源。中世纪波罗那府的大学开启了欧美诸国的法律学中兴之基，而在近世，意大利亦是欧洲诸国的法典编纂事业的先鞭。

——第二编，第40页

> 法令伴随社会进步而呈现细密复杂之倾向。……依此观之，法令之疏密正是与社会之进步成正比例，其愈加繁杂，亦是理所当然的，此可谓是与社会进化相伴的显像。
>
> ——第二编，第43页

> 有法律就必有制裁，有权利必有救济；虽有法律而无制裁，等于死文徒法。有权利而无救济，则不过为虚名空称而已。
>
> ——第三编，第55页

> 德意志帝国民法草案而改采巴伐利亚民法草案之新式，将债权编置于其首位，此实际上是法典编纂史中的一大变革，可谓是伴随着近世的法律思想。
>
> ——第三编，第65页

> 在古代社会，人的权利义务由身份决定颇多，由契约决定的则甚少。而在近世社会，人的权利义务之大部由契约决定，由身份决定的甚少。
>
> ——第三编，第66页

> 法典是静止的，而社会则是运动的。故而法典和社会常常有相离之趋势。在法典编纂之后，社会亦有新事物，旧事态之废弃。一盛一衰，变动无常。
>
> ——第四编，第75页

古代的法典，全部皆是义务本位之法典，近世的法典皆是权利本位之法典。然而，正如法兰西民法等，其本位并不单一。所有权之法理基于权利本位，而地役则是基于义务本位，且既不依单本位，又不依复本位的，称之为变迁时代的编纂法。

——第五编，第 92 页

若法典的文辞高远崭新，则其法典只能专于执法者以及专门家之用，最终一般人民不能理会。若法典的文字含义模糊不清，就会诈伪盛行，争讼不停。

——第五编，第 95 页

简明法文可谓是法制主义之基本。

——第五编，第 96 页

法典的文章用语尽量要准确，以使读者解读为同一的意义。法律最大的弊病就是文意字义模糊不清。曲解酷吏的法律，愚民触犯法禁，奸徒免于法网，众人皆知原因在于法文不明确。

——第五编，第 96 页

因法典编纂的事业而名垂青史者甚多。其中以希腊拉鲁甘斯王，罗马的查士丁尼帝，丁抹（今丹麦）的克里斯蒂娜第五世，普鲁士的弗里德利希二世、法兰西的拿破仑帝最为著名。历史学家基邦曾如此评价查士丁尼帝："查士丁尼帝作为战捷者的虚荣迟早会化作尘芥而去，并消失无迹。而帝的立法者之芳名将会永远铭刻于纪念碑，万古而不磨灭。"

——第五编，第 111 页

【作品点评】

穗积陈重与他的法典编纂思想[①]

穗积陈重是学贯东西的日本著名法学家，其学术领域涉及法理学、比较法学、民法学、立法学等诸多法学领域。其中，在立法学领域，穗积陈重创作了立法学上的巨著《法典论》。本书不仅是其代表作，更是民法立法的经典著作，也是立法学的旷世之作，它概括并揭示了世界古今法典编纂的一般规律。

《法典论》作为一部论述立法技术的专门著作，分别就法典的性质、沿革、法律家与法典编纂、非法典编纂论，法典编纂的策略，法典的体裁、法典编纂的组织，以及程序进行了论证。全书内容丰富，论述清晰，不乏经典陈述，从立法学角度而言，该书至今仍不失为扛鼎之作。

所谓法典编纂，是指对一国法律进行分科编制而形成具有公力的法律书面之事业，或者是指将既有法令进行整理编辑而形成法典的工作，或者是将新设法令归类编纂而形成一编的法典工作。就其性质而言，法典编纂当属于法律的形体问题，即研究一国的法律是否真正地制作出简明正确的条文，又是否是以该国人民容易知其权利义务所在的问题。论及法典编纂的沿革，边沁因毕生研究法律改良事业，故称得上是法典编纂论的始祖；近代法典编纂论中最为著名的事件是蒂堡与萨维尼两派的法典编纂争论，这一争论催生了法律编纂的准备工作，也使得德国民法典更趋完备。追溯历史，从19世纪开始，关于法典编纂的利害得失、可否之争，学者们始终针锋

[①] 原载《人民法院报》2017年9月8日。

相对。最终，非法典编纂论分为两种：绝对的非法典论和关系的非法典论。绝对的非法典论之所以反对制定法典，其原因大概源于法典不能伴随社会的进步、法典不能包含法律之全部、法典不能终止单行法、法典不能终止裁判例之必要、法典编纂未必会减少诉讼等因素。

有关法律编纂的目的，作者认为，纵观自古以来各国的立法史，大致可以分为五种策略。一是治安策略，顾名思义，此时法律编纂的目的即在于恢复社会秩序，比如公元前594年颁布的梭伦法典，其作用就在于平定平民骚乱。二是守成策略，无论是古代中国，还是古罗马、9世纪的英国、拿破仑时代的法国、普鲁士国，法典编纂的目的均在于巩固基业、成就伟业。三是统一策略，其目的在于统一全国之法律，德意志法典编纂即是典型。四是整理策略，"法律伴随社会的进步，亦愈加复杂"，因此，需要法随时变，"法令之疏密正是与社会之进步成正比例，其愈加繁杂，亦是理所当然的，此可谓是与社会进步相伴的显像"。五是更新策略，法律伴随社会进步，当社会出现事物焕然一新、人心激变之时，立法者也需响应社会的新事态，进而编纂法典。

谈及法典编制的体裁，可以分为四种。一是沿革体，纵观古今之法典，可以推定，古代的法典编制法是依法律发达之自然顺序，如将诉讼法放在法典的首位，而自《查士丁尼法典》《巴西利卡法典》以来，往往把宗教法以及帝王相关之法放在法典之卷首。二是编年体，即基于年月编纂的法典，这类法典的缺点是不够简明。三是韵府体，是指区分法律的规定，以之分配国字，依国字之顺序进行整列的法典。四是论理体，是指依论理学上的分类法，加以排列法典中的条规。如果要说不依历史上的沿革而用论理体的，或许是以公元530年查士丁尼发布的《法学阶梯》法典为始的。可以说，论理体的法典，范围最为广泛，如权利义务的性质、行为的性质、法规的轻重、实施的频率等，都属于该体裁。

论及法典编纂的起草者，自古以来，编纂法典必须首先设置委员，协同合意起草法典，借数人之长处以集大成。有关法典编纂委员，可以分为以下几类。一是准备委员，是为了议定法典编纂委员的组织、法典的体裁顺序以及编纂的方法而设立，以德意志帝国民法编纂为例，联邦议会于1874年2月首先设立准备委员，议定法典编纂规程。二是起草委员，即任职法典的文案起草人，起草委员可以分为单独起草委员和分担起草委员，纵观各国法典编纂，采用后者居多，如《查士丁尼法典》的编纂委员为10名。需要提及的是，如果由各种不同学派组成分担起草委员，则需解决各派意见不一的问题，作者认为，解决的唯一办法是选任一名委员长，如此，法典的脉络才能贯通，法典的矛盾才能消除。三是审查委员，很显然，审查委员是为调查法典起草委员的立案定稿之草案而设置，由政治家、经济学家、法学家、法官、律师、实业家以及行政诸官省之代表者等组成，职责是提出相关意见，供编纂委员参考。四是修改委员，"法典和社会常常有相离之趋势"，因此需要设置修改委员，整理法典颁布之后的新法，修订法典。五是编纂委员长，如前所述，选任法典编纂委员长人选极为重要，作者认为，委员长"不仅要资性公平，学理明白，实务通达。且特别是在依分担起草合意定案的编纂法之时，若其委员长不能以最敏锐之判断力，总督委员之事业，最终则不能完成编纂事业，整理其草案之事务"。六是外国人委员，即将法典编纂委托给外国人完成，这种立法方式极为罕见。

关于法典编纂的程序，作者分述如下。第一，法典编纂的规程。议定编纂规程，内容包括委员应遵守的程序，委员会的议事规则，委员长以及各委员的职务，起草、审议以及修正的程序细则。第二，法典的范围。法典编纂是为了方便行事而制定，故无须将一种法律全部编入法典之中，因此法典编纂委员在议定编纂规程时，首先应决定法典的范围。第三，法典的主义。法典编纂委员首先要确定法律的主义，比如就民法而言，在人事编要确定是依据家族主义或者是个人主义来加以定位，在财产编要确定是依完全所有权主义或者有限所有权主义。当然，确定法典主义时，首先得确定基础主义，并与其他诸法典的主义调和一致，否则将会出现自相矛盾。第四，法典的本位。在编纂法典时，应先划定法典中的条规基于何种标准加以分类排列。比如将权利置于主位，义务置于客位，此为权利本位之法典，与此相反，依义务的类别编纂法典，以义务为本，以权利为末，此为义务本位的法典。纵观历史，古代法典一般以义务为本位，近代法典则以权利为本位。第五，法典的纲领。纲领可谓是法典的骨架，法典全体的结构依此而定，因此，纲领的制定必须有郑重的程序。第六，法典的文体。"法典的价值的确取决于其文章用语"，因此，法典的文章用语直接关涉法典的价值。总体而言，法典的文章用语应尽量平易、简明，使多数人能够理解；应尽量准确，以使读者解读为同一的意义。当然，法文的繁简精粗应当依法典的种类而确定。第七，法典的材料。制定法典的材料，需要经过以下顺序：收集现行法令、习惯、判例及学说，按照法典的同类法进行分类；收集作为参考的外国法，进行分类；淘汰现行法令、习惯等，删除不需要编入法典的部分；确定需要改定或新设的法规。经过以上程序，确定法典的材料之后，起草委员才能将这些确定的材料分配到各编各章，其后再分配到各条各款。第八，法文的起草。法典的起草分为单独起草和分担起草,远古的法典以单独起草居多,而德国民法草案则采取分担起草合议定案的方法。第九,草案的公布。作者认为,"在文明诸国,定会公布其草案,观其一国的舆论,法院、学校、法律家、政治家以及与法典密切相关的实业家等,特别送付给他们征求其意见。"第十,草案的改进。法典草案的改进是编纂事业最终的程序。因法典编纂事业而名垂青史者甚多,比如拿破仑就发出了"朕以法典面对后世"的豪言壮语。

"他山之石,可以攻玉。"《法典论》虽是日本法学家的著作,但其所探讨的法典编纂的立法原理亦是人类社会普遍规律与共同财富,其中的很多思想与观点,如法律有实质与形体元素之分、法律的最高品味在于其正确、法律是治平之要具、简明法文可谓是法制主义之基本、法律最大的弊病就是文义字义模糊不清等,在今天看来仍不失先进性和合宜性。时值我国《民法典》颁布实施之际,重读《法典论》一书,无疑具有重要的借鉴意义和参考价值。

12. 一次跨越法学好望角的远航
——《法律与道德》*导读

> 道德是一种对利益的评价；法律是，或至少是努力成为根据这种评价所做的规定。
>
> ——[美]庞德

【作者、作品简介】

罗斯科·庞德（1870—1964）是美国20世纪最负盛名的法学家之一，"社会学法学"运动的奠基人。1870年10月27日出生于美国内布拉斯加州林肯市的一个法官家庭。庞德在内布拉斯加大学学习植物学，分别于1888年和1889年获得学士和硕士学位。1889年，他到哈佛大学法学院学习，一年后转到西北大学法学院，在那里读完了法律学位。他返回内布拉斯加州开业当律师，同时继续他的植物学研究。1898年，他在内布拉斯加大学获得植物学博士学位。1903年，庞德成为内布拉斯加大学法学院院长。1910年，

---

* [美]罗斯科·庞德：《法律与道德》，陈林林译，商务印书馆2015年版。

他开始在哈佛大学任教,并于 1916 年成为哈佛大学法学院院长。1946 年 7 月,庞德来中国受聘担任南京国民政府的司法行政部顾问和教育部顾问,成为近代来华的最后一位外国法律顾问。在华期间,通过对当时中国法制状况的考察,庞德提出,中国应该保持既有的罗马法系模式而不应采用英美法系;应该通过统一法律教育和法律著述,培养中国法律人的法律适用能力,使得制定良好的中国法典成为真正规范中国人民生活的法律。由于当时中国国内战局紧张,1948 年 11 月庞德离开中国,他的改革建议也未能得到真正实施。此后,庞德先后担任加州大学洛杉矶分校法学教授和印度加尔各答大学泰戈尔讲座法学教授。1955 年,庞德回到哈佛大学继续其研究生涯。1964 年 6 月 30 日,庞德在哈佛医院与世长辞,享年 93 岁。庞德一生著作颇丰,成就卓著。到 1960 年 90 岁时,他共发表了 27 本著作和 287 篇重要文章和演讲。主要著作有:《社会法理学论略》《通过法律的社会控制》《法律的任务》《法律史解释》《普通法的精神》《法律与道德》《法理学》《法律哲学导论》《法史学》《美国刑法》等。

法律与道德的关系,不仅是法学的一个永恒课题,也是法学的一个经典课题。本书即是作者对法律与道德关系的全面探讨,这种探讨如其在第一版前言中所说的,"将涉及当今的社会哲学和社会学理论,就如同我努力寻求进入上世纪历史的、分析的和形而上学的理论那样"。可见,作者对这一问题的分析是独特而深刻的。简言之,作者从历史的、分析的和哲学的视角探讨了法律与道德的关系,以此作为其对这一经典课题的学术贡献。

【名句共赏】

在古希腊，城邦法律作为一种常见且极富效率的控制形式，有别于一般的社会控制。思想家们因而关注法律，并在纯粹的服从习惯、当时掌权者的意志以外，为法律约束力寻求更为坚实的依据。

——第一章，第 7 页

经罗马法律家之手，古希腊关于根据自然的公正和根据习惯与制定法的公正之理论，促成了"源于自然的法"和"源于习惯或制定的法"之间的区分。罗马法发展的关键期，在与希腊哲学邂逅之时，并见诸法律解答者（Jurisconsult）的意见和著述之中。

——第一章，第 8 页

规范之所以具有约束力，是因为作为人类经验所发现的行为原则之表达，它有着与生俱来的强制力。那种经验转而变得举足轻重，因为它蕴含了理念的实现过程。

——第一章，第 17 页

今日，法律秩序成为了一种最重要、最有效的社会控制形式。其他所有的社会控制方式都从属于法律方式，并在后者的审查下运作。

——第一章，第 23 页

12. 一次跨越法学好望角的远航

  法官不是从自身理智或合宜性出发去发现前提或判决材料；相反，他应当在法律体系或法律体系所认可的程序中发现它们。法官不是沿着自己认为是最好的路线行事；相反，他应当沿着法律体系所预定的路线或者至少是所认可的路线行事。

——第二章，第 40 页

  法官必须决定，依据文字及文本的字面含义标准来解读内容，能否得出一个"令人满意的"解决方案。如果他认为不能，就必须细究各种候选解释的"内在价值"。

——第二章，第 43 页

  对法律规范的衡平适用或个别化适用已愈来愈为今日的法律所倡导。不管是对于行政还是司法，它都是管理活动的生命所在。

——第二章，第 45 页

  法律上有关过失的注意义务标准，公平竞争标准，受托人的诚实管理标准，罗马法上有关特殊交易的诚实信用标准，或者说罗马法上关于一个谨慎而又勤勉的完全行为能力人（sui juris）在此类情况下的行为标准，都包含了一种有关公正或合理的理念。

——第二章，第 46 页

  案子很少是完全相同的。因而，在各种候选的类比之间作出选择，以及在各种候选的类比展开模式之间作出选择，是司法意见的重要组成部分。

——第二章，第 50 页

人类行为的规范，以及决定在民事活动何种行为应当负责以及如何负责的规范，都容有高度的个别化适用。

——第二章，第58页

法律这个概念，蕴含了统一性、规则性和可预测性诸理念。……具体案件的需要，必须服从法律规范之一般性和确定性的需要，也必须服从规范适用之统一性和平等性的需要。

——第二章，第64页

法国大革命对自然法理论的运用使人们意识到这一点，也使伯克（Burke）、雨果（Cuoco）和萨维尼（Savigny）分别在政治学、政治史和法学领域抛弃了过去两个世纪的哲学方法，并创建了19世纪的历史政治科学和历史法学。

——第三章，第76页

在选择、衡量或评价利益的时候，无论是在立法、司法判决还是在法学著作中，无论是在法律制定还是在法律适用过程中，我们都必须求助于伦理学来找出做决定的原则。

——第三章，第83页

法律既不能远离伦理习俗，也不能落后太多。因为法律不会自动地得到实施。必须由单个的个人来启动、维持、指导法律装置的运转；必须用比法律规范的抽象内容更全面的事物，来激励这些人采取行动，并确定自己的行动方向。

——第三章，第90页

【作品点评】

一次跨越法学好望角的远航[①]

法律与道德的关系问题,一直是贯穿法学始终的一个经典问题。它不仅是 19 世纪法学著作的三大主题之一,而且因其涉及的内容广泛而广受关注,难怪德国法学家耶林将其比喻为"法学中的好望角",惊涛骇浪,难以征服。而美国著名法理学家、社会学法学的创始人罗斯科·庞德所著的《法律与道德》一书,无疑是跨越这一"好望角"的一次成功远航,它给我们带来了独特的视角、广阔的视野、新颖的分析,可以说是众多征服"好望角"中的一朵奇葩浪花。

《法律与道德》一书并没有采取一般学术论著常见的结构上层层递进、论证上三段论式的方法,而是直接开明宗义地从历史的、分析的、哲学的视角进行论述,固然受限于讲座安排,但也凸显出作者另辟蹊径,用"庖丁解牛"的方法,言简意赅地勾勒出前人竞渡"好望角"时留下的痕迹,并以此提出自己独到的见解,别有一番新意。

历史的视角。法律与道德关系的探讨,从公元前 5 世纪古希腊思想家探究正当或公正的依据是自然,抑或仅仅是习惯和法律开始,到罗马法学家对古希腊学理的进一步细分:"源于自然的法"和"源于习惯或制定的法"。至中世纪后期,以亚里士多德和查士丁尼为代表,自然法学说占据主流位置,依据道德标准来识别法律,一时成为主流的分析和解释工具。在此后的宗教改革中,格劳秀斯

[①] 原载《检察日报》2021 年 2 月 6 日。

主张区分法学和神学，将自然法建立在永恒理性和上帝意志之上。

到了十八九世纪，康德的理论受到推崇，实在法与自然法产生对立，法律与道德也不再和谐共处。沿着这条发展路径，自然法、历史法学派、法自然学派及分析法学家、历史法学家和哲理法学家逐渐登上历史舞台，法律也由此经历了不同的发展阶段：前法律阶段，宗教、法律和道德不分彼此地混杂在一种简单的社会控制中，这说明"法律与道德有一个共同的起源，但在发展过程中分道扬镳了"；严格法阶段，"法律对道德变得极其冷漠。除了一致性或曰追求自身形式和规范得到遵从外，法律对其他事物一概不闻不问"；道德化阶段，纯粹道德理念从外部大量地涌入了法律，作者认为，"这是一个生机勃勃的阶段，吸收、改进其他法律体系或法律外部的素材，是法律生长的主要方式"。这样一条历史长河虽然被作者高度浓缩，但却清晰地从历史进化的维度演绎着法律与道德的关系：分分合合，你中有我。

分析的视角。作者指出，分析法学家声称法律与道德截然不同且互不相关，而只关注法律；如果在实务中发现二者的领域发生接触或重叠，则想当然地认为在一个理论上非常先进的法律体系中，可以清楚地界分司法功能和立法功能。对此，作者明确认为："将法律和道德彻底分开的做法（像分析法学家所追求的那样），以及将法律与道德完全等同（像自然法学家所追求的那样），都是错误的。"因为这种界分在实务中无法得以完全实现，法律与道德在司法立法、法律规范的解释、法律适用以及司法自由裁量等四种场合发生联系，在这四种场合中，权力界分并不彻底，而法律与道德之间存在一条接壤线。

以法律适用为例，分析法学家们往往认为，法律规范的适用是一个纯粹的机械过程,反感某些事物,如适用衡平法补救时的自由裁量空间,衡平法学说中的伦理因素等。可是,"事实上,在实际的司法过程中,法律适用中的伦理因素从来都未曾被排除出去过"。作者指出:"我们法律上有关过失的注意义务标准,公平竞争标准,受托人的诚实管理标准,罗马法上有关特殊交易的诚实信用标准,或者说罗马法上关于一个谨慎而又勤勉的完全行为能力人在此类情况下的行为标准,都包含了一种有关公正或合理的理念。"另外,这些道德规范,在适用过程中可以实现个别对待,它们并非机械地适用于一系列抽象的事实。

哲学的视角。作者着重对法律哲学的进化作了阐释,他认为,法律哲学产生于法律与其他一般社会控制并无差异,法律与伦理习惯、宗教律令等融为一体的法律发展阶段;发展于哲理法学——试图发现法律与每一法律规则、制度及原则中的理想和不朽观念,从而建立起一个理想的法律体系,并用它来检验和维持从古代罗马城邦流传下来的法律素材。并以此为基础,对法律与哲学理论的关系作了论述:在最初的发展阶段,法律与道德基本上是互不区分的,作为对当地不同的伦理习俗和法律的解释,人们提出了依据自然之公正和依据习俗之公正的理论;在严格法阶段,法律规范是自给自足的,并且从不考虑外部影响,道德遭到了忽视,而哲学只不过用来提供或支撑一个权威性基础;在衡平法或自然法阶段,公认的法律规范集合体不再是自给自足的了,未受保障的利益以及遭到忽视的伦理习俗所施加的压力,促使道德理念从外部大量融入了法律。作者总结道,"或许新的倾向是这样的:法学和立法不能被严格、直接地划分开来,两者都是以政治伦理学和社会伦理学为前提的"。

在纵览上述三种考虑法律与道德之关系的方式后,我们不禁要问：讨论法律与道德关系的最佳途径为何？也许是限于讲座的安排，作者并未展开翔实和周密的论证，而只是给出了一个简短的答案："法学、伦理学、经济学、政治学和社会学的核心部分是完全不同的，但其边缘部分却是相互重叠的。""所有社会科学必须携手合作，更为重要的是，必须与法学携手合作。如果我们从社会控制的一小部分入手，通过分析性标准准确界定其边界，并企图从学科自身的视角，运用学科自身的材料和方法对其进行排他性的研究，那么，从中得出的结论虽然在表面上是符合逻辑的，实际上却是专断的，并且除了理论探讨外，这些结论没有任何价值可言。"

该书是由作者1923年在美国北卡罗来纳州大学以"法律与道德"为题所作的系列讲座的内容汇集而成。虽然如其所说，只是"为充分探讨当前的理论做一必要的先导"，但无论如何，一方面，以这样一个"以小博大"的独特视角却充分展示了其社会学法学的综合才华；另一方面，从历史、分析、哲学三个维度来阐述和总结以往有关法律与道德关系的理论脉络，展现了很强的历史纵深感，是"新的反思"的典型代表，诚如日本法学家川岛武宜所言："法与伦理这样一个古老的话题，再次在新的聚光灯下亮相，要求我们加以新的反思。"总览全书，该书最大的价值不仅在于以宽广的历史视野，比较了法学各学派对法律与道德关系的种种观点，而且提供了一种研究方法论的启示：那就是综合的、系统的研究方法，这一点对法学研究而言或许更为重要。

13. 法理世界的姹紫嫣红

——《读懂法理学》*导读

法理学是无处不在的。它所关注的都是法律和法律体系无法逃避的特征。但是，它远不止于此。……法理学不仅贯穿着经济、政治和社会理论，而且对于它们也具有重要的意义。

——［英］瓦克斯

【作者、作品简介】

雷蒙德·瓦克斯是香港大学荣休教授。1986—1993年担任香港大学法律学系主任。主要研究领域为法律理论和人权理论，尤其是精于隐私权保护的研究，是该领域的国际著名权威。瓦克斯教授著作等身，三部牛津通识读本更是出类拔萃：《法哲学》（第二版，2014）、《隐私简论》（2010）和《法律简论》（2008）。

《读懂法理学》是瓦克斯教授最为出色的作品之一，是整个普通法世界学生的必备读物。作者在序言中表达了写作本书的目的：为一门经常给学生带来困惑甚至焦虑的学科提供清晰的向导，也就

---

* ［英］雷蒙德·瓦克斯：《读懂法理学》，杨天江译，广西师范大学出版社2016年版。

是说，既要提供引导和鼓励，同时又不失法律理论的隐微和精妙。在这样的目标指引下，作者不求面面俱到，也不求详尽无遗，而是选择明确，把握有度，即重在引领方向，解读最让人痛苦的理论或其构成要素，并以简洁明了的语言表达出来。由此，正如澳大利亚格里菲斯大学法学院教授麦克尼尔所说："本书堪称法理学的一部精品之作，闪烁着真知灼见，清晰透彻跃然纸上，行文流畅易懂，阐明了无数极具挑战性的主题。无论之于学生还是学者都是不可或缺的材料，而且还是一本读起来酣畅淋漓的学术文献。"

【名句共赏】

你所渴望的是一部制定法所带来的安心，或者一份法院判决所产生的单纯快乐，而在法理学这里，几乎没有任何保障可言。你会发现自己突然堕入了宏大理论的危险深渊，那是认识论、目的论和形而上学栖居的世界，而且，与你的理解交相辉映的其实只是小伙伴们佯装理解的现实！

——导论，第 2 页

在动荡的年代，当煽动者大声喧嚣之际，太需要明断的分析了。因此，对法律、正义和法律概念之内涵的最根本问题进行严谨的法理思考尤为重要。法律理论发挥着极其重要的作用，它定义、塑造并捍卫着那些巩固我们社会的价值。

——导论，第 15 页

13. 法理世界的姹紫嫣红

　　道德问题充斥着法律的各个角落。对于自然法理论家来说，即使是为了追求分析的清晰性，道德与法律的严格分离也绝无可能。

——第二章，第 52 页

　　富勒立场的价值不在于它关于法律本质的语言学主张，而在于它对法官道德权威的承认。他的论证当然是某种总体上不安的一个部分，这种不安源自通常被视为实证主义拒绝价值所带来的危险，或者至少这种路径为意志成功地凌驾于德性所带来的可能。

——第二章，第 71 页

　　一个解释要想具备解释力，它就必须是"真的"：我们势必要求"正确的"答案。一个答案是正确的，不仅在于它在道德上是法律的最佳确证，而且在于它"契合"那种"制度史"。

——第二章，第 81 页

　　法律的不确定性侵蚀了它的合法性，而接受规则本身的权威常常就是在接受法律本身更大的权威。这种结合所导致的结果是不愿质疑和批判一般意义的法律，最终会造成对法律的盲从。

——第三章，第 104 页

　　既然作为第一部既完整而又系统地阐述德沃金法理学立场的著作，它（指《法律帝国》——编者注）着实提供了一个洞悉他那令人振奋的（如果乐观的话）法学美景的绝佳视角，足以激发人们重新思考他们易陷其中的那种关于法律、正义和道德的当然之见。

——第五章，第 198 页

125

法律的社会学解释通常依赖三个紧密相连的主张：除非把法律视为一个"社会现象"，否则就无法真正抓住它的含义；对众多法律概念的分析只能提供关于"诉讼中的法律"的一种局部解释；法律只是社会控制的一种形式。

——第七章，第273页

"权利"是困扰着法律和道德哲学家最为重要、最富争议的概念之一。然而，每当论及权利时立刻就会出现以下区分：一方面，权利是什么；另一方面，人们实际享有或者应当享有什么权利。这种区分代表着分析法理学与规范法理学之间的区分。

——第十章，第393页

你相信法律是什么？法律可以从分析的角度与道德相分离吗？法律具有一个目标吗？……正是在对它们的追问过程中——以及对它们的严谨反思中——法律的本质或许能被揭示出来，从而使得理解法理学的路径一览无余。

——第十五章，第536页

【作品点评】

法理世界的姹紫嫣红[①]

法律是什么？它有一个目标吗？它与正义的关系是什么？我们有守法的道德义务吗？这些都是法理学研究的基础性问题，为实体

---
① 原载《检察日报》2021年8月21日。

法的每一个分支学科都提供着弥足珍贵的语境和支撑，触及从民法到刑法的广泛领域。如果读者想找寻其中的答案，不妨去阅读英国法学家雷蒙德·瓦克斯所著的《读懂法理学》一书，该书以清晰、迷人、不拘形式的写作风格，把"正义""权利""守法""惩罚"等法理学基本主题与法律思想史有机对接，在法律理论与法律思想史的融合中，相信读者一定可以找到法理学世界的奥秘。

我们都知道，作为基础性学科的法理学，理论博大精深，内容丰富多彩，文献浩如烟海，要想在一本书中将法理学的所有主题面面俱到，显然无法做到。因此，作者的思路非常明确，本书唯一的目标是把学习法理学引到正确方向上，避开不必要的弯路、困惑和阻碍。循着这一思路，作者论述了以下问题。

自然法与道德。一直以来，道德问题经常制约着人们的政治和法律实践。一个典型的例证是，道德在法律中的地位与功能已经成为政治和法律哲学家关注的最为重要的问题之一，也是法理学争论的根本性问题之一。而自然法学派无疑是最早关注这一问题的学派。古典自然法学派可以追溯至古希腊思想家，其中柏拉图和亚里士多德的伦理学分析尤为重要。在柏拉图看来，伦理学的基本原理存在于绝对价值之中，而正义是其中之一，它与法律具有内在的联系：只有追求正义理想的诸项法律才能被视为是正当的。亚里士多德则从人性中发现外在价值，生活在城邦中是人们的天性，这对法律有着特定影响。作为亚里士多德哲学的继承者，阿奎那将法律分为永恒法、自然法、神法和人法，而自然法仅是对"永恒法"的一种"分有"，即自然法是理性存在者分有永恒法的手段。随着自然法原则被用于证明革命的正当性，自然法理论进入了政治哲学领域。霍布斯、洛克、卢梭均将自然法理论的运用与"契约"理论联系在了一起，尤以卢梭的人民主权论最为著名。

此后，自然法理论历经短暂的沉寂，并于20世纪得以复苏。以菲尼斯为例，他坚称，自然法的目标是，"帮助那些承担行动事务的人进行实践反思，无论他们是法官、政治家，还是公民"，由此，他提出了七种"善的基本形式"和九项"实践理性化的基本要求"，从而构成了他认为的"自然法原则"。谈及法律与道德的关系，作者认为，道德问题充斥着法律的各个角落。自然法理论与法律实证主义的较量催生了哈特与富勒、哈特与德富林的论战。前者的论战促使富勒提出了"法律的内在道德"理论，并认为法律是使人类行为服从于规则之治的目的性事业。在后者的论战中，德富林主张，社会有权惩罚普通社会大众眼中的极不道德之举，比如同性恋行为，而哈特则认为，成人间私下里两相情愿的性行为不应得到惩罚。

笔者认为，法律应当在多大程度上、多宽范围内惩罚远离公众视线的不道德行为，恐怕也是现今社会应当直面的重要问题。有关堕胎、"安乐死"等社会问题，有关法官的司法道德性等司法问题，都面临着抉择和判断。面对正如德沃金所说的一系列"道德困境"，法理学进行怎样的思考、作出怎样的回应，任重而道远。

法律实证主义与法律现实主义。实证主义方法起源于19世纪的思想家孔德，它产生和发展于严格科学方法的运用所带来的实在的理论证实，主张唯一真实的知识是科学的知识。不言而喻，法律实证主义发端于实证主义，哈特指出了法律实证主义的主要观点：法律是人类的命令；法律与道德之间不存在必然的联系；法律概念的分析是值得追求的，不同于社会学、历史学的探究与批判性评价；法律体系是一个"封闭的逻辑系统"；道德判断无法通过理论的证据和论证确立起来，事实陈述却可以。作为传统法律实证主义代表人物，边沁自称是"法理学的路德"，确实，他的作品和理论对实证主义法学以及法律和法律体系系统分析做出了重要贡献：普通法的不确定性源于不成文法的模糊、不确定，因此，法律的不确定性侵蚀了它的合法性，而接受规则本身的权威常常就是在接受法律本身更大的权威，"这种结合所导致的结果是不愿质疑和批判一般意义的法律，最终会造成对法律的盲从"；普通法的不确定性给"法官行当"留下了诸多空间，带来了不少缺陷，避免的方法一是让裁判公开透明，二是让法官变得更像父亲；为解决普通法的混乱，唯一可行的办法是法典编纂，一旦法律被法典化，"正是在这个法律仓库中，他或者其他任何人所应承担的义务的整个系统都被记录下来，展示在人们的视野之中"。奥斯丁作为边沁的门生，则认为法律就是命令，与边沁相比，缩小了法律的定义；人类法可以划分为实在法和严格意义上的法，而唯有实在法才是法理学的恰当对象；法理学需要"坚守三大任务：信仰、希望和清晰。其中最为重要的是清晰，这是定义所需的全部"。

比较边沁与奥斯丁的理论，发现他们之间存在一些区别：边沁追求单一的、完整的法律概念，它充分表达着立法者的意志，而奥斯丁却把他的法律体系的观念建立在权利分类的基础之上，并不关注一种"完整"法律的寻找；边沁试图提供一个关于法律整体和"立法艺术"的元素的综合计划，而奥斯丁更关心一种法律科学的构建，而非卷入边沁的立法艺术；边沁把司法造法视为某种形式的习惯法，而奥斯丁却愿意接受司法续造能够为普通法的法典化提供一个基础。

随着法律实证主义的"涨潮"，当代法律实证主义应运而生。作为20世纪法律实证主义的奠基者，哈特与凯尔森虽然在法律与道德、"实然"与"应然"之间必须保持分析性分离这些观点上保持一致，但是在理论起点、方法论和结论上却判然有别。正如麦考密克教授所说，"哈特是一位休谟主义者，而凯尔森却是一位康德主义者"。哈特把分析哲学的技术天才般地运用于法学研究之中，几乎凭一己之力划定了现代法律理论的界限，他的著作《法律的概念》清楚地阐明了法律概念的定义、使用它们的方式以及思考法律和法律体系的方式，其中的"法律规则说"享誉世界。正如作者所说："毫不夸张地说，《法律的概念》已经成为许多法学理论家的跳板，而且为更多的人带来灵感。"凯尔森则以纯粹法理论而著称。事实上，纯粹理论是一个深刻而又微妙的声明，涉及我们应当以何种方式理解法律。凯尔森主张，我们应当把法律作为一个"应当"或者规范的体系来理解，法律不仅仅由规范构成，也"由这些规范所决定的法律规范和法律行为组成"。也就是说，当法律规范起作用时，它们也描述着实际的人类品行，甚至最为普遍性的规范都描述着人类的品行。

如果说法律实证主义是一种哲学的话，那么法律现实主义则是一种技术。美国法律现实主义者强调"诉讼中的法律"，更关注法院及其活动，其核心主张是，法官们主要对事实的刺激作出回应，而极少关注法律规则。其中以霍姆斯的法律预测论、卢埃林的功能主义论、弗兰克的规则怀疑论最为著名。斯堪的纳维亚法律现实主义者是"形而上学怀疑论者"，对法律的形而上学发起哲学攻击，关注整个法律体系，比美国法律现实主义者更具经验头脑，以罗斯的"有效的法律"理论、乌利维克罗纳的"法律本质论"为代表。

法律与社会理论。法律只有被置于社会背景之中才能得到理解，这一观点坚持的立场是，对法律概念的恰当理解与解释要求一种社会学分析，这就是法律社会学的核心内容。有关法律社会学的代表人物，作者依次作了介绍。一是庞德。庞德是"社会学法理学"的巨擘，代表作是五卷本的《法理学》。在庞德看来，立法者和法律人的任务是"社会工程学"。法律通过识别和保护特定的"利益"从而保证社会凝聚。"利益"则被定义为一种"要求或者欲望，人们个别地，或者通过群体、联合或相互关系寻求着满足"。通过赋予它一种法律权利的地位，从而使它在法律上受到保护。社会工程学的目标是构建一个尽可能有效率的社会，即以最小的阻力或者资源消耗保证利益的最大满足。二是埃利希。作者认为，埃利希的"活法"观念与庞德的"诉讼中的法律"有着很强的相似性。埃利希认为，"活法"是支配生活本身的法律，尽管它并未规定在法律命题之中。"试图把一个时代或者一个民族的法律禁锢在法典的章节之中，其道理就像试图把水流限制在池塘之内。那样就再也没有了源头活水，只剩下一潭死水了。"三是涂尔干。作为巍然屹立于社会学的领军人物，涂尔干专注于社会团结，提出了两项根本性的主张。第一，他证明，当社会从宗教发展为世俗，从集体主义发展为个体主义，法律将变得越来越不刑事化，越来越具有"恢复性"。第二，他认为，惩罚的功能是集体感情的一种表达，社会凝聚力据此得以维持。四是韦伯。可以说，韦伯是最为杰出、最具影响力的社会理论家。他建立了法律类型学，将"合理性"作为关键因素，为此作了"形式的"和"实质的"、"理性"和"非理性"的区分；提出了正当支配理论，区分了传统型、卡理斯玛型、法律—理性的支配三种类型，并指出第三种类型处于核心地位，因为：在这种类型支配下，权威归属于规则，法律处于中立性。五是哈贝马斯。可以说，哈贝马斯是声名远播的德国著名社会理论家。他描绘了四种现代主权形式，即资本主义国家、宪政国家、民主宪政国家、社会和民主宪政国家；法律的正当性严重依赖于其得以制定的商谈过程的实效。

正义理论。正义是什么？它怎样才能得到捍卫？法律与正义之间存在着必然的联系吗？诸如此类问题一直锻炼着自柏拉图和亚里士多德以来的思想家们的脑筋。因此，有关正义的各种理论是道德、政治和法律理论的一个永恒的焦点。有关正义的讨论，起点应该从亚里士多德开始。他对交换正义和分配正义的区分，在现代社会仍然具有重要价值。以下作者依次探讨了四种正义理论。一是功利主义。作者认为，功利主义包含着一个深远的道德基础，那就是道德和正义的根本目标在于把幸福最大化。在《道德与立法原理导论》中，边沁指出了功利主义的核心思想："自然把人类置于两位主公——快乐和痛苦——的主宰之下。是非标准，因果联系，俱由其定夺……功利原理承认这一支配地位，把它当作旨在依靠理性和法律之手段建造福乐大厦的制度基础。"可以说功利主义的本质在于它的结果论。

二是法律的经济分析。其实这是功利主义的一种现代形式，它以下述命题作为自己的理论基础：理性的人，不管是男人还是女人，总是会选择去做那些能够使他或她的满足最大化的事情。作为领军人物，波斯纳以"财富最大化"意指一种诸项善和其他资源处于那些最珍视它们的人手中的情形，且他认为，他的分析既是描述性的，也是规范性的。为了得到例证，波斯纳用经济分析方法分析普通法中隐私权、个人信息保护等内容，以此证明"普通法的方法这样分配从事交往活动的人之间的责任：最大化共同价值，或者在相同的情况下，最小化活动的共同成本"。

三是罗尔斯的"作为公平的正义"理论。罗尔斯所著的《正义论》被诺齐克誉为"自密尔作品之后，在政治哲学和道德哲学领域尚未见到这样有力、深刻、精致、内容广泛且系统的著作"。在《正义论》中，罗尔斯这样表达了他的理论目标，"它们是这样的原则：那些想促进自身利益的自由而又理性的人们将在一种最初的平等状态中接受它们，以此来确定他们这种联合的基本条件。这些原则将调节所有进一步的协定，并详细规定可以缔结的社会合作种类以及可以建立的政府形式。对于这种看待正义原则的方式，我将称之为'作为公平的正义'"。据此，罗尔斯指出了两项正义原则。第一项原则是，每个人对于所有人所拥有的最广泛的平等基本自由体系相容的类似的自由体系都应有一种平等的权利。第二项原则是，社会和经济的不平等应这样安排，使它们：被合理地期望适合于每一个人的利益；依系于地位和职务向所有人开放。

四是诺齐克正义的"资格理论"。诺齐克坚持自由市场的自由主义，"自由主义有一个落脚点，那就是限制国家的权力，通过法院保护我们的安全并执行正义"。在此基础上，他提出了正义的"资格理论"，这个理论建立在获取的原则、转让的原则、矫正的原则三种原则之上。

权利理论。作者认为，"权利"是困扰法律和道德哲学家最为重要、最富争议的概念之一。每当论及权利，总会出现以下区分：一方面，权利是什么；另一方面，人们实际享有或者应当享有什么权利。书中，作者依次讨论了以下内容。一是权利的概念。在"权利"一词的使用上乐此不疲却不求甚解的不仅仅是法律人，这个概念既反复出现于日常交谈中，也悄然潜入伦理学的对话里面。有关权利的阐释起点，一般认为是霍菲尔德的分析。他将权利分为权利、自由、权力、豁免四种。论及权利理论，有两种重要的理论，"意志"理论和"利益"理论。前者强调自由和个人的自我实现，后者注重利益的保护。

二是权利的类型。从现代意义上看,人权、动物权利、道德和政治权利已经占据了现代法理学的高地。说到人权,有人这样描述人权的概念:"我们人类文明的最为伟大的发明之一,它对人类社会生活的影响堪比现代技术资源的发展及其在医学、通讯和运输上的运用。"几个世纪以来,人权观念经历了消极的公民权利和政治权利,积极的经济、社会和文化权利,集体权利三代。谈及动物权,在为何对动物残忍是错误的问题上,或许功利主义可以给出答案:杀死动物会降低功利计算的总数。在动物是否具有权利问题上,把动物权利建立在道德权利,抑或是在社会契约上,似乎都无法提供一个令人信服的理由。正像人类的堕胎问题一样,堕胎争论的关键问题不是对胎儿权利或利益的侵犯,而是对生命本身重要性的侵犯。或许,对动物权利的保护也是如此。

批判法律理论。批判法律研究形成于20世纪70年代的美国。如果说美国现实主义是"爵士法理学",那么批判法律研究则是它的"摇滚"继承者。因此,批判法律研究在很多方面都是美国法律现实主义运动自然发展的结果。谈及批判法律理论,其核心主题是怀疑以下做法成功的前景:揭示法律基于理性的普遍基础。它拒斥法理学的这种目标,常常认为该目标为法律和法律体系披上了伪正当性的外衣。而且把法学作为一个独特的、具体的学科接受,这也强化了法律概念的自治性——独立于政治学和道德理论。而批判种族理论可以说是"批判法律研究"的继承者。它的思想、制度和政治的核心特征在于以下事实:这个发生在美国的运动肇始于一种对被视为批判法律研究的那种解构过度的反抗。实践中,批判种族研究涉及批判自由主义、修正主义、文化民族主义等几个核心主题。

此外,作者还论述了历史法学与法人类学,对萨维尼、梅因等历史法学派代表人物,对马林诺夫斯基、霍贝尔、格拉克曼等法人类学代表人物的思想作了简要介绍。阐述了守法与惩罚的缘由,对于前者,守法是基于义务、公平竞争、同意,还是基于共同善、感恩,尚未达成一致,有待进一步研究;对于后者,惩罚是基于报应论、结果论,还是恢复性司法、社会化考量,同样值得研究。

经过以上分析,作者认为,对于法律是什么、法律是否具有一个目标、法律是否可以为所有人保证更大的正义等法理学问题,没有一个是有简单答案的。但是,"正是在对它们的追问过程中——以及对它们的严谨反思中——法律的本质或许能被揭示出来,从而使得理解法理学的路径一览无余"。而这就是作者心目中的法理学。

本书的初衷虽是为学生学习法理学而作,但正如作者本人所说的那样,本书并非传统意义上的教科书,相反,堪称是法理学的经典专著,不仅是法理学这门学科的引路之作,而且还是法理学的精品之作。作者渊博的学识,优美的文笔尽显无疑,而且书中处处闪烁的真知灼见,清晰透彻跃然纸上,行文流畅易懂,阐明了无数极具挑战性的主题。就此而言,本书是一本兼具视野宽度和思想深度的作品,对于法律人来说,不仅是不可或缺的材料,更是一本读起来酣畅淋漓的学术文献,值得我们重视。

14. 娓娓道来的"美国法律史"

——《美国法律史》*导读

美国对人类进步所做的真正贡献，不在于它在技术、经济或文化方面做出的成就，而在于发展了这样的思想：法律是对权力进行制约的手段。

——［美］施瓦茨

【作者、作品简介】

伯纳德·施瓦茨（1923—1997）是当代美国法学界的著名学者，纽约大学埃德温·D.韦布法学院最负声望的教授之一。他曾撰写过二十多部学术著作，其中堪称力作的是五卷本的《美国宪法论集》。此外，他所著的《人类的伟大权利：美国民权史》《行政法》等著作亦颇具权威性。

《美国法律史》是施瓦茨的一部主要著作，出版于1947年。全书共分9章，内容包括从独立战争时期到当代美国法律发展的整个历史。本书的特点是：布局合理，以美国法律发展的主要时

---

* ［美］伯纳德·施瓦茨：《美国法律史》，王军、洪德、杨静辉译，潘华仿校，中国政法大学出版社1990年版。

期为路径，把美国法律史划分为五个阶段；有叙有议，叙议结合，务求提纲挈领地揭示美国法律史发展的基本规律；与美国现行法律制度具有紧密联系和对美国现行法律制度具有重大影响的内容，在本书中占有重要地位；与一般法学著作晦涩难懂、繁复冗长的特点形成鲜明对比的是，本书行文流畅、文笔优美、隐喻双关、妙趣横生，读来趣味盎然、引人入胜，又葆有其深邃哲理，堪称一部文情并茂的佳作。

【名句共赏】

天堂纵然无限美好，约兰思还是下凡来到人间。法律并不是一切完美之物的真实体现。它总是带着缺陷和瑕疵。

——引言，第1页

霍姆斯法官告诉我们："对法律的理性研究……在很大程度上，是对历史的研究。"……法律的历史可能不是整个社会的历史，但是，既然法律是每一个社会的基础，法律的历史和社会的历史之间的联系便一目了然了。

——第一章，第4页

对于法律史学者，特别是对于一个具有普通法背景的法律史学者来说，法院是法律程序中地位十分特殊的机构。

——第一章，第8页

至少，法国革命前，在大西洋东岸，法律的作用实质上依然是它在罗马和中世纪就已经存在的那种作用，即维持社会的现状。基本的方法仍然是包含在查士丁尼的古典表述中的方法："法律的信条是：正直地生活，不损害任何人和给每个人以其应得的权益。"

——第一章，第 24 页

　　詹姆斯·麦迪逊在 1834 年写信给一位记者说："你们给了我我无权获得的信任，称我为'美国宪法的执笔人'。这不是一个头脑——像寓言中的智慧女神那样——的产物。它应被看成许多个头脑、许多双手的成果。"

——第二章，第 27 页

　　（麦迪逊于 1789 年 6 月 8 日提出的《权利法案》修正案——编者注）基本的意图是："对立法机关加以防范。因为它最有权力，最有可能被滥用。"还要防止行政官员滥用职权，防止由多数人操纵的集团压迫少数人。

——第二章，第 35 页

　　在一个受过法律训练的人看来，马伯里诉麦迪逊案所确认的权力正是司法权的精髓。宣布一项立法是否符合宪法的权力，是对法律起决定作用的司法职权合乎逻辑的产物。

——第二章，第 40 页

　　人民的接受，而不是形式上的法律机构，是法律得以贯彻的决定性力量。

——第二章，第 60 页

14. 娓娓道来的"美国法律史"

霍姆斯说:"法律一方面总是从生活中采纳新的原则;另一方面,它又总是从历史上保留旧的原则。"这是从独立到内战这一期间美国法的真实状况。

——第三章,第62页

契约法是19世纪私法发展的核心。"全部的社会生活都要利用它、依靠它。由于有了明示的或默示的,宣告的或意会的契约,才产生了所有的权利、所有的义务、所有的责任和所有的法律。"

——第三章,第71页

如果说,法律的目的是对"给每一个人以其自我"提供保障(因为,霍布斯解释说,没有"自我",就没有财产,也就没有正义),那么,自我越来越被认为是由契约保护的权利。正义就其本身的性质来说就在于对合法契约进行维护。

——第三章,第98页

作为一个科学家,他(指埃利奥特——编者注)也懂得:"研究一门科学的方法应该是寻根溯源。"就法律而言,"源头"就是已经判决的判例汇编。应通过对经过选择的法院判决意见的批判性分析去学习法律。

——第五章,第167页

判例的方法不是依靠讲授和读物,而是依靠深入的课堂讨论。安排这种讨论是为了训练学生运用"法律推理的力量"。……判例制度的目的,不是让学生记住判例,而是去分析它们。

——第五章,第167页

如果说当代公法有一个反复出现的主题，那么，这一主题就是平等，包括种族之间的平等、公民之间的平等、公民和侨民之间的平等、富翁和穷人之间的平等、原告和被告之间的平等。其结果正如福尔塔斯大法官所称：是"迄今为止的以完全和平的手段进行的一场意义最深远的涉及面最广泛的革命"。

——第八章，第 264 页

"法律的弱点"，阿诺德·汤因比说："在于它的范围不像社会生活一样广阔。在社会生活中，有着许多立法无法加以调整的社会关系。"

——第八章，第 270 页

法官成为福利管理领域中一个极其重要的规划的制定者。……这不禁使人想起杰克逊大法官的著名批评："并不是因为我们是正确的，所以我们是决定性的，相反，我们是正确的，仅仅由于我们是决定性的。"

——第八章，第 285 页

当代社会的基本目标是，保证每个人在社会中都能过上一种人类应有的生活——即使不能满足个人的所有需要，至少也要在合情合理的可能的范围内满足个人最低限度的需要。因此，法律对利益的保护，必须在实现上述目标的过程中找到最终的理由。

——第九章，第 308 页

【作品点评】

娓娓道来的"美国法律史"[①]

在从托克维尔到今天所有的评论家看来,法律在美国历史上发挥了至关重要的作用。以法律对社会支配程度而论,其他任何国家都无法与美国相提并论。因为在其他国家,权力之争由武装部队来解决,而在美国,则由法学者组成的大军来解决。读者如果想要了解美国法律的发展历史,不妨去阅读美国法学界著名学者伯纳德·施瓦茨的主要著作《美国法律史》。书中,作者描绘了美国法律发展历史的完整画卷,从中让我们充分领略了美国法律的演变轨迹与蕴含其中的深厚历史根基。

为了论述需要,作者以美国法律发展的主要时期为经,将美国法律史划分为独立时期、形成时期、重建和镀金时期、福利国家和当代五个阶段,又以主要部门法的演变为纬,描述了各个时期公法与私法的发展演变状况,由此开始了美国法律史演变的解读。

独立时期。无论是独立战争之前还是之后,法律已经在生活的各个方面发挥着关键作用。比如法律职业的兴起、法院组织系统的完备、法学院的创设等。基于美国曾是英国殖民地的特殊历史原因,美国法不仅采纳了英国普通法,而且基于"这个国家极其不同的自然环境",美国法还对普通法进行了必要改造,使之"对美洲大陆广大的地域实行控制"。

形成时期。公法方面,1788 年的联邦宪法为各州和联邦本身确定了政府的结构形式。1789 年麦迪逊提出的《权利法案》修正案以

[①] 原载《清风苑》2020 年第 3 期。

人权获得自由保障的方式开创了制宪时代发展的顶峰,标志着美国法的形成。论及美国最高法院的崛起,不得不提及马歇尔与马伯里诉麦迪逊案。该案是确认联邦最高法院审查国会立法是否违宪权力的最早判例。"从美国公法的历史看,对马伯里诉麦迪逊案的判决是马歇尔的巨大贡献。这个判决意见为司法审查奠定了理论基础,而这种理论从此就成了宪法拱门上的拱顶石。"凭着马歇尔法院的努力,联邦最高法院逐渐成为公认的最高司法权力机构。作为马歇尔法院的继任者,塔尼法院则将治安权发展成为控制财产权的工具,并通过查尔斯河桥梁公司案的判决推动了经济发展。论及州法院对法律的贡献,除了进一步发展了治安权外,最重要的贡献就是对正当程序的概念进行了根本性改造。在著名的怀尼哈默诉人民案中,纽约州法院以实质性正当程序代替了自然法,从而制止了政府行使专断的权力。

私法方面,无过失则无责任、共同过失理论等构成了侵权行为法的主要内容,契约法则是19世纪私法发展的核心,"全部的社会生活都要利用它、依靠它。由于有了明示的或默示的,宣告的或意会的契约,才产生了所有的权利、所有的义务、所有的责任和所有的法律"。论及公司法的发展,马歇尔法院通过达特茅斯学院案的判决,为公司法的发展奠定了最初的基础,因为这项判决将不可侵犯的契约权利授予了公司,而塔尼法院对奥古斯塔银行诉厄尔案作出判决后,公司法才真正用来为美国经济发展服务。

重建和镀金时期。公法方面,1868年标志着美国公法的一个转折点:第14条修正案被加进了联邦宪法,使得公民权利全民化。此外,该修正案通过把公司包括在其所保护的"人"的范畴中,以及扩大正当程序使之包括对政府权力的实质性和程序性限制两种方式，对公司进行了必要保护。这些改变可从格兰特案、洛克纳案等的判决中找到答案。可以说，"实质性正当程序的胜利标志着公法重点的重大转变，这反映了整个社会发生的变化"。私法方面，契约的发展已经使美国私法具备了自己的特色，联邦最高法院通过奥尔盖耶诉路易斯安那州案确认了契约自由是一种基本的宪法权利，从而确认了契约自由的法律地位。此时的侵权行为法将责任是过失的必然结果的规则从一个普通法规则变成了一个自然法规则，事实上造成了法律的倒退。就公司的发展而言，"重要的不仅是公司的数量增加了，更为重要的是，主要由单个公司规模的显著扩大引起的公司性质的实质性改变"，因而可以称为是公司的时代。此外，政府机构、法院和律师界都经历了其发展的最低点，然而到了19世纪末，随着律师协会的组建、兰德尔判例方法的运用，使得这种形势得到了改观。

福利国家。公法方面，对政府的司法监督而言，自1890年至1937年间，联邦最高法院宣布有55个联邦法和228个州法无效，表明司法控制已经到了随心所欲的地步。由此也阻碍了国家前进的步伐。随着罗斯福在与联邦最高法院有关宪法争端中取得胜利，联邦最高法院终于改变了态度，从琼斯和劳福林案开始的一系列判决开始，逐步抛弃了激进的正当程序哲学，转而认为"法院不能以它们的社会经济观念，代替选出来制定法律的立法机关所作的判断"。在20世纪的第二个25年，公法发展中最重要的一点就是为正在出现的福利国家奠定了宪法基础，"社会保障法"判例允许立法机关决定这一权力是否促进了普遍的福利，而评估权利属于国会，却不属于法院。谈及行政法的发展，随着行政法在法律上获得自己独立的地位，行政法制度取得了明显进展，当然，"联邦行政程序法"的制定也表明，对行政扩张进行限制是必要的。

私法方面，梅因关于从身份到契约的进步的言论已经过时，事实上，"无论从哪一方面考察法律，人们都看到，相对于契约来说，身份具有一种日益增长着的重要性"。论及财产法，法律从之前的强调财产权利转变为对财产权进行必要限制。此时的侵权行为法中，无过错原则进入了该领域，社会责任的概念取代了个人过失的思想，该法的主要职能已被视为合理地调整经济风险等。由于公司滥用权力和经济大萧条，导致政府在对公司加强管理方面作出积极努力。随着行政机构的兴起，行政立法显然比议会立法、法官制定法更为迅猛。面对层出不穷的立法、判例以及行政立法，如何进行管理，唯有通过法典化——法律重述的方式。

当代。公法方面，由于总统权力被广泛扩大，美国经历了两次重要战争——朝鲜战争和越南战争，由此也使得人们开始反思总统权力扩张的合法性；尼克松时代的"水门事件"更加使得人们意识到：应将总统缩小到"常人"，唯一的抉择就是"我们选择出一位任期4年的国王，并授予他绝对的权力"。关于人权法，沃伦法院取得了以下三项成就：接受优先地位说，发展了人权法案保障的权利对各州有约束力的倾向，扩大了这些权利本身的实体内容。其中布朗诉教育委员会案作为沃伦法院第一个最重要的判决，直接宣告了平等保护条款。随着联邦宪法的发展，各种新型权利不断涌现，但是法律也不能一概予以认可，法律得划定明确界限，区分合法与非法，以此维护法律权威。

私法方面，就合同法而言，个人意思自治原则不再是支配一切的要素，法院开始对当事人订立的合同条款衡平化；侵权行为法上，过失作用不断缩小，面对交通事故，侵权行为法却无力处理；

随着财产法不断输入公法因素,财产在法律上更多意味着责任,财产应成为维护法律所要促进不同社会利益的手段;公司法无法约束内部运行的实际权力;立法、司法遭遇信任危机,律师职业变成一种商业;法律教育上,增加了"技术性"课程,"临床诊断"式法律教育逐步取代了判例方法。以上种种表明,当代法律正经历一场信任危机。对此,作者的结论是,普通法需要迎接挑战,亟待改进。

纵观全书,作者向我们介绍了从独立战争时期到当代美国法律发展的整个历史,不仅描述了诸多部门法,谈到了马歇尔、霍姆斯等著名人物对法律史做出的贡献,还引用了大量的判例,揭示了不同时期的法律思想对当时法律制度的影响……可以说,书中展现出的清晰脉络、丰富内容、深刻洞见、优美文笔,让我们不得不赞叹作者对于庞杂美国法律史的独到见解和思考,由此,该书完全称得上是了解美国法律史的经典著作。

15. 独步天下的普通法

——《法官、立法者与法学教授——欧洲法律史篇》[*]导读

在英格兰,法官告诉大家法律是什么,而在现代德国,则由法学家说了算。

——［比］卡内冈

【作者、作品简介】

R.C.范·卡内冈是比利时根特大学中世纪史与法律史领域的知名学者,曾投身于著名的英国法律史学者普拉内克教授门下,并在剑桥这一梅特兰曾经执教过的大学做过访问研究员。主要著作有:《私法的历史导论》《西方宪法的历史导论》《欧洲法:过去与未来——两千年来的统一性与多样性》《英国普通法的诞生》等。

本书是卡内冈教授担任剑桥大学古德哈特教席之时,在1984—

---

[*] ［比］R.C.范·卡内冈:《法官、立法者与法学教授——欧洲法律史篇》,薛张敏敏译,北京大学出版社2006年版。

1985 学年间所作的一系列讲座之整合。蓝色的欧罗巴文明，孕育出海洋法（即普通法）与大陆法这两颗镶嵌在欧洲版图上的璀璨明珠，它们是环肥燕瘦，各擅其美。本书作者正是被这一迷人的法律风景线所吸引，以一个法律史学家所独有之敏锐目光与厚实功底，带领大家透视美丽面纱背后的庐山真面目，并采用比较与历史的研究方法，将笔锋游刃于英伦诸岛、美利坚与欧洲大陆之间。故本书虽小，却将法律、历史、政治、民族、语言、宗教等学识融会贯通，不失为欧洲法律史的微型画卷。

【名句共赏】

她（指英格兰法律——编者注）的发展过程，没有出现昭然的断裂，没有对几世纪以来所沉淀的法律智慧不加选择地整体扫地出门，也没有前革命时期法律与后革命时期法律之分。在英格兰法律中，今天新芽与昨日黄花之间，并不存在泾渭分明的界限，现今的法律，往往都带有极易察觉的历史痕迹。

——第一章，第 8 页

该民法典（指德国民法典——编者注）取代了过去所有的民事法律，因而，德意志法和罗马法同时成为了法律史学家的游戏场所，而对新法典的研究，则成了法学教授、法官和律师们的竞技场。

——第一章，第 13-14 页

"不要再注解制定法了；对法律的解释，我们比你们更是行家，因为我们天天都在跟它打交道。"我们仿佛又在聆听当年首席法官亨安姆（Hengham CJ）面对《威斯敏斯特法Ⅱ》的请教者时所给予的忠告。

——第一章，第19页

不管欧洲其他国家是怎样在为英格兰作出典范，后者依旧岿然不动，法官们作为普通法的坚定守护者，使得法学家们根本没有机会取代他们坐上国家法律生活中的第一把交椅。

——第一章，第40页

不可否认的是，两者在最终法律依据的打造风格上，还是和而不同，（用茨威格和科茨的话说）"普通法倾向于'一个萝卜一个坑'，每种法律规则具有相对独立性（如，欺诈和恶意诽谤之区别）；而大陆法，则倾向于整个法律体系的和谐统一，各法律规则间强调有机相连"。

——第一章，第42页

他们（指法学家——编者注）是整个法律界的真正主宰者：仅仅是法官的名字在重要案件中不被注明这一事实，就杜绝了民众对司法者个人崇拜的发生，而大家都知道，在盎格鲁－撒克逊（Anglo-Saxon）国家里，代表大多数意见的法官的名字，以及表示异议的法官和他们各自的不同意见，都会详细记载在公开出版的判例汇编中。大陆法系的法官因匿名而退居幕后，法学教授和律师们则在前台出尽风头。

——第一章，第54页

15. 独步天下的普通法

后来几个世纪中，我们所熟知的伟大名字——利特尔顿和柯克——在写就各自巨著和《柯克法学总论》(Institutes)时，他们的资料来源是普通法，是令状录和法庭案卷记载的先例，是年鉴和判例汇编，而不是盖尤斯(Gaius)、乌尔比安(Ulpian)和特里伯尼安。

——第一章，第60页

在普通法的发展中，立法工作并不如法官那细水长流的司法工作来得重要，法官们用其极大的耐心，编织着悠长而又细密的法律之网。

——第二章，第74页

在英格兰，司法体系成为普通法大厦之顶梁柱。那是一个崇尚司法先例而非法典的地方，即使在现在一般为制定法所调整的领域，法官仍享有相当程度的法律解释权，他们根据古老的解释规则以及普通法和理性的基本原则，对制定法作出解释。

——第二章，第85页

几个世纪以来，法律界普遍认为，让普通法自由发展，是最为明智的选择，制定法只有在极为必需的情况下才能颁布，立法被视为一种过激的法律救济。逐步调整，总比骤然改变要好，承担此任者，非法院莫属，他们处理那些令人尴尬的先例的本事，往往超乎人们的想象。

——第二章，第93页

大多数文明国家，是像罗马人与英格兰人那样制定法律，即不断在原有法律中融入新观念、新技术与新规则，或是采用法律拟制的方式，避开现行规定，以顺应时代之需；只有中世纪的欧洲大陆，才开始把法律视为一种永恒的展示，它无视时代的改变，安稳地存在于一部神圣不可侵犯的典籍中——《国法大全》与《法国民法典》成为法律职业者尊奉案头的圣经。

——第三章，第120-121页

丹宁勋爵以下这段话，也许会带给读者更为深刻的思考："事实上法律是不确定的……不到法庭作出判决，没有人知道法律是什么。法官们确实每天都在造法，尽管他们不愿意承认这一点。"

——第四章，第125页

在现代社会，若案件在禁止旁听（in camera）的情况下审理，公众则是被法庭彻底地抛弃了；就算是在公众可以继续被允许旁听的场合，他们也总是被告诫：若他们胆敢大声喧哗或出言不敬，则会被视为藐视法庭而被课以重罚。

——第四章，第128页

让所有公民都了解法律以及知道他们所享有的权利和承担的义务，是公民明显具有的一项权利。用边沁一个著名的形象化描绘来说，人们不会也不应该像狗一样只有当棍子敲打鼻子的时候才知道什么事是不能做的。

——第四章，第156页

【作品点评】

独步天下的普通法

放眼世界法律体系之林，普通法系和大陆法系是两个最重要的分支，它们构成了世界法律体系的主流。有关普通法与大陆法之间的区别，长期以来都是学者们探讨的经典话题。而运用法律史史料，从历史维度的视角，以欧洲法律史为宏大背景，以分析解读判例法、制定法和学者法为切入点，指出两大法系存在的差异，进而道明普通法所具有的十大亮点，并最终提炼出善法之治的八个标准，非比利时知名学者 R.C. 范·卡内冈教授莫属。他所著的《法官、立法者与法学教授——欧洲法律史篇》一书，不仅在比较之中阐明了普通法所具有的独特魅力，而且发掘出两大法系如此不同背后的深层次历史原因，读后让人茅塞顿开、豁然开朗，让我们对普通法之于世界法律的贡献有了全新认识。

普通法与大陆法之区别。作者指出，普通法与大陆法的区别是全面的："它们不仅产生机构不同，其最核心的法律本质也相左，一个是传统而封建的土特产，另一个则是崭新且罗马式的舶来品；一个虽经历了几个世纪的不断调整与现代化，而仍固守封建制的原则，另一个则尊奉非封建的理念，建立在罗马法与新罗马法的理论基础上，两者分属迥然不同的两个世界——不仅立法方式上有很大差异，其建立基础亦相去甚远。"这样的区别之下有着怎样的历史背景呢？

从中世纪早期到 12 世纪早期，英格兰法和大陆法原本属于同一法律体系，即封建的日耳曼法。但是一个世纪以后，在欧洲大陆，罗马法—教会法程序正在全面改变着人们的生活；而在英格兰，一种土生土长的、适用于整个王国的共同法律，在酝酿并逐渐成形，并在实体与程序上都独立于欧洲大陆的新模式。亨利二世对司法的一系列改革，极大地促进了英格兰法的现代化，如确立皇家法官的地位，在民事和刑事诉讼中引进陪审团制度等，就这样，一套未受罗马法染指的、现代化的、在当时看来亦令人满意的司法体制和法律体系，正逐步登上历史舞台。与此同时，欧洲大陆也进行着法律的现代化，新生罗马法通过大学得到传播，最终使得在法国拥有大学学位的法律人逐渐掌管了法院，在德国则全盘接受罗马法。可以说，在十三四世纪面临吞噬浪潮的英国，英格兰普通法已在人们的生活中牢牢站稳了脚跟。

如果论到普通法与大陆法的具体区别，作者以普通法的十大亮点作了回应。一是"法律"一词的莫衷一是。"法律"的英文单词，既可以用来表示全体法律，还可用来表示由立法者制定的某一特定法律。这样的状况来源于斯堪的纳维亚语中"lagu"这一模棱两可的术语的引进。二是上诉——姗姗来迟的一步。相比大陆法的上诉制度，普通法的"上诉"制度，引入英格兰是19世纪才有的事。上诉制度代表着下级法院对上级法院权威的服从，但在英格兰，所有普通法法官都辖属于国王的中央法院系统，因而缺乏上诉制度所要求的等级制的先决条件。三是英格兰法的一脉相承。英格兰的法律在"古代的法律"和"新时代的法律"之间展现出一种历史的连贯性，可以说，"她的发展过程，没有出现昭然的断裂……今天新芽与昨日黄花之间，并不存在泾渭分明的界限"。与之形成鲜明对比的是，适用大陆法的德国全盘"继受"了罗马法，法国大革命不仅横扫了所有古代的法律，而且摧垮了整个政治结构。四是法律解释的排他性规则。在欧洲大陆，学生们被告知，对法律产生任何疑问时，要善于超越字面含义去理解法律，要去阅览相关立法的准备文件及类似文本，以求触摸立法者的意图。而这正是英格兰司法系统所忌讳的做法——对制定法的解释，应当遵循古老的文义解释规则进行，必须针对确切的原文，亦仅止于此。五是没有宪法的国家。议会享有的绝对的至高无上的立法权威，直接导致了一个神圣不可侵犯的权利法案在英国的空白，尽管一直存在争论，但看起来"一部英国的权利法案能否问世，这是一个留给人们无限遐想的问题，而不是一个历史问题"。六是议会至上的后果。相比美国法院通过1803年的"马伯里诉麦迪逊案"，推定自己享有审查立法是否合宪的权力、比利时将法律的合宪性审查问题交给立法者，违宪审查制度在不列颠是缺失的，而这也是议会至上原则带来的后果。七是刑法——杂乱无章的自我衍生。欧洲大陆与英格兰的刑法发展轨迹相去甚远：前者刑法理论的发展一直居于主导地位，一系列著名的刑事条例和刑事法典，几个世纪以来一直在不断衍生；而后者的刑法发展有着自发性和不规律的特点，通常会自相矛盾，各种制度之间彼此排斥，刑法理论始唤未出。八是刑事审判中的指控和陪审团裁决。就历史上的刑事指控而论，在欧洲大陆，对犯罪提起指控一直由"国王的代理人"负责，通过宣读"公诉状"进行；而在英格兰，对犯罪嫌疑人的指控是由审判地的陪审团进行：一个是大陪审团，决定是否提起指控，另一个是小陪审团，裁决被指控人是否有罪。到1933年，大陪审团制度被废除，取而代之的是公诉局长这个职位，以决定是否提起公诉。此外，对于情节严重的犯罪，在英格兰还是由陪审团来审判，而在欧洲大陆，只有比利时和瑞士的某些州，还保留着英国陪审团模式，其他国家如德国、法国，早已混合了陪审团的成分，其中既有法官，又有普通市民陪审员。九是不喜欢法典化的英格兰。如果说普通法代表着什么的话，那就是没有法典，相反，大陆法则象征着法典。分析历史上法典化的种种尝试在英格兰失败的原因，除了英格兰法官的保守让富人阶层放心之外，还有经历了一系列政治动荡后的英国人，已经把法典和那些令人厌恶反感的事件联系在一起了。十是地位寒微的法律学究。由于英格兰普通法是皇家法官智慧的结晶，因此法律科学在英格兰法律史的发展长河中始终屈居于边缘地带；而"学者法"在欧洲大陆有着重如泰山的地位。在盎格鲁－撒克逊民族里，代表大多数意见的法官的名字，以及表示异议的法官和他们各自的不同意见，都会详细记载在公开出版的判例汇编中；相反，大陆法系的法官因匿名而退居幕后，法学教授和律师则在前面出尽风头。作者调侃道："所有这些对罗马法的研究，都成为学者精英们独占性的消遣，他们传道授业，笔耕不辍，写作时使用的当然是拉丁文，赐教的讲坛也遍布各大学，从圣·安德鲁斯到那不勒斯，从科英布拉到克拉科夫。"而在英格兰，向人们传播法律真谛的使者，不是法学家而是法官，年轻人若是立志从事法律职业，他们会走进某一律师公会，去拜师学艺，通过每天的耳濡目染，通过在法庭中学、在记录控辩理由的书本中学，以及在法官与出庭律师之间迅疾而精彩的争辩中学，逐步亲手实践，最终学成出师。

判例法、制定法与学者法之比较。回顾历史，不难发现：普通法是由法官创制的，中世纪与现代罗马法是由法学家创设的，而法国革命时期的法律，则绝大部分出自立法者之手。究竟是什么因素，使得法官、立法者和法学教授们，在同一法律发展轨迹上，如此乐此不疲地轮换着各自的位置？作者认为，有三个原因。一是归

15. 独步天下的普通法

咎于欧洲民族的多样性，如德国人倾向于理论，而英格兰人更倾向于务实，前者发展出立足于《国法大全》、以法学教授为主的法律体系，而后者则走上了由法官主导、基于判例的发展道路。二是罗马法的专制和英格兰法的贵族制、寡头制烙印。从历史上看，罗马法从查士丁尼时代开始，就充满了东方专制主义色彩，一直持续达数世纪之久，且随着罗马帝国的扩张，在欧洲大陆一路凯歌；而在英格兰，独裁与封建两种因素的相互较量、此消彼长，使得国家的权力始终掌握在国王及贵族们手中，以法官为例，他们都来自高级律师阶层，甚至在某段时间里，法律将这一群体的来源，限制在贵族以及上层社会的后嗣当中。三是政治历史的差异。通过对英国、德国、法国、荷兰、意大利五个国家法律演进状况的分析后，作者的结论是：司法界、立法界与学术界在塑造法律方面各自发挥的重要影响，很大程度上是由欧洲各民族国家不同的政治发展状况造成的。以德国为例，为改变四分五裂的国家状况，德国采取了将罗马法成为王国的新法律、成立帝国法院等举措，而这标志着罗马法在德国取得了胜利，这种胜利就为讲授和解释它的法学教授们带来了事业上的突破。

接下来需要讨论的问题是，对于判例法、制定法与学者法这三种法律发展道路，哪一种才是最佳的道路。作者认为，第一，可以从法律史学方面进行分析。立法最大的优点是确定性，而缺点无疑是缺少灵活性；判例法因遵循先例而维持了法律的确定性，但其最大的弱点是缺少一个适当的概念性框架，对普遍适用的概念与原则关注极少；而当需要确定某些普遍性原则时，法理学就开始独当一面了，因为它的研究领域不但包括抽象的法学概念，还包括对法律思想流派和司法实践的批判与分析。

第二，可以透过历史的广角镜进行研究。一是法官的发展经历了专业化到职业化的过程。在法国，早期的法庭并不是由常驻法官组成的，自查理曼大帝时期开始，设置了斯卡必尼即终身任职的法官这一固定职位，从此开启了法官职业化的大门。此后，在欧洲大陆，即使是最低级的治安法官，也要求是大学法律专业毕业；而在英格兰，这种专业化并非绝对：一边是少数高度专业化的处于最上层的法官，另一边则是大多数处于低级别、非专业及未受过专业训练的治安法官。随着职业化阶段的来临，法官需要通过任命、选举或推选而产生，这也导致法官地位提升的同时，其权力也逐渐增长。二是法典化是挑战司法垄断的利器。法典化历来是反对司法系统或者是"身披法袍的贵族们"的武器，也是针对喜欢卖弄学识的法律博士们的工具。与上述两者不同的是，由被选举出的代表立法，并以法典的形式颁布法律，则是人们最为殷切的愿望。法国大革命时期的立法，就是这一愿望最强有力的表达。与此不同，英格兰革命并不激进，其所带来的长远效益，就是加强了素有法官造法传统的普通法。三是法律学者的作用。由于法学家们很容易心甘情愿为当权者服务，所以那些独裁者都喜欢利用这一点。拿破仑就曾雇用四名法学家专门为他编纂《法国民法典》。因此，虽然法学家有时显得不可或缺，但并不真正受宠于统治者，同时，他们也不受一般民众的欢迎，因为他们的言谈高高在上，并喜欢把简单的事情弄复杂。而法学家们对未来施加影响的唯一机会，就是妄图去说服那些独裁者、寡头们或是革命群众，学者们希望有一天，这些新生力量在颁布未来法律的时候，能够体现自己的某些思想。四是善法的标准。作者以提出善法的标准，来回应法官的法律、立法者的法律以及学者的法律，哪一个比较好的问题。善法的标准是：廉洁奉公的法官、普通民众对司法的参与、民主的法官聘用制、称职与专业的法官、易懂与可知的法律、力所能及的司法救济、人道的司法、获得广大公民赞同的法律体系。通过以上标准，相信人们可以对判例法、制定法与学者法之优劣作出自己的评判。

本书史料丰富、论证充分、分析透彻，处处闪烁着作者独到的思想见地。尤其是从历史而非理论中寻找普通法的特色，不仅体现了普通法来自生活的一种本真，而且再一次印证了普通法是实践理性的显著特征。此外，正所谓历史是最好的老师，书中对普通法亮点的分析论证令人印象深刻，简洁明了地讲述了这些亮点背后的政治、历史等原因，它告诉我们"因果关系"中的"因"究竟为何，也让我们对"因果关系"中的"果"理解更加透彻，这无疑为我们借鉴参考普通法的合理成分提供了重要指引；对良法善治观中的"善治"作了精辟论述，指出怎样的法官、怎样的司法才符合善治的要求，这为法治国家如何运用司法实现社会治理提供了些许路径。如此这些，都足以说明本书值得法律人尤其是研究普通法的法律人珍视和收藏，相信从中一定可以找到我们想要知晓的内容。

16. 让英国普通法不再神秘

——《英国法释义》（第一卷）* 导读

> 普通法，这个未见诸文字的箴言和习俗的古老总集，且不论它是如何被汇集起来的，又是源于何处，在这个国家中的历史已经非常久远。……再加上普通法的判例广为人知以及它非常适合英国的国情特征这两点原因，使得普通法在英国被普遍接受。
>
> ——［英］布莱克斯通

【作者、作品简介】

威廉·布莱克斯通，1723年7月10日出生于伦敦一个普通市民家中，他是家里第四个也是最小的孩子。1738年进入牛津大学学习古典文学和数学。1741年进入中殿律师学院学习普通法，1746年取得律师资格成为出庭律师。1758年全票当选为英国第一个普通法讲座——瓦伊那讲座的教授，并在那里讲授普通法直到1776年。1761年进入议会，并任王室法律顾问。此后，又出任总检察长、王室法院法官、高等法院法官，于1780年离世于高

---

* ［英］威廉·布莱克斯通：《英国法释义》（第一卷），游云庭、缪苗译，上海人民出版社2006年版。

等法院法官任上。

《英国法释义》(第一卷)自出版以来,就被公认为英国法里程碑式的著作,其地位至今无法撼动,可以想象,将来也无法动摇。对于英国法而言,无论怎样赞美这部书都不为过,曼斯菲尔德勋爵在向年轻人推荐阅读书目时说,该书的分析推理浸透着一种令人愉快的、浅显易懂的风格,读者在不知不觉中就能接受构成英国法整体基础的基本原则;而丹宁勋爵则称这部书为"我们有史以来最伟大的一部法学著作"。

本书对于美国法的影响,同样巨大。当时在美国大受欢迎,美国历史上最伟大的法官之一马歇尔在其27岁时,已经读了4遍《英国法释义》,美国学者甚至称之为"法律圣经"。让我们从美国学者布尔斯廷的话中再次感受本书的魅力:"布莱克斯通是为任何有文化者都能掌握其法律传统的庞大纲要提供手段的第一人。……只要四卷《释义》在手,任何人,无论多么远离古老的专业的中心,远离法院或立法机构,都能成为业余律师。对于正在发展的美利坚人,无论其是雄心勃勃的边远地区的居民或是颇有抱负的政治家,布莱克斯通是天赐神物。"

【名句共赏】

普通法这门学科,它是一门设定判断是非的标准,弘扬正义,阻止、惩治和纠正罪恶的学科;它的理论汇聚了最高尚之人的思想精粹,它的实践又运用了人类心灵中最基本也最重要的美德;它涵盖甚广又可普遍适用,既考虑到每个人作为一个个体的需要,同时又顾及整个团体。

——导论,第28页

如果一个普通法的学生能够通过仔细揣摩并模仿那些真正的古罗马文学家的作品（这其中他最重视的应当是历史学家和演说家）而形成自己的观点和风格；如果他能够运用最纯粹的逻辑学中那些简明易懂的规则进行严密的推理来辨明合理的论据与谬论之间的区别；如果他能够运用数学证明的方式专心致志、矢志不渝地探寻隐藏在那些错综复杂的推论中的真理；……对一个学生来说，如果他已经做到了哪怕是其中一点的话（虽然要做到这几点对那些能够为自己的大学增光添彩的极具才华的教授们来说是轻而易举的），那么他就不仅已有资格学习普通法，而且其实已经在这一领域树立了声誉，从而使他从一开始就在学习上享有极大的优势。

——导论，第 32-33 页

　　正义与人类幸福相互联系的结果是，上帝未如一些人所徒劳揣测的那样，使用大量抽象的规则和格言将自然法复杂化……而是宽厚而仁慈地把需遵从的规则概括为一句慈父般的箴言："人应当追求自己的幸福。"这就是我们所说的伦理学或者自然法的基础。

——导论，第 52-53 页

　　解释立法者的意图，最合理的办法就是从立法者最自然和最可能反映其意志的标志中探究他在制定法律时的意图。这些标志包括该法律的用词、上下文、主题内容、效力和影响及法律的宗旨与制定的理由。

——导论，第 71 页

16. 让英国普通法不再神秘

衡平法从本质上说是基于每一个具体案件的特殊情况。如果衡平法也制定固定的规则和是非标准的话，必然会损害其精髓，使其沦为成文法。而另一方面，对于使所有案件的审判都适用衡平的原则也不能太过纵容，以免法律因此被我们悉数破坏，使所有问题的决定权都被法官掌握。

——导论，第 73-74 页

他们（指法官——编者注）是法律的守护者，是必须判决一切有疑问的案件并且受誓言约束须依照本国法律进行裁判的当世的神谕使者。他们的普通法知识源自经验与学习，一方面源于福蒂斯丘所说的"viginti annorum lucubrationes"（"二十年夜以继日的学习"），另一方面源于其本人对于前任们判决长时间的学习和适应。

——导论，第 82 页

当新的诉讼中再次出现同类案件时，遵循先例是一项既定的规则。一方面是因为这样可以保持司法天平的稳定性与公正性，不易因为后任法官的个人观点而产生波动，另一方面还因为在这种情况下，法律是经庄严判决并正式颁布的，以往不确定或也可能不被重视的问题现在已成为永久性的规则，因此后任法官不能凭其个人情绪随意对其加以改动或变化。

——导论，第 82-83 页

所以这确实是英国是自由的典型标志之一：我们的普通法是以习惯法为依据的，习惯法基本上是通过民众的自愿接受来推行的，而这正是习惯法和自由相联系的内在证据。

——导论，第 87 页

解释所有完善性成文法有三个因素要考虑：原有法律规定、纰漏之处、补救措施，亦即，在制定成文法时普通法的相应规定如何，哪里有纰漏之处，即普通法没有规定的是什么，以及议会制定怎样的补救措施来消除纰漏之处。而法官的职责就是通过解释制定法，推行补救措施消除纰漏之处。

——导论，第 100 页

法律对私有财产权的保护是如此严密，以至于不能允许对私有财产权的哪怕是最轻微的侵犯，甚至哪怕这种侵犯是出于整个社会的共同利益考虑。

——第一卷，第 158-159 页

我们英国法最大的优点之一就是，它不仅对所惩罚的罪行本身，同时也对所采取的惩罚措施有清楚明白的规定，两者都不会由独断专行的权力自由裁量。

——第一卷，第 461 页

雇主经常要为雇员的行为不端负责，却从不能通过让他的雇员承担责任而使自己免受处罚。造成这两种情况的原因是相同的，即雇员的错误行为在法律上被认为是雇主本人的错误行为，而"不允许任何人因自己的错误行为得利"是一条永恒不变的真理。

——第一卷，第 480 页

【作品点评】

让英国普通法不再神秘[①]

威廉·布莱克斯通是英国著名的普通法教授,曾担任王室法律顾问、王室法院法官。纵观布莱克斯通的一生,其最伟大的成就是撰写了被誉为是英国法里程碑式的经典巨著《英国法释义》一书。书中,作者给读者呈现了一幅和谐而系统的英国法画像。

18世纪以来,普通法一直处于杂草丛生、荆棘遍地的"荒原"境况。这种境况表现在:普通法仅是一种程序法而非实体法;普通法不能创制,应在社会生活中自发成长。囿于普通法是通过习俗、运用经验才流传下来,以及罗马法盛行、神职人员分裂成两个对立的阵营等诸多因素,普通法始终无法广为传播。作者认为,要想使普通法成为英国法律的基础,唯一的办法是"普通法的基本原理必须成为大学教育的一部分"。而这种大学课程的职责是在英国法的"地图"上勾勒出英国法这个"国家"的形状、它的邻国和边境线以及国家内部郡与郡之间的分界。作者将"理性"引入了英国法,效法盖尤斯和他的《法学阶梯》,把整个英国法的客体划分为:个人的权利、物的权利、侵害个人的不法行为和公共不法行为四种。由此为我们描绘了一张完整的英国法"地图"。该书(第一卷)讲述的是个人的权利部分。

谈及个人的权利,作者针对不同对象进行了分类论述。第一,个人权利从人的自然身份考虑,可以分为绝对权利和相对权利。绝对权利是指最基本的、最严格意义上的个人权利,包括人身安全

[①] 原载《检察日报》2016年8月4日。

权、人身自由权和私有财产权。人身安全权包括个人的生命、肢体、躯干、健康及名誉依法享有不受侵害的权利；人身自由权是指个人有权自由行动、改变职业或按自己的意愿迁移到任何地方，未经相应的法律程序不得被监禁或管制；私有财产权是指公民对其所有的获得物都有权自由使用、享有和处理，除英国法律外，这种权利不受任何其他因素的控制或削弱。不难看出，有关绝对权利和相对权利的分类至今仍被两大法系所沿用。

第二，从个人作为社会成员之间的关系考虑，这些关系可以分为公共关系和个人关系两类。在所有的公共关系中，最普遍的关系是官员和人民的关系。这些官员中，掌握最高权力的有立法机关和行政机关，前者即议会，由国王、上议院和下议院组成。其中上议院由僧侣贵族和世俗贵族组成，下议院由平民组成。专门适用上议院的法律和惯例有：邀请王座法院和民事高等法院法官出席会议、每个贵族缺席时可由另一贵族代替表决等，专门适用下议院的法律与惯例则主要涉及征税以及选举代表的规定。笔者认为，上述关系体现的是"英国特色"，从中也可以窥探出古代英国的阶层制度。

第三，作为最高行政机关的代表，即国王。关于国王，作者主要从以下六个方面进行了论述。一是王位继承的原则是："根据普通法及宪法习惯，王位是世袭的；这种世袭是以其自身特有的方式进行的，不过继承王位的权利在不同时代根据议会的法律有所变化，或者受到议会法律的限制，但即使是受到限制，王位依然保持世袭制。"二是国王的王室中的首要成员是王后，王后包括摄政女王、王后和国王的遗孀三种。三是隶属于国王的咨询机构包括：议会高等法院、国策顾问、法院法官、枢密院等。四是国王最根本的职责是依据法律统治他的人民。五是国王的特权分为主要特权和次要特权，主要特权是国王的身份与权力的实质性部分，源自于国王的政治身份，如派遣驻外使节、册封贵族、宣布开战和停战的权力等；次要特权全部都是一些对于一般法律的例外规定，如与国王诉讼时不得向国王索回诉讼费、国王债权的受偿优先于任何其他臣民等。六是国王的收入包括常规收入和非常规收入，前者包括：监管主教们的世俗财产、国王拥有土地的地租和收益、执照租金、王室猎场产生的收益等；后者主要是指各种名目的税收。以上论述凸显出国王在英国社会中的至高地位。

第四，从全体人民的角度考虑，可以分为神职人员和普通信徒两类。神职人员包括大主教或主教、副主教、乡区主任牧师、牧区教堂牧师和牧区牧师、助理牧师、教会执事等；普通信徒包括公民、陆军军人和海军军人三类人，公民是本国人民中最主要、也是人数最多的一部分，包括贵族和平民，而成立陆军和海军对于保卫本国安全、维持各国间力量均衡很有必要。

第五，从个人关系角度考虑，个人生活中的关系包括：雇主与受雇者、丈夫与妻子、父母与子女、监护人与被监护人。就雇主与受雇者的关系而言，受雇者的类型包括住家佣工，学徒，短期劳工，管家、代理人及财产监管人四种，当然，不同雇佣关系对雇主与受雇者的效力有所不同，比如手工业者的学徒可拥有在英国任何地区从事其所学行业的专有权利。英国法律将婚姻视为一种民事契约，只要双方自愿立约且有资格立约，且双方确实按照法律要求的适当形式及正式仪式签约，则法律就承认该契约正当而有效，而解除婚姻的方式包括死亡和离婚。需要说明的是，在婚姻关系存续期间，妻子是依附于丈夫而存在的；父母与子女的关系中，子女可以分为婚生子女和非婚生子女，父母对于婚生子女应尽的义务包括提供抚养、保护及教育的义务，而对于非婚生子女的义务主要是抚养义务；英国法上的监护人通常身兼罗马法上的未成年人的监护人和保佐人两种职能，即监护人是未成年人本人的保护人，而保佐人是未成年人财产的保护人，体现了英国法与大陆法系的区别。

第六，作为与自然人相对应的拟制的人，法人享有成员更替、起诉控告赠与、购买保留土地、使用公章等权利，同时也应履行购买许可证、遵循创立之初的目的和意图行事等义务。

可以说，该书将庞大而杂乱的英国普通法以一种清晰连贯、富于逻辑的形式呈现在世人面前，从而为英国普通法的广泛传播奠定了基础。用美国著名史学家丹尼尔·布尔斯廷的话说，该书的出版，使得英国普通法日益变得在本质上不那么"神秘"和在形式上更加"实证主义"。

17. 中世纪法律的窗口

——《中世纪的法律与政治》*导读

法律是由与其最为息息相关的人们在无意识中制定的，它是人们在由已知向未知的探索中经深思熟虑后总结出的结果，它是人们战胜无知后逐渐获得的一点知识，是从混乱中得出的一种秩序。

——［英］甄克斯

【作者、作品简介】

一百多年前，随着严复翻译的《社会通诠》出版，爱德华·甄克斯的名字开始在中国传播开来。爱德华·甄克斯（1861—1939）是英国法学权威，出生于英国伦敦南部的斯托克维尔。1874年至1877年间，在达利奇学院学习。1883年进入剑桥大学学习，主攻法律专业。曾任伦敦法学会法学研究部主任，执教于剑桥大学的耶稣学院、彭布罗克学院、牛津大学的贝利奥尔学院，担任墨尔本大学法律系主任。主要著作有：《社会通诠》《现代土地法》《维多利亚

---

* ［英］爱德华·甄克斯：《中世纪的法律与政治》，屈文生、任海涛译，中国政法大学出版社2010年版。

政府》《中世纪的法律与政治》。

《中世纪的法律与政治》在西方学术界享有极高声誉,自从1897年出版以来,已经多次再版,其学术影响已经超出了欧美学术界。《欧陆法律史概览》主编约翰·H.威格摩尔在"主编前言"中写道:"甄克斯的《中世纪的法律与政治》堪称杰作,因此,由他为本书作序,并把这一与其专门研究的领域极为相近的作品介绍给英美国家的法律人,是一件再合适不过的事了。"由此,本书的学术地位以及在作者所有著作中的地位可见一斑。无论是从研究方法还是内容上,无论是从资料还是视野上,本书都堪称西方法律思想史的杰作。

本书的主要内容包括:第一章主要研究"法律渊源"问题;第二章研究中世纪法律在各个国家产生的情况;第三章主要研究条顿人的"国家"问题;第四章主要探索了中世纪国家司法的产生过程;第五章探讨了条顿人社会是如何从原始的氏族社会转变成为政治国家的;第六章研究了中世纪条顿族中与财产有关的问题;第七章研究了社会身份与契约的问题;第八章是全书的总结。

【名句共赏】

人类关于"法"的概念十分厚真;"法"是人类内心情感的表达,是人性最真实可能的反映。而对于"法"的研究也是一项惟有智者方能为之的繁重工作,因为"法"的规则任意而又庞杂。……然法学研究之于人类进步,犹如时光之流慢慢积聚而成的金堆一般,能够激起无限的天才想象,确实值得智识之士为之。

——第一章,第3页

17. 中世纪法律的窗口

伟大的思想家们生来就注定要鹤立鸡群的;他们的观点并非其所处时代的普遍想法,这些观点往往与其之后时代的普遍想法更加接近。但是,"法"乃普通民众之所需,它是管理帐营、市场、店铺以及田地的规则。

——第一章,第 3 页

如果我们欲了解"法"在过去实际是什么,而不是它应当是什么,则我们就要通过另一种途径来探寻。我们要关注的也不应再是哲学家们的著作,而应是法律执业者们的记载,还有那些人们感觉到自己必须去遵守的规则——那些并非本身代表着智慧、良知或愉悦而主动让人们去遵守的规则,而是人们觉得"不得已而守之"的规则。

——第一章,第 3-4 页

法律是秩序与既定规则的表达,但法律的产生也是违反规则的结果,换言之,是与现存规则发生冲突的结果。听起来也许像悖论,法律因违法者而得到发展。

——第一章,第 8 页

法律不在习惯法之中,不在制定法之中,甚至不在法学教科书之中,它蕴含在令状格式以及国王法院的案卷里。普通法就是"法官造法"(judiciary law),宣布这些普通法的是法官,既非立法者,也非郡县的智者。

——第二章,第 28 页

习惯是法律的忠实向导；习惯是法律中已经被暴露的部分。……习惯是法律最早的已知阶段，习惯并未由人制定，也未由人宣布：习惯来自经验，习惯自身确立了习惯。

——第二章，第42页

法律的制定始于有权之人（superior man），终由普通人接受。法律不会让无权之人（inferior man）拒绝遵守法律而去破坏有权之人的作品。因此，法律必须被宣布，然后再被实施。

——第二章，第47页

但综观司法的漫长历史进程，我们绝不能忘记，刑法的建立绝非一日之功，整个过程往往会充满艰辛，有时人们还需要借助某种最为耸人听闻的机器来达到支持它的目的。严酷的刑罚或许比无法状态要好的多。

——第四章，第83页

从法律史研究中首先应该学到的一点是：现代法中最基本的概念是经历了几个世纪缓慢演化的结果。

——第六章，第143页

尽管在一个商业社会中显得很自然，但从某种程度上看这样的一个询问仍然显得很稀奇，即法庭会询问被告支付了什么作为原告履行行为的报酬。这就是著名的对价理论，它是英国法众多特色之一。

——第七章，第211页

法律是被宣告的而不是被制造的,正如智者所展示的,法律是对人类生存条件的一种发现、一种陈述,它并不是一种令人们按照特定方式生存的专横命令。

——第八章,第221页

【作品点评】

中世纪法律的窗口[①]

在历史学家看来,欧洲中世纪是一个列国林立、战争频发、宗教盛行、疾病流行的"黑暗时代"。然而,以现代视角观察,中世纪对于欧洲各国的国家发展、政治成熟、法律完善等都具有重要意义,也唯有经历中世纪这个"中间时期",才为欧洲后来的发达奠定了基础。英国著名法学家爱德华·甄克斯所著的《中世纪的法律与政治》一书,正是这样一本带我们深入了解这段历史中法律与政治状况的佳作。

作者以奥斯丁的法律观为切入点,认为"法是国家的命令"一说经不起历史的推敲。因为:法律虽然是约束人们日常行为的一种控制力量,但就渊源而言,法律从来都不是国家的作品,不会得到国家的承认,也就是说,法律并非出于国家的命令。那么,法律究竟是什么?

作者以条顿法(指西欧列国法)的产生为例,指出随着罗马帝国的衰落,西欧的王权从罗马人转到了条顿人手中。因为有罗马法

---

① 原载《检察日报》2019年1月11日。

学家注释、立法者汇编，条顿人逐渐形成了独具体系的条顿法。而其中最古老的形式就是蛮族法。蛮族法具有两个特征：一是迁徙和征服造就了蛮族法，在斯堪的纳维亚，随着丹麦人的征服，种族交往促进了法律的产生，最古老的法典可以追溯至12世纪或13世纪初。由此可知，法律之所以产生，是与现存规则发生冲突的结果。二是蛮族法具有属人特征，因为迁徙部落很难形成"国内法"的概念。随着条顿人逐渐在莱茵河等地安顿下来，他们便逐渐效仿罗马帝国开始立法活动，比如制定法令集，这些法令集一般都是属地性的，因为"君主的法令对于其国境内的一切或者法令集可能明确规定的一切都具有约束力"。就这样，产生了封建法。论及封建法，起源于封建庄园主在其领地（"采邑"）执行采邑法，这种采邑法明显具备地方属性，遵循"同等地位者审判原则"，因而也属于法院法。当然，由于封建法并不适用于神父、商人、犹太人，于是出现了教会法和商人法。教会法并非由国家制定和推行，商人法的约束力同样也不是国家赋予的，这也可以再次佐证奥斯丁的"法律命令说"难以成立。

所以，直到13世纪，条顿人还在探索一个问题——法律到底是什么？英国是首个给出答案的国家。诺曼征服是英国历史上的一件大事，它给英国带来了两大变化：一是将原有的"属人法"传统，转变为"属地法"，从而产生了真正的地方法；二是从12世纪开始选派大臣到各地审理案件，这种"巡回审判"可以说是里程碑式事件，最终产生了"普通法"。法国的情况与英国又有所不同，由于缺乏国家法，法国从15世纪开始开展了习惯法的汇编运动，使得封建诸侯享有了最高司法权，导致中央政权的分散化。至于德国，由于德国法具有先天弱点，于是在十五六世纪被复兴的罗马法入侵，罗马法也由此成为德国的"普通法"。

从以上法律史的考察中可以看出,法律源于习惯。因为原始人对"未知世界"的恐惧,其首先作出的反应是确立习惯。随着习惯的变迁、被宣布、被记录、被改变,逐渐演化成制定法,从而事情就此归结:法律必须被宣布,再被实施。至于英国政治为何取得了至高胜利,是因为"它比条顿世界中其他国家提早500年解决了这一问题。通过将立法者发表集合在一起,再通过让负责宣布、实施法律之人士与这些立法者当面质询,英国很快知晓了本国法律的情形,不但以某种声音宣布了法律,而且还完全彻底地实施了法律"。笔者认为,法律的产生、发展始终与社会环境息息相关,一方面,法律离不开社会现实,符合现实秩序的法律才具有生命力,另一方面,法律的源泉就是社会现实,法律的更替无外乎是现实秩序发展的反映。因此,亚里士多德笔下的"良法善治",说的其实是适应不同社会现实之下的法律治理问题。

对于现代人来说,国家具有明确界定,其具有以下特征:第一,拥有庞大的体系;第二,占有边界明确的领土;第三,直接而完整地享有公共权力;第四,被赋予一种人格,使之或多或少地能像个体一样行动。然而,对于条顿人来说,并无"国家"概念,他们眼中的"国家"概念与战争相连,与氏族相关,通过氏族联合对外征战,逐渐产生了氏族联盟。这些联盟中的领袖日后成了国王或皇帝。可见,国家与氏族的最大区别是,依照个人能力而不是氏族身份选拔领袖。

随着战争平息,这些军事首领希望获得比战争中更多的领导权,此时,他们不再仅仅是战争首领,还是王国秩序的维持者。这些国王拥有自己的领地,通过世袭制继承王位,并拥有司法权和行政权。因此，国家最初的形式是简单的军事组织，而后发展成为既要防御外部侵略，又要保证内部和平，实现正义，管理内部事务的多元机器。就条顿国家来说，德国、法国、苏格兰即使到了中世纪后期也未能实现国家的统治。也唯有在英格兰，可能还有斯堪的纳维亚半岛，也是到了中世纪末期，国家才接近具备了至高无上的主权。

论及条顿国家是如何从氏族社会演变为政治国家的问题，这必须从农业耕作说起。可以说，"轮耕轮作"的发明是现代文明的转折点，当然，条顿人的耕作方式经历了由粗放耕作向集约耕作的转变过程。由于耕地散落在条顿人居住的村落周围，这些土地的占有权基本上属于私人性质，至于究竟属于私人所有、房屋所有人还是氏族的居民，无从考证。随着条顿国家的力量不断强大，国家必须瓦解村落、百户邑、郡县等地方组织，然而，长期的封建化导致地方诸侯垄断了地方的立法、行政、司法以及税收权。此种封建化成为条顿国家实现国家化的最大障碍。以英国、法国、德国为例，随着诺曼征服，英国的统治者深刻意识到封建主义的危险，他们通过解除郡守的司法权、上交财政权、将权力分散到不同人等方式，逐步巩固了中央政权。与之形成鲜明对比的是，法国领主封地模式、德国军事化模式由于过分强调中央政权，而未能正确处理好中央与地方的关系，最终导致地方离心，中央政权解散。

对此，作者的总结是："法国中央政权显得很贪婪，它总是在'地方自治'和'完全瓦解封建制度'二者之间进行摇摆；德国因为中央政权被架空而走向灭亡，她裂土分疆，将土地分封给众多具有独立权的公国，公国的领主们将公国视为自己军队给养或者财税的来源；而英国中央政权建立了一个强大的联合体，联合体的成员对本地区的生活方式保有清晰的意识,这一点对于保持一个民族的自由、自信至关重要。"

有意思的是,最早的"司法"概念来自于血亲复仇。在条顿历史开始之时,血亲复仇已被赔命价或金钱赔偿所取代。不过,由于赔命价缺少强制支付手段,加之有些罪行难以用金钱偿还,比如"不可赎之罪",致使赔命价有时难以执行。基于此,国家司法权开始介入,着手解决赔命价如何执行问题。可以看出,最早的国家司法权是围绕着解决赔命价问题而展开的。第一,对于一般案件,国家会迫使双方接受赔命金方式,查理大帝的立法规定:"当血亲复仇产生时,可逮捕不肯和解之人,强制他们接受和解,即使他们很不情愿。"这事实上开启了国家干预民间纠纷的历程,也是现代司法"国家性"理念的体现。第二,对于"不可赎之罪",比如杀死熟睡之人、在议会杀人之人,国家会实施流放或财产充公,以此扩大国家对严重危害社会犯罪行为的干预,这可视为现代"国家公诉"的雏形。第三,在执行赔命价的过程中,国家官员会留下赔命价的三分之一作为"秩序费",以此表明侵犯了国家秩序,这也可以视为是现代司法"诉讼费"的雏形。第四,为剥夺封建领主司法权,扩张王室司法权,国家创设了令状制度。第五,另一个扩张王室司法权的有力武器是"陪审审讯团"取证程序的使用,这种方式后来演变为"陪审团审判制"。第六,在英国,为弥补法律的不完备,出现了衡平法院,以"衡平"或"良心"的名义,专门处理衡平法上的民事诉讼。第七,国家依靠自身的执法方式,比如巡回审判、御前会议、地方法官召开治安法官法庭等方式,履行司法执行者的职责。通过以上内容,欧洲中世纪的国家逐步建立自己的司法制度。

关于财产问题。第一,占有和所有权问题。现代人都知道,占有是一个事实问题,所有是一个法律问题,但是人类早期的法律制度只承认占有而不承认所有,而且认为得到承认的占有最终会变成财产权。以《艾特尔伯赫特法典》中记载的规则为例,说明条顿国家的法律对占有、所有的概念有所区分。第二,赔命价制度对财产观念的影响。这种影响:一是体现在以实物支付代替罚款,《利普里安法典》就记载,可以用一头带角的母牛折抵3先令,用一匹马折抵12先令。由此表明,赔命价制度会带来频繁的财产转移,从而促进交易;二是获得的赔命价会成为一个人所拥有的受保护的权益,这种权益一旦被破坏,就构成盗窃或权益侵害,表明赔命价已经被纳入法律保护范围。第三,国家向地方渗透权力的行为对财产观念的影响。国家可以通过抑制公社行为,比如村民的集体活动必须交纳20先令保证金;可以通过鼓励居民的自由,比如允许居民定居在任何地方,并发布证书予以保障;可以通过保护交易,比如转让自己的利益给他人等方式,来实现国家对乡村秩序的干预,从而强化国家权力,保障社会有序安定。第四,血亲复仇制度对亲属、继承等制度的影响。从现代意义上讲,继承法最早和最重要的步骤,就是血亲复仇组织的建立。赔命价的引入,一定程度上是弥补复仇者失去的复仇的快感。在塔西佗的著作《家庭、家产和继承法》中提到,死者的口粮田、家产和他们的附属物可以由儿子、兄弟或者父辈的叔叔们继承,这就是同族继承原则或男系继承原则。随着亨德波特二世将代位继承扩展到儿子和女儿的后代,表明"男系继承制"宣告结束。

论及契约问题,不得不提及条顿社会中存在的社会等级,主要包括贵族、平民和奴隶三个阶层,而社会等级制度与赔命价制度紧密相关,因为赔命价制度是社会组织阶级化的结果。同时,赔命价制度又是商品交易的前提,一方面,引入动产赔偿,使得交付财产以支付命价成为一种习惯;另一方面,"一个提出重大诉讼请求的诉讼人可能最后会发现自己得到了一大笔各种各样的物品。许多物品可能对他来说根本没用,很自然地他会把这些物品再拿出去进行交易"。这种频繁的交易势必会促进契约制度的发展。此外,作者还介绍了与契约制度相关的抵押制度、担保制度、诉讼制度、对价制度等。以对价制度为例,作为英国法众多特色之一,对价制度是指被告支付了什么作为原告履行行为的报酬。对价制度最先仅适用于索债之诉,随后又适用于简约之诉,经过几代英国律师的努力,对价理论已成为合同法的重要组成部分。自1667年《欺诈行为法》通过之后,这个制度重新适用于较大的商品买卖。虽然其他类型的合同必须以书面形式作为成立合同的前提,但是无论如何,对价制度已经成为每一个合同的必备要件,因为"对价是每一个无封印合同的完整组成部分之一"。

正如作者在序言中说的那样,本书的目的是要透过纷乱的中世纪寻找属于未来的制度和思想,而作者的任务是将这些"瑰宝"从历史风尘中打捞出来。由此,作者对中世纪法律与政治作了总结,指出法律在今天看来是一种社会强制力量,但在早期,法律可能是一种行为规范,可能是一种氏族习惯或禁忌。但是,当一定的社会组织认可时,法律就会对所有人具有约束力。国家与氏族是两种对立面互相斗争的结果,是国家战胜了氏族,当然,国家也不能忘记从氏族那里有所借鉴,对中世纪的研究表明,最成功的国家一定是吸收,而不是摧毁它所交往和接触的氏族组织的成功部分。

总览全书,从形式上看,该书材料翔实,参考文献涉猎广、内容多,引证规范,凡是引用的内容均作了标注,推理严谨,书中的每一个结论都有充足的材料支撑和严谨的推理,简洁明了,仅用十一万字就把如此宏大的场面叙述得清晰细致。从内容上看,该书对"法律是什么"的命题提出了独到见解,对赔命价制度的研究提供了广阔视野和开拓性思路,对提出结论的依据严格遵循历史而非纯粹理论,提倡"实事求是地追寻法律和政治真相"的学术研究方法。此外,作者对材料的占有极为全面系统、引用资料均一一标明出处等严谨学风,令人钦佩之余更值得我辈学习。

18. 诉讼形式是普通法基础

——《普通法的诉讼形式》[*]导读

> 我们已经埋葬了诉讼形式,但它们依然从坟墓里统治着我们。
>
> ——［英］梅特兰

【作者、作品简介】

弗·威廉·梅特兰（1850—1906）是英国历史上最伟大的法律史学家之一,其对于英国法律史学的贡献堪比布莱克斯通和梅因。梅特兰出生于一个书香世家,有着深厚的家学渊源。大学毕业后,梅特兰于1872年进入林肯律师学院学习,但律师学院的学习并没有使梅特兰走上专职律师的道路,和其他律师因为职业需求而格外关注先例相反,他的兴趣更多地集中于先例产生的背景。这种兴趣最终使他走上了法律史研究的道路,并为其奉献了光辉而短暂的一生。自1884年起,梅特兰开始执教于剑桥大学,四年后,担任唐宁英国法讲座教授,直至去世。梅特兰的一生虽然短暂,但贡献卓

---

[*] ［英］弗·威廉·梅特兰:《普通法的诉讼形式》,王云霞、马海峰、彭蕾译,姜栋、徐国栋校,商务印书馆2010年版。

越,著述丰厚。主要著作有:《爱德华一世以前的英国法律史》(与波洛克合作)、《布拉克顿笔记》、《英格兰宪政史》、《英国公教中的罗马教会法》等。

梅特兰的著作,旁征博引、文采飞扬、论述精辟。《爱德华一世以前的英国法律史》直到现在仍被奉为英国法律史的经典,而本书则是其流传最广的著作之一。本书是梅特兰担任唐宁讲座教授时的讲稿,生前并未面世。在他去世三年以后,即1909年,由他的学生负责整理并予以出版。仔细梳理本书的内容,可以分为三个部分:第一部分包括第一讲和第二讲,分析了中世纪英格兰的司法系统及其各自的审判特点;第二部分是本书最重要的组成部分,从第三讲到第六讲,介绍了从1066年诺曼征服到1833年,诉讼形式经历了兴起、发达和衰落的发展历程;第三部分即第七讲,重点评述了对于诉讼形式的几种分类方法。

【名句共赏】

"一种诉讼形式"意味着一个特定的初始令(original process),一个特定的中间令(mesne process),一个特定的执行令(final process),一个特定的起诉、审理、判决方式。

——第一讲,第21-22页

在我们所处的时代,当提及举证,我们认为那是每个诉讼人努力让法官或是陪审员相信他的发誓符合事实真相,诉讼双方谁取得了法官或是陪审员的信任,谁就是为他的案件提供了有力的证据。

——第二讲,第36页

18. 诉讼形式是普通法基础

如果我们参考一下罗马法，我们可以说英国普通法的历史不是起源于程式诉讼（formulary system），那是12、13世纪的状况，而是程式诉讼之前的法定诉讼。

——第二讲，第40页

确切地说，诉讼人购买的并不是国王的审判，而是国王的救济，国王有许多救济手段可供出售。国王的判决比其他法院的判决更具强制力，并且拥有一种专有的审判程序：选任一批邻居作为证人的程序，这一程序最终演变成陪审团审判。

——第三讲，第42页

无论如何，普通法（非制定法）诉讼的传奇就此谢幕。王室法院此时已被认为可以审理任何案件，法官们必须以有限的诉讼形式就王国的所有重要民事案件作出裁判，这些诉讼形式在封建法院、教会法院与王室法院（royal justice）相互之间激烈争夺管辖权时就已逐渐被累积起来。

——第四讲，第82-83页

法律制度的变迁是如此地绵延不断，以至于律师们在新的诉讼形式已经存在了一段时间之后，才发现它们是由原有的诉讼形式衍生出来的，他们的专门术语缓慢地却不得不承认这样一个事实：一种单一的诉讼形式已经发展成好几种新的诉讼形式。

——第五讲，第85-86页

权利依赖于救济，正是这一特色造就了英国法的严密性，而正是由于这种严密性，英国法尽管受到了罗马天主教的诱惑，但依然得以独立向前发展。

——第七讲，第119页

【作品点评】

诉讼形式是普通法基础[①]

弗·威廉·梅特兰是英国19世纪最伟大的法律史学家之一，是英国法律史的开创者。在二十多年的学术生涯中，梅特兰笔耕不辍，著作颇丰。《普通法的诉讼形式》一书虽然只是一部小作品，但却是他流传最广的著作之一，是我们了解普通法的"一把金钥匙"，足见该书的价值所在。

什么是诉讼形式？这是一个必须回答的问题，因为它即使到现在也依然存在。而且对普通法意义重大：诉讼形式是整个英格兰普通法赖以存在的基础。在中世纪的英格兰，诉讼形式的选择直接决定当事人的合法权益能否得到保护，将得到怎样的保护。不仅如此，某一特定诉讼形式中适用的实体法的发展独立于其他诉讼形式中适用的实体法，因而如果当事人选择诉讼形式错误，那他只能承担败诉的后果，由此得到的教训是：没有救济就没有违法行为。

诉讼形式的主旨由原始令状决定，借此令状诉讼得以开始。正

---

① 原载《检察日报》2017年5月4日。

如布拉克顿所言，"没有令状，任何人都不得起诉"。因此，申请令状就成为原告起诉的第一步。令状的种类多种多样，随着1832年《统一程序法》、1833年《不动产时效法》、1860年《普通法程序法》和1873年《司法法》对诉讼形式的革新，原有的诉讼形式所剩无几，原始令状的性质也发生了根本性的变化，由原来决定整个诉讼进程的令状转变为一纸传唤令。从诉讼形式的历史演进看，梅特兰得出的结论是："诉讼形式的历史就是整个英国私法的历史。"

展示诉讼形式的发展演变过程，无疑是本书的重点。论及诉讼形式的演变史，梅特兰将其分为五个时期：第一个时期是，1066—1154年，随着亨利二世改革的到来而结束。此时的令状是一个可以购买的王室恩典，而且当时的令状并无具体格式，签发令状也不是文秘署的日常行为。因而，该时期只能是诉讼形式的萌芽时期。第二个时期是，1154—1189年，亨利二世统治时期。在这一时期，原先的例外成为常态：签发令状的行为变成了下级官员的日常行为，令状格式也逐渐统一。这一时期令状的典型代表是权利令状。权利令状是解决土地所有权归属的令状，针对当时日益增多的土地所有权纠纷，亨利二世创设了一个原则："如果没有王室令状，那么任何人都可以拒绝针对其自由保有地产所开始的诉讼。"此后，该原则发展为"未经审判，任何人的自由保有地产都不得受到侵犯，没有国王的命令和令状他也不必出庭答辩"。至此，这一原则在英国普通法中打下了坚实的根基。除了权利令状，梅特兰还介绍了占有之诉。占有之诉可分为三种形式：恢复新近被占土地之诉、收回被占继承土地之诉和最终圣职推荐权之诉。此外，梅特兰还提及了第四种诉讼令，即地产性质诉讼令。不得不指出的是，无论哪种诉讼形式，均采用咨审作为主要的审理形式。

第三个时期是，1189—1272年，即从亨利二世驾崩至爱德华一世即位，这是一个诉讼形式飞速发展的时期。在此时期，在所有权诉讼与占有之诉之间，逐渐发展起来一批通行的进占令状。进占令状的特点是，"它能够命令土地保有人放弃土地占有或是在王室法院回应原告的诉讼请求，此时除了遵从指令令状的形式要求外，还需说明土地保有人的权利有一些特别的和新近的瑕疵"。瑕疵的不同决定着进占令状的内容有所不同。应当说，进占令状自创立之后就广受欢迎，其中的原因是它填补了占有和权利之间的鸿沟，终结了占有和权利之间的分离状态。在进占令状出现的同时，也出现了土地定期出租的现象，针对这一现象，大法官罗利创造了"租期内逐出承租人之诉"。由此不难看出，普通法的生命力就在于及时回应社会现实。与土地权利诉讼相对应的则是对人诉讼的出现。其中最重要的现象是直接侵害之诉——众诉之母的出现。直接侵害之诉以违反国王安定为要件，它植根于刑事程序之中，具有半刑事特征，在被告拒不出庭时，可以监禁或宣布其处于法律保护之外。与此同时，陪审团审理逐渐成为审理事实问题的正式模式，较古老的审理模式如宣誓断案等也就渐渐退居幕后。

第四个时期是，1272—1307年。该时期是一个诉讼体系僵化的时期，同时又是一个制定法运动时期。该时期的最大特征是在中世纪末期，间接侵害之诉终得诞生。

第五个时期是，1307—1833年，这是诉讼形式发展过程中持续时间最长的一个时期。这一时期最重要的，运用最广的诉讼形式就是直接侵害之诉。最初，直接侵害之诉的主要类别是暴力侵害之诉，包括对原告人身、土地和动产的侵害，后来直接侵害之诉也给予土地定期承租人以及佃农以法律保护。利用该诉,他们不仅可以对抗直接侵入其土地的任何人,甚至领主,充分体现了法律保护的平等性。随着直接侵害之诉逐步应用,侵占租约地之诉演变成了逐出租地之诉。逐出租地之诉通过拟制,借助约翰·多伊和威廉·斯泰尔这两个拟制人物最终发展成为恢复土地占有的正式模式。而这种拟制的发展过程也就是逐出租地之诉代替占有之诉的过程。之后,梅特兰重点介绍了间接侵害之诉。可以说,间接侵害之诉的产生是法律对现实生活多样性的有效回应,同样展现了普通法的生命力。在普通法的历史长河中,间接侵害之诉之所以影响深远,原因在于许多现代法上的过失侵权行为就发源于此。在经由间接侵害之诉发展而来的诉讼中,最重要的就是简约之诉和非法占有动产之诉。简约之诉是间接侵害之诉中最有特色的分支,其内涵是,违反允诺,即违反"已允诺做某事",那么就构成一个有价值的对价,也就成为一个诉因。此后,简约之诉逐步适用于债务之诉。更有甚者,在1602年的"斯莱德案"中,法官的判决肯定了只要有契约,那么就有允诺。这是简约之诉发展史上的一个里程碑式的判决,值得肯定。

作为总结,梅特兰对诉讼形式逐渐式微的过程进行了归纳。总的来看,这段自14世纪开始,至19世纪中期结束的历史,可以分为两个阶段。第一阶段是规避拟制阶段,在此阶段,创制了顺应时代潮流的诉讼形式,即直接侵害之诉及其衍生诉讼,使得法院在司法活动中发挥了更大作用。不仅如此,它使古老的诉讼形式与时俱进,直到适应了现在这个时代。第二个阶段,即随着1832年《统一程序法》的颁布,一个新的阶段随之开启。制定法的颁布不仅革除了大部分古老落后的诉讼形式,而且使得令状只是一个简单的传唤令，再无任何古老意义上的"诉讼形式"了。

纵观全书，梅特兰以细腻的笔触、生动的语言，围绕普通法诉讼形式的发展脉络，为我们展现了一幅鲜活的普通法诉讼形式的完整画卷，将这段令英国法律界直皱眉头的诉讼形式历史描绘地简洁而精辟。透过这幅鲜活的画卷，不仅让我们很好地了解了普通法诉讼形式的发展历史，而且让我们从梅特兰敏锐中肯的结论中受益良多，如"法制的惰性抵制了法律的变革""使用外来术语是非常危险的，除非我们非常清楚自己在做什么"等。有鉴于此，正如译者所言，本书是一本"藏之名山、留名青史"的不朽著作，值得每一位研究诉讼形式乃至法律的人细细品读与回味。

19. 群星璀璨的法律人生命史

——《英国法的塑造者》*导读

> 英国法的所有塑造者们要么通过自己的判决,要么依靠自己的著作,要么凭借自己的理论观点,促使英国建构起了法律体系……对这些塑造者所做的工作(不论是著作,还是既决的判例,抑或理论观点)进行研究,迄今为止仍是训练法律人最重要的手段。
>
> ——[英]霍尔斯沃思

【作者、作品简介】

威廉·塞尔·霍尔斯沃思(1871—1944)是英国著名法律史学家,英国人文和科学学院(FBA)院士。1903—1908年,曾于伦敦大学学院担任宪法学教授。1922—1944年,担任牛津大学专门讲授英国法的维纳教席教授。

作者在序中阐明了写作本书的目的:首先,试图对那些最重要的英国法学家作一些介绍,正是他们所做的一些工作才使其有资格位居英国法的塑造者之列;其次,将这些法学家的传记与英国法的一般历

---

* [英]威廉·塞尔·霍尔斯沃思:《英国法的塑造者》,陈锐等译,法律出版社2018年版。

史联系起来，以便本书能作为英国法律史的简短传记；最后，希望本书能成为人们阅读法律制度史和法律文献史的有价值的指南。由此，本书向我们介绍了1位国王（即爱德华一世）、22位法学家以及1个法学家群体（即活跃在英国法律史舞台上的罗马法专家们），正是这一群有着实践情怀的法律人推动着英国法向前发展，奠定了英国法在世界法律史上的地位，为世界的法律文明做出了重大贡献。

【名句共赏】

布雷克顿的著作向我们展示了这样一幅英格兰法的图景：它是由法官们发展起来的，这些法官不单单是法学家，并且不只是英格兰普通法的专家。但在此之后，英格兰法就主要由那些只识英格兰普通法、对其他法律一无所知或知之甚少的法学家们予以发展了。

——第一讲，第25页

令状录——在整个14世纪，它一直在发展与增长——是中世纪律师们阅读的最重要书籍之一，且实际上是中世纪普通法的基础，并且是普通法重要原理的导读及其应用的评论。

——第三讲，第61页

托马斯·莫尔爵士被任命为衡平法院大法官一事，成了衡平法历史上的一个重要转折点，它标志着衡平法的实施者由神职的教会法学家转向世俗的普通法学家。衡平法实施者的这一变化在普通法与衡平法之间搭建起了桥梁，恢复了它们之间的和谐关系，并确保了两者之间的关系是一种伙伴关系。

——第五讲，第109页

作为一个熟练掌握法律的大师，培根的一系列论证是其熟练运用法律的充分证据。他对年鉴——白纸黑字的学问——非常熟悉；他以逻辑的力量与文学的风格统帅自己的论据和例证，这一点为同时代的法学家无法企及。

——第五讲，第116页

柯克是一名有着高超技巧的状师（pleader），……他能通过隽永的话语——如"好的辩护能拨动普通人的心弦"、辞藻华丽的短语——如"令人愉悦的法理学之光"、令人心潮澎湃的隐喻——如"英格兰法律好比金色的魔杖，所有的人类事业都必须经受其平等而公正的裁判"，抓住听众的心。

——第六讲，第132-133页

柯克之于英格兰私法和公法，正如莎士比亚之于英格兰文学、培根之于英国哲学、钦定圣经的翻译者之于英格兰宗教，他们的地位与作用基本相类。

——第六讲，第144页

尽管诸多的诱惑使曼斯菲尔德投身于政治领域，但他仍对普通法忠贞不渝。他之所以对普通法推崇备至，是建立在如此深刻认识的基础之上：公正而开明地实施普通法，对保障国家与人民的福祉至关重要。

——第八讲，第181页

为什么《英国法释义》能达到如此高的水平以至于能被人们奉为经典呢？其中的一个原因是基于这一事实：它渊源于每年都会重复一次且持续举办了30年的讲座课程。另一个原因是：在那段时间的末期，一个堪称博学的法学家、博学的历史学家以及作家的人特别用心地将这些讲座整理出来，这个人（指布莱克斯通——编者注）头脑清晰、心思缜密。

——第十一讲，第268页

事实的真相是：英国的法学家们从未忽视法律理论的作用，正如布莱克斯通的《英国法释义》展示的，他们甚至愿意掌握其中的任何一种理论。他们倾向于将法律理论建立在具体的生活事实与人类的需要等稳定的基础之上，而不是建立在机智的哲学家们相互冲突的理论流沙之上。

——第十一讲，第289页

他（指梅因——编者注）的伟大成就在于：他改变了法学家们的观点，使他们相信，如果要理解法律与法律制度，就必须从历史的角度进行研究。

——第十二讲，第300页

梅特兰向我们揭示，历史是如何使法律人性化的，以及法律又是如何矫正历史的。梅特兰是一个完美的法学家，但他从来没有忘记创制并发展这些制度的人，以及型塑法律的人的需要。

——第十二讲，第307页

历史方法给予我们的并非只有知识，它还使我们以前分散的知识变得连续起来；它在一堆赤裸裸的事实基础之上设置了一种理想。

——第十二讲，第314页

从霍姆斯作出的判决与波洛克写作的著作和论文中，我们看到，他们对法律保持着同样的崇敬态度，且同样精通法律；他们同样感觉到，需要使法律与生活现实保持紧密的联系，需要使法律与其服务的时代保持紧密的联系。

——第十二讲，第319页

【作品点评】

群星璀璨的法律人生命史[①]

众所周知，英美法系发源于英国，遵循先例是其基本原则。如果要问先例从何而来，我们不得不说出英美法系的另一个特征：法官造法。纵观英美法系的历史，其之所以源远流长，核心在于通过法官造法创造出判例，并依据遵循先例原则，让法律的确定权和发展权有机融合在一起，达致既能固守传统又能与时俱进。读者若想追踪英美法系的发展历史，不妨去阅读代表英美法系发展的英国法律史，而由英国著名法律史学家威廉·塞尔·霍尔斯沃思所著的《英国法的塑造者》一书无疑是其中的经典之作。

[①] 原载《检察日报》2019年5月17日。

该书以英国法律史上有突出贡献的法学家为线索，描述了他们在英国普通法和衡平法发展过程中的角色与作用。正是这一群有着实践情怀的法律人推动着英国法不断向前发展，从而奠定了英国法在世界法律史上的地位。以下由笔者循着英格兰法、普通法、衡平法的历史轨迹，来探寻这些伟大法学家们的杰出贡献吧。

英格兰法的发展史。伴随着欧洲法律复兴、亨利二世统治以及中央集权制的建立，普通法于12世纪下半叶逐渐形成。而《格兰维尔》教科书的问世，被视为普通法真实起点的标志。可以说，正是凭着这一著作以及作为首席政法官从事的工作，格兰维尔成为英格兰法最早塑造者。例如，《格兰维尔》确立了两样东西：法律规则由法院创设，并记录在案，这构成了普通法的基础；罗马法、民法以及教会法对英格兰法的影响，罗马法为英格兰法提供了一种依据法律材料进行推理的方法，提供了一种产生技术语言与技术形式的能力。与此相似，布雷克顿也因其著作而被视为英国法最重要的塑造者之一，可以说，在现存的、普通法迅猛发展时期产生的诸多著作中，布雷克顿的著作当属权威之作。在他的著作中，揭示了英格兰法依赖于令状及诉讼形式、已决判例，还诉诸罗马法。难怪作者给予了极高评价："正是借助布雷克顿的著作，人们才保住了普通法至高无上的地位，并取得了议会斗争的胜利，以至于最终推翻了君主专制政体。"到了十四五世纪，有两位不同寻常的律师，他们是：利特尔顿与福特斯丘。前者以《论土地占有》对该时期的土地法——这一最重要的私法分支的发展状况——进行了总结；后者撰写的《英格兰法礼赞》和《帝制论》对英国宪政有着持久的影响力。

普通法的发展史。作为英美法系的主要组成部分，普通法的地位举足轻重。而要论对普通法发展做出最大贡献的人，非柯克莫属。他与詹姆士一世的经典对话,充分表明他对普通法至上的坚定信念以及对权力专断的厌恶。不仅如此,柯克对英格兰私法、商法、刑法、宪法等法律的发展影响极大,比如柯克提出刑事程序中应减少刑讯逼供,这使得英格兰的刑事程序成为法国大革命后其他国家争相效仿的对象;凭着议会中反对派领袖的地位,他巩固了议会与普通法之间的盟友关系,不仅确保了普通法至上理念,而且以此建构了现代国家的政府,并成为美国宪法以及欧洲其他国家宪法效仿的楷模。于此,作者认为,柯克使得"中世纪的普通法在与竞争对手的斗争中获得了胜利,不仅没有牺牲普通法包含的中世纪法律和政治理念,而且使其适于支撑现代国家的政治"。柯克之于英格兰私法和公法,正如莎士比亚之于英格兰文学、培根之于英国哲学、钦定圣经的翻译者之于英格兰宗教,他们的地位与作用基本相类,因而他是英格兰法最重要的塑造者。

谈及现代普通法的建构,不得不提及霍尔特和曼斯菲尔德两人。"光荣革命"确立了法官独立原则,这不仅提升了法律职业群体的格调,而且确保了普通法能有序发展,还营造了新的商业环境。霍尔特在宪法、刑法和商法领域的工作,为普通法注入了现代社会的需求和现代思想,可以说他创制并发展了普通法。例如,他将"法官应公正地对待刑事被告"这一现代理念引进了刑法,发明了"雇主为其雇员的侵权行为承担责任"这一现代原则等。曼斯菲尔德则敏锐地意识到了普通法的不足,要想维持"普通法至上"的司法理念,必须将新思想融入普通法的施行和原则之中。为此,他确立了现代商法和海事法体系的一些主要原则,通过判决实现刑法、合同法等法律的发展或精确化;引入"因先前的行为而不容反悔学说"等三个学说。对于这些塑造者们的贡献,作者总结道:"在历史的重要转折关头,英格兰幸运地遇到了一些伟大的法官,他们型塑了英格兰法,使之适于解决新时代提出的难题,同时没有明显抛弃这些原则的连续性。"在这方面,柯克、曼斯菲尔德尤其功不可没。

衡平法的发展史。衡平法作为普通法的有效补充,同样是英美法系的重要组成部分。英格兰衡平法的发展分为两个阶段:一是创始阶段;二是发展阶段。创始阶段有四位创始人。圣·杰曼所著的《神学博士与普通法学徒之间的对话》深刻分析了衡平法存在的原因——普通法的抽象程度太高,同时表明了普通法与衡平法之间紧密的关系;莫尔被任命为衡平法院大法官,使得在普通法与衡平法之间搭建起了桥梁,恢复了两者之间的和谐关系;埃尔斯米尔坚定反对柯克试图限制衡平法院发布禁制令的企图,得到了詹姆士一世的支持,从而确保了衡平法的应有地位。而第四位创始人,也是最伟大的衡平法体系的奠基人,则是培根。在担任衡平法院大法官期间,他恢复了普通法与衡平法院之间的和谐关系,改革了衡平法院在程序上的一些问题,还兑现了自己快速处理案件的诺言,因此,培根在衡平法院留下了自己的印记,保障了衡平法院的自由发展。

随着衡平法的发展,它急需一些一流的法学家担任衡平法院大法官。而哈德威克就是最好的胜任者。作为18世纪最伟大的法学家,哈德威克在实体性原则和程序性规则方面对衡平法影响极大。在实体性原则方面,他在肯定"衡平法应遵从普通法的规定"的同时,不忘坚持衡平法可以修正并发展普通法规则——一个恰当的例子是"衡平性的毁损土地学说"的发展,此外,还通过判决确立一些衡平学说的基本原则,如通过与普通法中的财产权进行比较,界定了衡平法中财产权的性质和特点,确立了与衡平法中的"通知"

学说有关的许多规则。在程序性规则方面,他通过自己的勤勉和努力,极大地缓解了衡平法存在的一些弊端,如衡平法院的辩护程序繁杂冗长、不合情理,招募官员的方式仍旧是中世纪的等。另一位衡平法体系的推进者则是埃尔顿,他对衡平法制度做出了两个伟大的贡献:一是确立了衡平法中的很多重要原则,通过一个个判决,阐明了"法院应在何时帮助无偿取得者"规则、作为"债务人清偿债务次序学说"基础的原理等;二是最终理顺了衡平法与普通法的关系,将两者视为一种伙伴关系,这一伙伴关系建立在衡平法院的司法管辖权不同于普通法院的司法管辖权这一基础上,依据的是衡平法院的司法管辖权具有辅助性、并存性、专有性三个特点。

此外,针对英格兰法的现代化,作者指出,作为首位伟大的现代普通法学家,黑尔通过担任律师、法学家、政治思想家和法律经典著作家的不同角色,对普通法诸多部门产生了巨大影响,例如,他就支撑英格兰政府合法性的理论提出了明确的见解,清晰地描述了一些与普通法紧密相连的重要外部问题的发展历程,如普通法和制定法之间的区别等。而作为"现代衡平法之父"的诺丁汉,则通过判决修正了衡平法的一些特质,从而将衡平法及其与普通法的关系置于现代基础之上,如承认衡平法与普通法并非完全对立,而是相互补充的两种制度,衡平法并不意图摧毁普通法,而是完善普通法,这些理念为现代衡平法与普通法和谐发展提供了重要基础。作为历史学派的代表,梅因、梅特兰和波洛克的出现并非偶然,要想保持英格兰法的连续性,必须研究历史,确立一种历史传统,以确定处理案件的法律。让我们从三位学者的贡献中感受历史学派的魅力吧:梅因改变了法学家们的观点,理解法律与法律制度必须从历史的角度进行研究;梅特兰教会我们运用历史批判的方法研究法律，教导我们从与其他法律体系相互联系的角度看待自己的法律体系；波洛克倡导运用比较、历史的方法去研究法律。

作为全书的总结，作者对上述英国法塑造者们给出了总体评价：所有这些塑造者们要么通过判决，要么依靠著作，要么凭借理论观点，促使英国建构起了法律体系；随着时间的推移，英国法律体系重新构建实属必然，但是还有另外一个必然，那就是重建之时人们必然会求助于这些英国法塑造者的作品与判决。

该书之所以被誉为经典著作，笔者以为，经典就在于恢宏巨大，以跨越几百年的时间维度，详细阐述了普通法、衡平法的发展史，其恢宏在于所跨越的时间，巨大在于所阐明的内容；经典就在于淋漓极致，以法学家做出的贡献为主线，全面中带有重点，给我们的直观感受是表述清晰而又富有韵味；经典就在于寓意深刻，英国法律史与其说是法律的历史，不如说是"法律人的生命史"，英国的法学家们以生命捍卫着法律的尊严，推动着法律的前进。由此而言，该书值得每一个法律人仔细品读、耐心回味，为己所用。

20. 欧洲法律文化新画卷

——《新的欧洲法律文化》（增订版）*导读

较之于内国法律文化，在很大程度上，欧洲法律文化日趋呈现出更少的形式化、教义化以及实证主义的样态。可以说，正是这些彼此不同但却内在相连的发展趋势以及一般私法的欧洲化造就了新的欧洲法律文化。

——［荷］海塞林克

【作者、作品简介】

马丁·W.海塞林克是荷兰阿姆斯特丹大学欧洲私法讲席教授，阿姆斯特丹大学欧洲合同法研究中心主任，阿姆斯特丹上诉法院荣誉法官，欧洲民法典研究组、"欧洲私法社会正义研究组"以及"欧洲私法共同核心项目"重要成员，其多部论著先后被译成意大利、波兰、罗马尼亚等国文字，为当下欧洲私法与比较法研究领域的领军人物之一。

---

* ［荷］马丁·W.海塞林克：《新的欧洲法律文化》（增订版），魏磊杰、吴雅婷译，中国法制出版社2018年版。

本书是关于大陆法系研究的一部当代新著，以简练的文字叙述了欧洲法律文化的新趋势，提供了许多新的重要信息，包含了诸多颇具启发意义的洞见。可以说，本书与梅利曼的经典名著《大陆法系》前后衔接、珠联璧合。正如北京大学教授凌斌评价的那样，"这是一本已经经受了时间和市场双重考验的法学佳作，值得向每一位有意了解欧洲法律文化的读者推荐"。

【名句共赏】

在以法典为中心的法律体系中，对于立法者留下的抽象规则与具体个案之间的间隔，由法官与法律学者共同加以填补（具体化）。也即立法者（必然）提供抽象规则，法律学者则是阐释这些规则具体内涵的专家，而（受这些法律学者启发的）法官则在具体个案中确定这些内涵的具体意义。

——第一章，第 15 页

在 1987 年出版的一本名为《英美法中的形式与实质》的经典著作中，阿蒂亚与萨默斯得出这样的结论："抛却它们之间表面上的相似，美国法和英国法实质上存在着很大的不同：英国法律体系是高度'形式性'的，而美国法律体系则是高度'实质性'的。……在必须做出判决或采取其他法律行动之时，较之于形式推理，在美国法律体系中，实质推理获得了更为广泛的适用；而在英国，情形则恰恰相反。"

——第一章，第 26-27 页

在欧洲，教义式—系统化的法律方法并未被法律现实主义革命抛弃。要求改变的诉求在一定程度上被内化于整个法律体系，并被融入流行的法律方法之中。

——第三章，第 47 页

比较本质上便是通过开启阅读疆界之门，使司法推理脱离某些僵化概念的束缚。

——第四章，第 89 页

法律既需要实质内容也需要外在形式。有鉴于此，每一种法律体系都必须在形式与实质之间、在形式论据与实质论据之间实现其自身的平衡。……在实质与形式之间，在形式论据与实质论据之间如何找到一种令人满意的平衡，将是欧洲私法当前所面对的一个挑战。

——第五章，第 141 页

在德国，法学教授一直通过著作对法律的发展产生着重要影响，在法国，立法者依托民法典却掌握了更大的主动权；而在英国，法官则是借助判例法占据了主导地位而不必过多关注法律学者们的意见。

——第六章，第 149 页

法律方法的目标就在于使其不那么杂乱无序，如通过提出法律解释的标准、尝试分清法院适用现行法与创造新法之间的区别，以及当法律"穷尽"时告诉法院应当如何作为等。

——第六章，第 177 页

规范科学的方法必然建立在规范性的假设基础之上,但人们最终不太可能就这些假设达成一致。存在多少种看待世界的方式,就存在多少种法律方法。

——第六章,第 181 页

对"法律"的界定取决于作此界定的目的和语境。若法律被当作一种现象来研究,那么就需要一个实在性的界定。但是,若法律被当作一套从内部视角出发进行研究的有约束力的规范,那么就需要有一个规范性的界定。

——第六章,第 182 页

【作品点评】

欧洲法律文化新画卷[①]

所谓法律文化,是指"凝结"在法律制度中的"法律传统"和"文化因素"(H.W. 埃尔曼语)。在众多法律文化中,西方法律文化一直占有优势地位。如果要论及西方法律文化的渊源,其根基无疑在欧洲。因此,一览欧洲法律文化的发展演变,无疑是研究西方法律文化的重点。荷兰阿姆斯特丹大学教授马丁·W. 海塞林克所著的《新的欧洲法律文化》一书即是以简练的文字描述了欧洲法律文化的传统与未来,是一本了解欧洲法律文化的法学佳作。

传统欧洲法律文化是什么?作者认为,这一文化的重要特点

---
① 原载《检察日报》2019 年 11 月 1 日。

是：法律文化的内国性、内在的视角、系统化的思维方法、抽象规则与抽象概念的使用、演绎型的思维方式、对客观性追寻以及对法律文本的倾向性。为此，作者作了如下例证：作为法律产生的主要来源，立法者在私法领域创制的主要产品即民法典，究其原因，民法典被认为可以处理私法上的所有争议，可以为每一个法律问题提供唯一正确答案，被视为法律推理的起点；基于自身角色的不确定和含混状态，法院作出判决所提供的理由很形式化，很少提供实质性的论证，在大众眼里，法官也仅仅是追求客观性的专家而已；在实证主义式教育的主导下，学生们最重要的任务是了解本国法律体系，至于对法律如何运用，尤其是了解书本中的法律与具体实践中的法律有何冲突，很少触及。

相比之下，美国法律文化却呈现出另外一番情景。在20世纪20—30年代，受实用主义哲学的影响，"对形式主义反抗"的法律现实主义在美国悄然兴起：推崇事实怀疑主义，崇尚实用的功能性研究方法，着眼于运动中的法律而非文本上的法律，怀疑法律的确定性，并进而对法律实务中的纠纷解决产生浓厚兴趣。不仅如此，这场反抗法律形式主义的运动并不局限于法律领域，"对于欧洲人而言，当打开一本美国的法律杂志之时，一种典型的第一反应就是：杂志几乎没有包含一篇关于'法律'的文章"。自此，美国的法律方法渐趋远离教义主义样态。

我们不禁要问：这种发源于欧洲的法律现实主义，为何却在欧洲未能获得胜利呢？自1910年起，荷兰的海曼斯教授、德国以埃利希为代表的"自由法学"、法国的"自由的科学探索学派"等均对形式主义、教义主义、概念主义提出了挑战和抨击，然而令人意外的是，"虽然在今日之美国，那些法律现实主义者皆被视为英雄；但在欧洲，他们同行中的绝大多数已被长久地遗忘，即使最好的一些亦大体被视作法学史上的怪人"。究其原因，作者认为，教义式—系统化的法律方法并未被法律现实主义革命所抛弃，"要求改变的诉求在一定程度上被内化于整个法律体系，并被融入流行的法律方法之中"。比如，19世纪的一些私法制度，诸如合同自由、所有权绝对以及过错责任并未被彻底抛弃，如何弥补这些制度的消极效应，立法者采取的方法是引入一些新制度，如权利滥用、诚信、严格责任以及不当得利等制度，由此在一定程度上消解了私法体系所承受的压力。因此，可以断言，与其说在欧洲发生的是一场反抗法律形式主义的运动，倒不如说是一次渐进的改革。

那么，欧洲法律文化的未来在哪里呢？作者给出的答案是，伴随着逐渐形成的新的欧洲私法，一种新的欧洲法律文化也正在形成。这种文化相比欧洲内国法律文化而言，将呈现出更少的形式主义和教义主义，而更为偏重实质性和实用性。为此，作者展开了以下论证。

第一，具有破坏性的欧盟指令。作为协调欧洲诸国立法工具的欧盟指令，对欧洲私法产生的影响最大，它的出现给欧洲带来了一种新的私法方法。一是传统意义上的私法被视为相对独立于政治，然而，随着欧盟指令的出现，欧洲私法明显地成为一种旨在实现政治、社会、经济以及其他目标的工具。比如，在债法领域，随着欧盟指令转化为内国法后，原有的内国私法内在协调一致的状况被打破，于是，必须采取一种新的私法方法，那就是根据欧盟指令所承载的实质性目的去解释债法，而非关注被用来实施这些指令的形式化概念。二是功能主义方法要求欧盟仅关注某些其认为具有经济、社会以及政治意义的法律的具体改变，而对指令涉及的内国法律体系的其他部分并不关注,这就导致内国法律体系内部的法律冲突。比如,欧盟消费者保护法要求对消费者提供更好的保护,但内国法律却不可能根据民事主体的不同身份而在立法上有所区别对待,这样,"基于欧盟指令的引入而造成的精神分裂式的合同法规范已在多个欧洲国家造成了困惑"。三是实践中一些欧盟指令规定得非常具体,以至于几乎未给内国立法者留下任何制定新立法的选择余地,此外,这些指令往往包含某些具体的法律概念,而这些概念与内国法律体系并不契合,这种"法律刺激物"显然对内国法律体系协调一致产生了一种破坏性效力。四是欧盟指令即使转化为内国法律后,这种干扰依然存在,因为这些新的规则始终与欧盟法的指令紧密相连,直接导致内国法律目标与欧盟法律目标之间产生持续摩擦。据此,作者的总结是,旨在协调立法的欧盟指令,事实上在一些方面对内国法律体系的协调性构成了威胁,于此,将不可避免地放弃对于维持内国法律体系内在协调一致的某些期望,转向对欧盟指令所关注的"宪法化"的实质性考量。

第二,欧洲法院呈现实用主义风格。在欧洲私法新一轮的发展过程中,欧洲法院逐渐采取了一种实用主义的、以结果为导向的、功能性的法律方法。作者以"海洋出版集团案"为例,指出欧洲法院允许西班牙法院自行对消费者合同中的管辖权条款作出裁决,即体现了这一风格。

第三,比较法的作用凸显。由于"比较本质上便是通过开启阅读疆界之门,使司法推理脱离某些僵化概念的束缚",因此,比较法被证明是对抗实证主义和教义主义私法方法的有力武器。作者进一步指出了其中的缘由:"比较法促使我们对本国的实证法采用一种外在视角,并将其视为一种可能的解决方法而不再视作绝对的

（唯一）真理。"随之而来的是功能性方法逐渐改变着人们看待法律的方式，进而改变法律本身。因为这种方法"旨在确定不同法律体系针对相同法律问题而提出的实质性解决方法"。

第四，跨学科的研究方法日渐勃兴。欧洲并不存在统一私法，故打破学科之间的壁垒已成必然。以法律经济学为例，"它是一种明显与实证无涉的研究方法，能够被方便地应用于对某一法律体系的任何地方性变种进行分析"。因此它正日趋扮演越来越重要的角色。

第五，软法取得成功。软法的成功，可以被视为欧洲私法从形式向实质转变的又一个例子。效仿美国法律重述，一些非官方性质的编纂委员会草拟了各种各样的法律通则。以《欧洲合同法通则》为例，其采用较少的抽象化概念，样式也并不严谨，因为"它的成功完全建立在其实质上的质量与权威之上"，而这也与那种坚信内在协调一致的教义学形成了鲜明对比。此外，法律程序的非形式化、私法分解成诸多功能性法律领域、美国法律文化融入欧洲等因素也推动了欧洲法律文化更少教义和更少实证主义的倾向。

经过以上分析，作者的论证终于达到了终点，为我们描绘了其心目中的新的欧洲法律文化：欧洲正在面对私法方法从较为形式化、教义化、实证主义朝向一种更以实质结果为导向的实用主义方法转变；面对私法的大规模转型，较之于内国法律文化，欧洲法律文化日趋呈现出更少的形式化、教义化以及实证主义的样态。可以说，"正是这些彼此不同但却内在相连的发展趋势以及一般私法的欧洲化造就了新的欧洲法律文化"。面向未来，欧洲私法面临着如何让法律成为一门科学、如何构建一种统一的欧洲法律方法、是否需要欧洲正义理论的融入等实践性难题，就此而言，新的欧洲法律文化发展依然任重而道远。"渐趋完善"是法律的常见态势，"完美"

只是一种梦想。任何一种法律体系的改造、任何一个国家的法律进步与成就都应该纳入我们的视野,闭门造车、自说自话式的法律改革傲娇之下贻害无穷。

如果说梅利曼的经典名著《大陆法系》是对"二战"前两百年欧陆法文化的精致描绘,那么本书则系统研究了"二战"后至今的欧陆法文化变迁过程,两者共同构成了欧陆法过去与现在的完整拼图。该书的杰出之处,不仅在于以短小篇幅描述欧陆法文化数百年的变迁史,堪称驭繁为简的典范之作;而且在于面对欧洲一体化、法律全球化背景,深入浅出地刻画了欧陆法文化的新趋势,笔触灵动,洞见深刻,思想悠远,令人回味;更在于富于启发,在我国全面依法治国进程中,如何在法律的形式主义与实质主义之中求得平衡,如何在规则正义与功能正义之中达成妥协,始终是我们无法回避的问题。

21. 温故1066：普通法诞生的"三驾马车"

——《英国普通法的诞生》* 导读

> 已经成为英国生活真正标志的普通法起初根本不是英国的，它是一种由具有欧洲大陆血统的国王和法官发展成为英国制度的欧洲大陆封建法。几代人之后，这一外来的革新披上了一层彻底本土的保护色，但透过这层薄纱指出普通法的真正起源则是历史学家们的责任。
>
> ——［比］卡尔冈

【作者、作品简介】

R.C. 范·卡内冈是比利时根特大学中世纪史与法律史领域的知名学者，曾投身于著名的英国法律史学者普拉内克教授门下，并在剑桥这一梅特兰曾经执教过的大学做过访问研究员。主要著作有：《私法的历史导论》《西方宪法的历史导论》《欧洲法：过去与未来——两千年来的统一性与多样性》《英国普通法的诞生》等。

英美的独特文化导致了今天我们对于普通法有一种非同寻常的热情和兴趣，不必说具体的部门法规则，单是时下里进行得如火如

---

* ［比］R.C.范·卡内冈：《英国普通法的诞生》，李红海译，商务印书馆2018年版。

茶的司法改革，几乎就已经到了"言必称英美"的地步。正如译者在《普通法的历史解读》一书序言中所强调的那样，由于普通法自身形成过程的特殊性，我们对于它的理解最好从历史的角度着手，尤其是它形成阶段的历史，而《英国普通法的诞生》正是一本有关此主题的经典著作。可以说，普通法在其形成阶段，王室司法机构及相应的令状制、陪审制这三者的确立起到了重要作用，本书正是围绕这三者依次展开的。在第一章中，作者讨论了后来作为普通法"创造者"的王室法庭的兴起，第二章和第三章分别讨论了令状制和陪审制，最后一章则分析了英格兰在12世纪为什么没有像欧洲大陆那样延续日耳曼繁杂的习惯法传统以及复兴罗马法，而是发展出独特的普通法。

【名句共赏】

历史学家不得不面对卷帙浩繁的特许状（charters），它们或以原始样本得以保存，或已被装订成卷，亨利八世的旨意使得这些特许状遍布全国，而那些具有司法意义的文件则寥若晨星，淹没在了这些枯燥乏味的封赠协议的海洋中。

——第一章，第20页

鉴于普通法曾经是，并且今天在很大程度上（如果说这种程度在不断降低的话）依然是"法官造法"，司法组织的历史对于我们主题的重要性就很容易理解了。

——第一章，第35页

那些找不到合适的法院，或无法获得判决，或判决无法得到执行，甚至是尚未尝试普通司法途径的原告们，在不知所措之余，纷纷竭力通过将自己的案件提交到国王面前以求获得救济。这些都可以通过王室的命令，凭借王权的威力，使正义迅速得到实现：或者是直接要求补偿，或者要求在王室法庭举行全席听审，或者指令地方法院审理。

——第一章，第 43 页

这一在 12 世纪相当普遍的做法将两方的优势结合了起来：一方是知晓地方情况的当地民众进行的审查和听审，另一方却并非普通的地方的法官，而是携教皇权威之重并将适用最佳程序的法官所进行的调查和判决。

——第一章，第 51-52 页

通过将争讼提交一个专业团体解决，国王就创设了这样一种制度：依据事物发展的规律，这种制度要发展出它自己的特点和传统，并准备避开王室的监管，它是作为"习惯与正义"的守护者来反对"恣意与武力"的，哪怕后者来自于国王。

——第一章，第 53 页

普通法就根源于这些毫无关联或关联极微弱的救济、诉讼程序和诉讼开始令，而这一切又是为了保护各种利益，以及为矫正那些最困扰社会、最值得注意的各种非法行为而设计的。

——第二章，第 64 页

21. 温故1066：普通法诞生的"三驾马车"

　　传统法庭的悲惨境况，及对比鲜明的国王权力和荣耀，连同诺曼的强制，共同解释了民众为什么宁愿诉诸王室强力也不去寻求司法判决，为什么选择王室法律而不是传统的习俗。

——第二章，第65页

　　王室意志及其高压统治是历史上普通法诉讼的主要动力源泉，这也解释了后来其民事诉讼为什么也带有明显警察色彩的原因所在：王室法官所至，不仅是刑事诉讼中会处以大量罚金，而且民众还会被频繁地要求前来说明他们为什么为某种行为或拒绝为某种行为，并经常因各种各样的违法事由而被处罚。

——第二章，第96页

　　举证问题在任何时候、任何地点显然都是非常关键的，因为如果没有足够的证据，最有把握的案件也会败诉。但不幸的是，它又经常给我们的头脑带来困惑。因为人们的知识是如此地不完备，记忆是如此地不可靠，许多证人又是如此地不善表达或其表达又是如此地矛盾，以至于法庭即使有最先进的科技手段支持，也难免不知所措或者是犯下严重错误。

——第三章，第104页

　　陪审这一最正宗英国式的、已被时间神化了的自由的堡垒（palladium of freedom）被追溯为王室进行财政调查的工具，它由诺曼征服者从法国引入。于是，陪审被视为起源于欧洲大陆的一种极具权威性且并不广为使用的行政调查手段，源于专制，而且主要用于财政目的，后重又通过王室决定扩展到某些特定种类的诉讼，并最终适用于一切自由民。

——第三章，第119页

几乎不用怀疑,在普通法之下生活几个世纪一定会产生一种"盎格鲁-撒克逊的气质"。事实上,英格兰可以被视为法律制度在型塑民族性格方面颇为重要的教科书式的范例。

——第四章,第138页

英国法将先例视为判决的基础,经验性地从一个案件到另一个案件,从一个事实到另一个事实;大陆法则倾向于进行理论性的演绎推理,将判决建立在抽象的原则基础之上。因此,大陆法更为概念化、学术化,更多使用概念、定义、特征等加以运行,换言之,它是由中世纪大学中的罗马法型塑而成的。

——第四章,第140页

普通法被嵌入了其自身的技术、实践和制度中,已经创制了它自己的框架,并产生了一种技术性很强、具有相当复杂性和精确性的术语,能够持续许多世纪,从而构成对罗马法影响的一道屏障。

——第四章,第146页

然而必须承认的是,某些因素则来自于别的地方:"英国法像一条河,随着岁月的流逝,河床渐宽渐深,时而有支流加入进来。首先流入的是普通法的源泉,但衡平法的清泉和商人法、教会法的泉眼增加了当时的流量,而在这河流的浪尖之上航行着的却是英格兰的灵魂之船。"

——第四章,第155页

【作品点评】

温故 1066：普通法诞生的"三驾马车"[①]

1066 年发生的诺曼征服对于英国而言，绝对算得上是一件影响深远的大事件。因为诺曼征服带来的直接后果是诺曼统治，两个民族、两种传统融合成就了一个既非盎格鲁－撒克逊亦非诺曼的英国，这样的英国无论在语言、军事制度等方面，还是在封建制度的诸多方面，都发生了很大变化。尤其封建制度是"封建主义与征服者威廉从忏悔者爱德华那里继承来的非封建的集权体制联姻的结果"，诺曼封建头领与盎格鲁－撒克逊国王的"联姻"，就是两个民族融合的最显著的标志，它使得英国的王位成为欧洲一道亮丽的风景，从而造就了英国国王既是涂了圣油的集权者，又是受人尊重且让人敬而远之的高贵身份，为此后王室法庭的权威奠定了基础。

放眼世界，普通法系可谓是世界法律体系中极其重要的一支力量，其独特的文化背景、复杂的历史渊源、特殊的形成过程等因素融合在一起，造就了一系列迷人的法律魅影，使得法律人投以异乎寻常的关注。比利时知名学者 R.C. 范·卡内冈教授所著的《英国普通法的诞生》，以清晰明了的语言讲述了普通法是如何形成的，为什么英国法在 12 世纪会与西欧大陆的法律分道扬镳，被译者称为普通法璀璨园林中的一本经典之作。作者认为，普通法的形成与王室司法机构及相应的令状制、陪审制这三者的确立密不可分。

作者之所以要重点讨论王室法庭，是因为王室法庭之于普通法，很大程度上类似于议会之于大陆法；如果说议会创制了大陆

[①] 原载《检察日报》2020 年 3 月 13 日。

法，那么普通法就是英格兰的王室法庭造就的。可见，王室法庭对于普通法的重要性。

所谓王室法庭，其实就是国王这个最大的领主所开设的法庭，鉴于王室法庭体现的是国王的中央集权体制，因此，它有一个便利条件，那就是可以为全体英格兰普通自由民众提供一个一审法庭，"它为全国创设了一个大的初审法庭"。这个初审法庭包括两个部分：一部分是固定在威斯敏斯特的中央王室法庭，包括皇家民事法庭、财税法庭和王座法庭；另一部分是各式各样的巡回法庭。如果说中央王室法庭免去了民众追逐国王以求王室救济之辛劳的话，那么巡回法庭则是将国王的恩泽送到了千家万户。

从普通法的发展历史看，王室法庭对于普通法之形成意义重大：统一的王室法庭为法律的统一提供了保障；巡回法庭为王室法官接触、了解地方习惯法提供了机会；王室法庭将正义运送到了普通自由民的家门口。正如作者所说的那样，普通法开始从专属于一个阶层的法律变成了属于全体自由民的法律，而这一切正是由王室法庭完成的。当然，王室法庭对于地方法庭的统一控制不仅经历了漫长的过程，而且其胜利在很大程度上是靠竞争赢得的，如通过不断优化法庭性能，提高其竞争力，将原本属于其他法庭的案件吸引到王室法庭来，最终取而代之成为主流。所以，对于王室法庭的胜利，一方面有其先天优势，即利用国王的集权体制，但更重要的是，依靠自身努力去赢得当事人的信任。

笔者以为，这里体现的是普通法的一个理念：并不主动为当事人设立行为模式，而是允许当事人自行选择，仅在纠纷发生后裁决哪方的行为违反了公众所认可的基本信条。由此可知，普通法自始至终恪守解决具体争议这一基本理念，而这就是普通法之所以经久

21. 温故1066：普通法诞生的"三驾马车"

不衰的力量所在。

令状的出现，是基于普通法的固有观念：没有令状就没有权利。因为普通法是从提供司法救济入手的，体现的是司法中心主义理念，当事人要想在王室法庭进行诉讼，必须有令状，否则得不到王室的救济。普通法的令状分为起始令状和司法令状，前者由王室文秘署负责签发，用于启动司法程序，指明了诉讼请求的性质、双方当事人的姓名、双方争执的标的，以及其他涉及传讯、陪审团召集等问题的内容，后者则由法庭签发，涉及诉讼的其他步骤和措施。

由于通往王室法庭的诉讼程式各不相同，因此，每一种程式都决定了一种独特的诉讼程序，因而也需要不同的令状，可见，令状会随时发生变化，而且种类繁多。为此，作者考察了一些早期令状，如以四个小巡回审诉讼令为基础的普通法令状，包括新近侵占诉讼令、收回继承地令状、地产性质诉讼令、"最终圣职推荐"令等。以新近侵占诉讼令为例，既可以用来表示原告通过获取新近侵占令状而开始的这一诉讼本身，还可以指确立对新近的侵害行为进行系统指控，并最终导致私人也可以提起新近侵占诉讼的那一王室立法。

占有诉讼令状、指令令状、侵权令状构成了在王室法庭启动诉讼的三大类回呈令状。以指令令状为例，其救济实质上是在王室行政干预之外披上了一层司法保障的外衣：既考虑到严肃的司法调查，又不失王室干预的真正优势。从这一代表普通法特色的制度发展历程看，"是亨利二世通过自己的才能，运用他的回呈令状及他精心建立的中央法官群体，连同他那伟大的首席政法官拉努尔夫·德·格兰威尔一道，共同启动了创制英国普通法的永不停歇的历史车轮"。而这一切无疑来源于专业王室法官的品质，以及12世纪初所进行的那些法律文献的编纂。

举证问题在任何时候、任何地点都非常关键，因为如果缺乏足够的证据，即使最有把握的案件都会败诉。与此同时，由于人们知识的不完备、记忆的不可靠、证人不善表达或表达矛盾等因素，导致法庭经常不知所措或犯下严重错误。而陪审制作为一种理性进路，促使法庭通过人类智识所能运用的各种探求和推理的方式来揭开谜底，同时构建起实体基础：法官引导审判进程，并最终作出判决；陪审团对关键的正当与非正当、罪与非罪的问题作出裁断。因而相比非理性的神明裁判、司法决斗等证据制度而言，陪审制具有先进性。

英格兰的陪审制不仅扩展了普通法的适用范围，而且因其广为人知、比神明裁判等制度更可靠、更理性等因素，导致其成为普通法的核心。不得不提及的是，在陪审制的发展脉络中，亨利二世的革新至关重要：基于王室权威所进行的陪审查证被赋予确定和统一的模式，从此它们总是在王室法官面前进行，改变了陪审团在地方法庭或法庭之外地方性地召集，使得陪审制更加具有公信力；将王室宣誓调查制度的适用范围扩大至普通自由民原告和涉及土地保有诉讼中的所有被告。上述革新确保了陪审制的先进性，也进一步巩固了其在证据制度中的地位。

陪审制之所以能成为普通法的核心，是因为它契合了普通法维护公平与正义的这一理念，正如作者所说的："陪审诉讼比决斗更能体现正义，决斗是基于一个证人的证言而战，而陪审则需要十二个人的宣誓。"就此而言，陪审也是抵御非正义的堡垒和与自由民相称的一种制度。笔者以为，任何制度要想具有生命力，必须与社会现实相适应，能解决社会问题，助力社会治理，否则必将被新的制度所取代。

作为总结，作者向我们阐明了英国法与大陆法在 12 世纪的分野，以此表明普通法的形成绝非偶然：当罗马法复兴的浪潮波及英格兰时，"普通法已经创制了它自己的框架，并产生了一种技术性很强、具有相当复杂性和精确性的术语，能够持续许多世纪，从而构成了对罗马法影响的一道屏障"。如果非要进一步追问究竟是谁与谁步调不一致，是英格兰与欧洲大陆，还是欧洲大陆与英格兰？作者的回答是：普通法是一种具有欧洲大陆血统的国王与法官发展成为英国制度的欧洲大陆封建法，即普通法是外来的革新披上了一层彻底本土的保护色，"但透过这层薄纱指出普通法的真正起源则是历史学家们的责任"。

普通法源于生活，起于司法，实践理性才是普通法的生命力之所在。相比大陆法系推崇的抽象理性，实践理性更加重视纠纷解决、个案处理，更加重视司法技艺、司法经验，它的理性存在一个个案件之中。这种特质注定了普通法绝不是脱离群众的"高山流水"，相反却是最贴近寻常百姓的东西；注定了普通法绝不是难以捉摸的高超理论，相反却是司法实践的大师；注定了普通法的精髓绝不是判例的简单演变，相反却是判例所承载的法律理念与时俱进；注定了普通法绝不是个案的单纯司法处理，相反却是发挥司法在案结事、社会治理方面的作用。

在推进法治中国进程中，普通法的上述特点都值得我们借鉴和参考。对于普通法的关注不应该只是一个经院派学究的问题，更多应该在学以致用上下功夫，从普通法的治理之术中，找寻可以为我们所用的社会治理良方和智慧。笔者以为，这或许才是我们学习普通法的真正意义所在。

22. 法律文化的渊源
——《比较法律文化》*导读

> 法律乃是改革的主要力量,是解决冲突的首要渠道。
>
> ——[美]埃尔曼

【作者、作品简介】

H.W. 埃尔曼(1918—1995)是美国知名学者,曾任教于新罕布什尔州的达特茅斯学院政治学系,1995 年辞世,享年 77 岁。主要著作有:《比较法律文化》《法国的组织化活动》《欧陆四国的利益集团》《变化社会中的民主》《法国政治》等。

本书是埃尔曼的代表作,也是英语世界里为数不多的比较法律文化的学术专著。本书的内容包括法律文化的概念、法律的渊源、法律的目的、法律职业者、法律的方法与手段以及法律限度等。作者从法学、文化学和政治学结合的角度,对法律文化进行了比较分析,其中含有许多独到的见解。可以说,作者在极其广泛的背景之

---

* [美]H.W. 埃尔曼:《比较法律文化》,贺卫方、高鸿钧译,清华大学出版社 2002 年版。

下对法律文化所涉及的各方面进行扎实、深入、具体的探讨，显示了他在法理学、法哲学、政治学、社会学等方面深厚的造诣。

【名句共赏】

在通过社会制度显示出的漫长演变过程中，法律制度逐步克服其分散性，直到这个发展阶段的末尾，统一、一致与普遍被看成是近代法律文化的典型特征。

——第一章，第 3 页

文化产生于人类的协作，同时它也使人类的协作成为可能。它赋予人以比解剖学更多的内涵。但是，为使得人们能够在社会中生活，文化要付出代价维护某种统一性；它强制社会成员履行规定的义务。

——第一章，第 10 页

与道德比起来，法律具有更为确定的结构。像语言一样，它作为一组符号而存在，借此文化模式得以传递。同时，法律规则也像语言那样表达了人类社会的一个特定群体内的共同特点，这群体可以等同于一个民族国家，也可能大于或小于后者。

——第一章，第 11 页

如果说普通法乃是法律界精英的产物，其内聚力是以一种分散方式维持的话，立法却是由一个最高权力之下的决策中心创制和强加的，这种最高权力可以是一个专制君主、一个诸侯、一个政治局、一个官僚统治集团或者一个立法会议。

——第二章，第 37 页

法律在表面上没有政治色彩使它们可以为不同政体所用，但是只有当社会精英们一致认为法典对于建立规范与制度大有裨益的时候，它们的效力才有保证。

——第二章，第 40 页

如果法律不能提供稳定性和一定程度的确定性，那么结果必将导致而不是抑制混乱。这便是以其正义意识和对社会功利的关注而著名的法官布兰代斯说以下话的原因："法律规则的确定常常比正确地确定来得更为重要。"

——第三章，第 53 页

权利和义务可以用自然法的语言来表述，也可以用功利主义的方式叙述。但是在西方制度中，它们总是构成法典的首要篇章或形成其判决的范畴。

——第三章，第 55 页

在现代社会中，契约法（它最早发展于后期的罗马法）已经成为法律发展的基本机制，因为它对于个人来说实在是法律的一种渊源。当《法国民法典》声称，"依法订立的契约……对于缔约人具有法律效力"的时候，它便对这一事实下了一个最经典性的定义。

——第三章，第 59 页

如果司法过程不能以某种方式避开社会中行政机构或其他当权者的摆布，一切现代的法律制度都不能实现它的法定职能，也无法促成所期望的必要的安全与稳定。这种要求通常被概括为司法独立原则。

——第四章，第 113 页

22. 法律文化的渊源

　　法律思想和法律生活正在程序所铺设的轨道上移动，其中许多程序或多或少是从遥远的过去继承而来。"无论何时"，奥利佛·温德尔·霍姆斯于1881年写道，"只要我们就实体法的主要学说溯及遥远的过去，我们都可能在其源头发现一些忘却了的程序环境。"

——第五章，第141页

　　文官的习惯心理，久已在大陆法官中流行，这种心理只希望无论如何保持作为忠实"喉舌"的外观，而几乎不愿比这做得更多。普通法制度则不然，在那里，案件和法官是社会法律生活的中心；在那里，"法官是主人公，他的意见是武器"；法官受到鼓励和刺激以他的大陆同僚们所未曾获取的方式在法律中留下他的印记。

——第六章，第174页

　　大陆法系的法官不能创制有拘束力的先例，只能判决所受理的案件，他们通常通过指出这一事实，而将他们对于从事冗长论证的不情愿合理化。……他们的简洁性和形式主义的风格意在隐藏一种恐惧，即害怕过于详尽可能有碍于审慎周到和严守秘密，而审慎周到和严守秘密正是专家权力的要素。

——第六章，第198页

　　为了取得适用上的一致性，现代法律必须在整个领土管辖范围内均具有效力，而不是因人的身份而有所差异。据此，权利、义务和制裁必须出自诸如契约、侵权行为或犯罪这类交易和行为，而不是人们在社会中的地位。

——第七章，第243页

无论在什么地方,"对于人类为了文明生存而进行的越来越迫切而危险的拼争来说,法律家在复杂的社会工程中的积极和启蒙性的作用,都是不可或缺和至为关键的环节。"

——第七章,第246页

【作品点评】

法律文化的渊源[①]

从英美法系和大陆法系的司法实践中可以充分证实,一个国家法律制度的发展与其本国法律文化有着密切联系。那么,何谓法律文化?不同国家的法律文化有何异同?带着这些问题,我们不妨去仔细阅读美国学者H.W.埃尔曼所著的《比较法律文化》一书,作者独到的见解、优美的语言、渊博的学识,都足以说明该书是一本了解法律文化的佳作。

作者认为,文化产生于人类的协作,同时它也使人类的协作成为可能。同时,"作为一种对社会生活的构想,文化对生活于其中的个体的行为起到潜在的和实际的引导作用"。以法律规则为例,即使具体法律规则已经形成,它们仍然会继续从其他文化因素,以及从生活本身吸收新的成分,形成它们新的内容和形式,从而指引人们的生活。因此,法律规则实际上是社会成员思想和行为的具体表达,是特定群体共同特点的反映。由此,作者将法律文化定义为:"凝结"在法律制度中的法律传统和文化因素。谈及法律文化的分

[①] 原载《检察日报》2019年2月1日。

类，作者认为，所有比较都开始于分类，区分各种法律文化的各"家族"实际上是可能的，这些法律文化在长期的同化过程和习惯、技术与心理的缓慢增加普遍性的过程中得以存活下来。循着这一思路，作者将法律文化族类分为：罗马—日耳曼法系、普通法法系、社会主义法系、非西方法系。

为达到比较分析的目的，作者以上述四种法系为视域，选取以下四个方面作为比较视角，展开了具体分析。

法律的渊源。所谓法律渊源是指，一旦社会中出现区别性的法律义务，法律规范所据以形成的材料。一是习惯与判例。在普通法系国家，习惯与法院判决过去是、现在仍然是最基本的法律渊源，而在普通法以外的地区，习惯往往被当作一种古代遗产，迟早都要让位于更为现代的方式。二是立法与法典编纂。直到今天，包括普通法系国家在内的所有法律制度都将立法作为其法律生活的主要基础，只是效力有所不同：大陆法系中以法国民法典、德国民法典为代表的法典成为最重要的法律渊源；而在普通法系，法典编纂只是对法律的汇编整理，并不具有约束力。三是衡平法。作为一种例外救济的程序，衡平法逐渐制度化，体现了普通法的二元主义。四是次要渊源。比如法律著作论文以及法学家的评论等，这些在大陆法系国家被视为一种法律渊源，但是在普通法系却很难被承认。

法律的目的。由于法律既是社会变革的工具，又是社会中发生的这种变革的对象，所以法律的目的很少能够长期仅仅与某一种价值同一。不同时期里，我们必须面对如庞德所说的"在法律史中似乎是没有正义的法律与依照法律的正义之间的持续不断的来回运动"。一是权利与义务。在所有的法律制度中，都存在权利与义务。尽管出发点不同，但是普通法系与大陆法系仍在彼此接近，因为它们都要适应高度发达的工业国家的需要。比如，契约法已成为现代社会法律发展的基本机制；现今的大多数法律制度都在试图对不受约束的个人主义表现加以控制等。二是法治的含义。虽说法治是一个广泛使用的术语，但同时其含义也常常变动不居。其多种含义中的一个共同标准包含禁止政府的独断专横和公民与国家关系中"合理性"的高度保障等。三是合法性。通过法律手段行使权利必须被确认为合法，否则它将难以完成社会赋予它的职能。无论对于具体的法律规则，还是整个法律制度，合法性均有助于消除疑虑，促进接受。但是，对于合法性的确认，存在较多问题，比如在很多情况下，一国历史上为确认某个新法律而进行的斗争会成为一次重大事件。这就导致存在于所有社会的实效法律与书面法律之间的距离将会愈来愈大，此时需要设置不同的协调机构，比如非职业人员参与司法与设置新的控诉程序。

法律职业者。法律专家是随着社会日益复杂和法律规范日益抽象性、普遍性的情形而出现的。这些法律职业者包括法官和治安官、代理人、法律顾问、法律学者以及受雇于政府机构或私人企业的法律职业者。当然，在现代各国，这些法律职业者在一些方面很不相同。其一，分工不同。以律师为例，英国的律师分为出庭律师和事务律师，美国的律师却既为案件做准备，又代理当事人出庭。再以法学教授为例，相比德国法律教授的声望远高于其他法律职业者，英国的法学家却从未发挥学术论著被援引的类似重要作用。其二，法律训练方面，英国对于高层次法律专家，即出庭律师的教育是一种实践的、实质上非学术化的训练，当然随着时间的推移，训练方式上，之前的学徒制度逐渐被法学院取代；美国的法学院享有高度的自治权，另外由哈佛大学首创的人文科学教育优于法律教育、判例教学法得到推广。在大陆法系国家,法国之前是通过国家行政学院的特别训练来培养法律职业者,战后创建了国家司法官学院;日本模仿法国范例设立特别的司法研修所取得了较大成功。其三,司法选任方面,法官的选任最为关键,存在以下三种方式:由政治行政长官选择,如英国以及美国全部联邦法官和少数州法官的选任;由公民直接或间接选举,如前苏联、美国大多数州以及瑞士许多法官的选任;通过类似职业文官的方式选出,这是大陆欧洲和其他大陆法国家所有法官选任的基础。

法律的方法与手段。一是解决冲突的方法。主要有两种:当事人协商,交付裁决。由于历史经验和文化差异的原因,交付裁决可以分为交付正规法院和另一种裁决机构。二是司法程序的方案。以刑事程序为例,大陆法系采用纠问制诉讼,而普通法系采用对抗制诉讼,相比而言,大陆法系国家的刑事诉讼程序更易准确区分有罪和无罪的界限。三是司法判决的制作。司法职业的不同传统,造就了两大法系不同的司法判决制作方式以及制作风格:大陆法系坚信制作司法判决的机械性质,普通法系则喜好创制法律;制作风格上,英美的判决是冗长的,东拉西扯的;大陆法系和社会主义国家法院的判决则一般较为简洁。四是司法判决的选择。对于调解和仲裁,在受到佛教和儒家传统力量影响的日本、韩国、泰国、印度等地,尤受欢迎。在西方,法庭外解决争议也逐渐成为经常。在解决公民与公共权力机构之间的争议方面,就欧洲国家而言,法国的参政院和其管辖范围下的行政法院备受推崇,而在英国,行政裁判所取得司法权被认为是宪法生活中一个令人瞩目的发展。此外,近年来发展起来的议会监察专员制度逐渐兴起。

正如有学者指出,"无论立法者多么高明,也不能网罗一切问题"。因此，法律的影响力和辐射力具有一定的限度。关于法律的限度，一是法院的影响方面，以执行法庭裁决为例，最为重要的是判决本身涉及的经济、社会和政治条件，除此之外，各国都会遇到诸如言论自由、刑事审判、立法区域划分及分配等问题。至于法律在社会中究竟有何实际效力，还需进一步研究。二是法院与政治的关系方面，虽然法院在制定政策方面发挥着作用，但是以美国为例，法院一般不决定所谓的"政治问题"，也不强制推行与政府相对立的政策。当然，尽管在特殊时期法院被要求发挥积极作用，如消灭反抗统治者，但是司法机构终究不是统治者，"虽然司法机构必须在某种方式上调整其判决，使之适合于政治局势的需要，但它并没有完全放弃它的传统作用"。三是司法审查方面，作为一种能够对法律与政治之间相互作用给予清晰说明的实践，司法审查在世界上差不多一半国家得到了实践，不过在采用形式、效力范围等方面有所不同：美国以司法审查来确保司法独立及其权威；英国虽然没有采用司法审查，却以习惯和惯例形成拘束力的宪法来作为衡量立法或行政行为"合宪性"的标尺；日本、意大利等国对司法审查有所节制，授权范围较小；法国设立宪法委员会以审查现行立法等。四是法律现代化的一个重要标志是，现代法律表现在整个领土管辖范围内具有效力，而不是因人的身份而有所差异；法律家将扮演正义和合法权利保护者的特殊角色，作者总结道："对于人类为了文明生存而进行的越来越迫切而危险的拼争来说，法律家在复杂的社会工程中的积极和启蒙性的作用，都是不可或缺和至为关键的环节。"

对于法律文化的理解，可谓是众说纷纭。作为英语世界比较权威的比较法律文化学术专著，作者对法律文化提出了许多独特的见解，比如：统一、一致与普遍是近代法律文化的典型特征，诉讼是法律文化中一般社会化的重要体现，普通法系中案件和法官是社会法律生活的中心等，引人启迪，发人深思。读罢此书，有两点值得肯定：一是作者运用比较的方法，对法律文化的不同层面展开详尽分析，为我们描绘了一幅法律文化的完整画卷；二是作者思路开阔，论述清晰，层次分明，语言流畅，为读者充分了解、深入思考有关法律文化问题提供了有效指引。可以说，该书作为比较法学名著，值得每一位法律人细细品读。

23. 英国法与法国法之差异

——《英国法与法国法：一种实质性比较》*导读

> 英国普通法是作为一连串的补救手段而产生的，其实践的目的是为了使争议获得解决；大陆法的目的则与此相反，它是作为一种体系告诉人们，根据正义的观念社会应当确认哪些权利和义务。
>
> ——［法］达维

【作者、作品简介】

勒内·达维（1906—1990）是国际比较法学著名学者、法国比较法学家。1906年1月出生于巴黎，从小获得了良好教育。1928年，年仅23岁的达维获得巴黎大学法学博士学位，次年即被聘为法国格勒诺布尔大学法律系教授。1930年，他出任罗马私法划一化国际研究所副秘书长，这对于其形成"世界法律统一主义"思想起到了极大的推动作用。1935年，达维继而获得英国剑桥大学哲学博士学

---

* ［法］勒内·达维：《英国法与法国法：一种实质性比较》，潘华仿、高鸿钧、贺卫方译，清华大学出版社2002年版。

位，在哲学领域的造诣大大帮助了他在法学领域研究工作的开展。1950—1962年，达维曾先后担任哥伦比亚、耶鲁、慕尼黑、德黑兰等大学的客座教授，获爱丁堡、布鲁塞尔、渥太华、巴赛尔、赫尔辛基和佛罗伦萨等大学的名誉博士学位，并担任伦敦律师协会名誉主管委员。1966—1970年，达维曾以法国代表团团长身份出席联合国国际商法委员会会议。主要著作有：《比较民法原论》《当代主要法律体系》《英国契约法》《世界法律体系：它们的比较和统一》《国际比较法学全书》《法国法》等。

《英国法与法国法：一种实质性比较》这本书是"讲座体"专著，表述简洁，深入浅出；既无复杂论证之繁，亦无旁征博引之赘。这本通俗易懂的专著，对于对比较法饶有兴趣的读者，也许会开卷有益。英国法和法国法是两大法系的代表，本书不仅从国家法律的角度，更从法系的角度来比较两个国家的法律，进而指出两大法系的异同，显得颇为独特和新颖，显示了作者娴熟的比较手法，深厚的法律功底。达维教授视野开阔、知识渊博、洞幽索隐、见微知著，凡是读过他的著作者，对此都会有深刻印象。

【名句共赏】

"补救先于权利"（remedies precede rights）是普通法的基本准则。有许多诉讼形式，凭借这些形式才能向王室法院提起和进行诉讼。在判决做出以前，没有谁能够预测案件的结果如何，会适用什么法律规则（如果有规则的话），会确认什么权利；法院中法官的感觉（和无所不在的陪审员的裁决）比之任何恰当的"法律"考虑都更加重要。

——第一章，第9页

法国的程序比英国的更简单、合理,程序被看作不过是法律的工具;决不能允许程序妨碍基于理性精神的实体法适用。法国没有英国类型的诉讼形式,无需致力于决定法院对一项案件的审理权;在法官左右,也没有一个激情多于法律意念的陪审团。

——第一章,第9-10页

在许多场合下给大陆国法学家的印象是,在英国法官心目中,程序是至为重要的东西:公正的审判,遵守正当法律程序被英国法官认为与法院最终适用的实体法规则同等重要,甚至是更为值得注意的因素。

——第一章,第15页

当普通法——在废除了诉讼形式和陪审团消失了之后——倾向于成为规定权利之法而不是救济之法时,大陆法则趋向于变权利之法为补救之法,这似乎是一种怪异现象。

——第一章,第19-20页

在英国,法律只是个技术课题,对它的研究只是吸引着那些有志从事法律职业的人们。在法国和其他具有大陆法传统的国家,情形则不同。法律院校是社会科学的院校,法律院校的教育被认为是从事许多公、私领域中职业的最好准备阶段,其就职范围远远超出普通法国家的法律职业。

——第一章,第21-22页

在英国，普通法是由法院发展起来的，因此，它必然成为判例法。在那里，法律规则首先与个别案件的事实相联系。……在法国和欧洲大陆，法律是由法律学家们设计和定形的。

——第二章，第 27 页

大陆的法律规则概念总是异于英国的法律规则概念，因为前者是与个别案件的情况相分离的；确定和表述法律概念是学者而不是法官的职责，法官的责任只是适用前者所陈述的法律规则。

——第二章，第 27 页

普通法法律家的法律规则以其直接性（immediacy）为特征；它提供了毋需解释程序的解决争议方法。大陆法律家适用的法律规范则更为广泛；因为它是在法院之外由法学家和立法者设计的，它只是与典型的解决争议方法相关联，与具体案件无涉。

——第二章，第 33 页

在所有国家中都存在着（并且永远会存在）司法的两种需求的矛盾：一方面，法律必须是确定的和可以预知的，另一方面它又必须是灵活的并能够适合具体环境。

——第二章，第 33 页

公法和私法的分类曾滥觞于古罗马时代，乌尔比安在公元 3 世纪奠定了这种分类。这种基本划分一直由大陆法国家所保持。

——第三章，第 41 页

法律是什么将取决于法院对它如何决定，这一点将在很大程度有赖于它们关于正义的观念，这种概念本身或许受到法官所属那个社会阶层和他们所接受的法律教育的影响。

——第四章，第 54 页

　　诉讼形式已经被废除，程序已经简化，但是它们在一个英国人的眼中仍然是一种最重要的事情：在英国，人们期待得到更多的是公平的待遇和正当程序的遵守，而不是关于权利和法律义务的学究式定义。

——第五章，第 69-70 页

　　普通法法律家认为，法律概念与向法院提出诉讼的可能性有密切关系。在法国，则与此相反，法律概念与这种可能性无关；大陆法律家认为，法律包括旨在确立社会结构和指导人们的社会行为的一切规则。

——第六章，第 89 页

　　法国行政法与英国行政法的真正关系可以描述为，凡是英国"行政法"所涉及的问题，法国"行政法"都予以涉及，但法国"行政法"涉及的范围更加广泛，它包括英国行政法书籍中找不到的一些问题。

——第七章，第 101 页

由于法国存在行政法院,与英国相比,因而行政官员的职责更远离司法。法国不要求行政机关如同英国那样以"准司法"的方式活动;原则上,行政机关可以按其所认为最可取的方式自由行动,而且只是在决定做出之后才对其行使监督。

——第七章,第 104 页

在法国,我们已经开始形成了一种观念:行政机关不必一定受法律规则的束缚;公共利益要求给予行政机关以广泛的自由处置权,如何行使这种权力,是公共官员的良心问题而不是法律所干预的问题。

——第七章,第 119 页

法国合同法基于由教会法学家强调的道德概念,对于教会法学家来说,一个人不兑现自己的允诺是一项罪恶:"信守合约"(Pacta sunt serranda),即你必须履行你的诺言,否则,国家和法律将强迫你履行。英国法则正好相反,把合同首先看作一种交易;问题不在于诺言应被强制履行,而在于另一方即受承诺人对承诺已加以认真考虑,不应因违反合同而蒙受损害:为此目的,判给违约赔偿金几乎在所有案件中都是一种合理的救济方式。

——第八章,第 152 页

英国法中有若干具体的侵权行为,但没有统领侵权行为法的一般原则。法国法的情况则与此全然不同。在那里,找不到具体侵权行为,仅有《民法典》第 1382 条所规定的一般原则:"任何行为使他人受损害时,因自己的过失而致行为发生之人对该他人负赔偿的责任。"

——第十章,第 180 页

确定精神上的损害赔偿数额尤为困难。……在英国,"具有拘束力的先例"没有为法官留下裁量余地,法官可能受法院先例的左右。法国对此则予以否定,法官的裁量更多的是根据具体情况,而不是原则。

——第十章,第 196-197 页

在法国,劳动法已逐渐由立法者及其授权机关建立起来,于是,大量的法律和成堆的法规与命令便随之出现。……在英国,情况则不同,那里的法律基本上是旨在解决争议的判例法,立法并不被认为具有塑造社会结构的基础的职能。

——第十一章,第 207 页

【作品点评】

英国法与法国法之差异[①]

20 世纪后中叶,比较法学发展迅速,空前繁荣。这与比较法学家的努力密切相关。法国著名比较法学家勒内·达维就是其中之一。达维教授著述颇丰,如果说《当代主要法律体系》是对义理的宏观概括和抽象评论,那么《英国法与法国法:一种实质性比较》则是对具体制度的细致考辨和准确解析。

英国与法国分属于两大法系的典型,本书从理论和实践两个层面,对英国与法国的法律传统、思维方式、结构与分类,以及宪

---

① 原载《人民检察(贵州版)》2021 年第 1 期。

法、行政法、合同法、侵权行为法、劳动法等部门法域进行比较分析，全书论述具体，行文简洁，深入浅出。

宏观层面之比较分析：理论维度

英国与法国相距不超过30公里，从有记载时起，两国之间便开始了交往。这种交往体现在诸多领域，密切且基本保持同步，唯有一个领域属于例外：法律领域。从理论层面看，两国存在以下区别。

第一，法律传统。在法律的发展过程中，以英国为一方和以法国和其他欧洲国家为另一方依循了不同的路线：在英国，古老的法律制度被逐渐废除，其间产生了一种新的法律规则——普通法，"补救先于权利"是其基本准则。"有许多诉讼形式，凭借这些形式才能向王室法院提起和进行诉讼。"而在欧洲大陆，案件继续提交传统法院，程序被更新，特别是采纳了新的证据法。由此可知，英国普通法是作为一连串的补救手段而产生的，其实践的目的是为了使争议获得解决；大陆法的目的则是作为一种体系告诉人们，根据正义的观念，社会应当确认哪些权利和义务。虽然随着普通法的发展和大陆法的演进，两者有所融合，但是大陆法仍然偏重于法律能够尽力事先确定公民的权利义务，英国法则偏向于提供补救办法，允许法官有或多或少的自由裁量权。因此，就法律传统而言，英国法是一种补救之法，而法国法是一种权利之法。

第二，思维方式。在英国，普通法是由法院发展起来的，因此，它必然是判例法，"法律规则首先与个别案件的事实相联系"。而在法国和欧洲大陆，法律是由法学家设计和定形的，确定和表述法律概念是学者而不是法官的职责。由此，作者总结道："这就是英国法和法国法之间的区别的要旨所在。只要英国保持其传统的法律概念,坚持他们的遵循先例原则,株守他们的区别技术,而不采用大陆法国家关于一般性法律规则的观念,也不借助大陆法国家所使用的解释技术,他们就不会有法国意义上的法典。"因此,就思维方式而论,英国法是判例法,法国法是法典法。

第三,法律的结构与分类。一直以来,英国法学家很少关心法律分类问题,等到1852年诉讼形式被废除之后,虽然法律的分类得到了较多关注,但是英国法仍带有传统痕迹:许多分类是历史的产物,根本找不到合理的根据加以证明。法国法则不同,将法律系统化,确立一种合理的法律分类,并对一些特殊规则进行解释,构成法律体系的内容之一。因此,在大陆法国家,公法和私法的划分远比英国关于普通法和衡平法的划分更为重要。当然,随着世界法律的融合与统一,大陆法和普通法在一些特殊领域正在日益接近,如在侵权行为领域,英国法中有关对过失的解释方法和过失所涉及的范围类似于法国法中关于过错的最一般概念。

微观层面之比较分析:实践维度

如果说法律传统、思维方式等体现了一个国家法律体系的宏观内容,那么,部门法的特征则体现了这个国家法律体系的微观内容。作者对两国的部门法领域进行了比较分析。

第一,宪法性法律。两国存在以下区别:一是法国有一部成文宪法,英国则没有;法国的宪法性法律集中体现在宪法文本和条款之中,英国则由法律家决定哪些事项适于考虑并纳入宪法法律领域。二是构成英国宪法性法律之核心的是公民权利问题,而在法国仍然是有关公共自由问题。三是在法国,专门设立宪法委员会,以审查一些特别重要的法律是否符合宪法,英国则无。

第二，行政法。两国的主要区别有：一是法国行政法的存在源于用以调整私人之间关系的规则不能自然适用于关涉国家或公共机构的关系，因此需要另一套规则，这些规则构成了法国的行政法；而在英国，行政法别具特色，"在英国的法律体系中，行政法不是相对于'私法'的一种法律类别"，普通法仍被看作是一个统一的体系。二是法国行政法的范围要广泛于英国行政法，它也包括英国行政法书籍中找不到的一些问题。三是法国存在行政法院，因此与英国相比，行政官员的职责更远离司法，法国不要求行政机关如同英国那样以"准司法"的方式活动。四是在监控行政法规或决定的事项上，英国法强调程序，法国法强调实体性内容；法院对行政决定实行监督和审查的范围，两国也存在不同：英国法院不愿干预"自然正义"未受危害的情形，法国行政法则会对行政机关作出的选择行使最低限度的监督等。

第三，合同法。两国对合同法的演变完全不同：英国法中之所以合同被赋予约束力，是源于允诺须有约因；而在法国，则源于道德上的原因，即严守信用。两国对于具体问题的差异，如：合同订立方面，两国的区别在于约因学说，该学说存在于英国法，法国法仅有原因说；合同的条款方面，英国法中引证的是合同的"默示条款"，法国法则规定于法典之中；合同的解除方面，在违约问题上，法国法不存在"预期违约"概念，在强制履行上，法国法对于违反合同的救济方法是强制履行，而英国法中，强制履行的命令只有在损害赔偿不能提供令人满意解决方案的例外情况下才发出等。

第四，侵权行为法。两国的区别主要有：一是法国法较英国法更为系统。法国法对于侵权行为的规定，采用的是对一般原则进行解释，以不断适应现实需要；而英国法仅有具体的侵权行为，没有统领的一般原则，导致侵权行为法像个大杂烩。二是过错的概念不同。法国的过错概念相当于英国的过失侵权概念。英国的过失如同法国的过错一样，既包括积极作为又包括消极不作为，但英国法院却附加了一项在法国法找不到对应部分的限制：英国法中过失的先决条件是被告具有对原告的注意义务。三是损害赔偿方面。法国法对损害未作区分，仅规定各种损害均须赔偿，而英国法中有关的原则十分复杂，因为必须区分各种侵权行为；损害赔偿数额的计算上，法国法赋予法官更多的裁量权，且法官裁量更多的是根据具体情况，而不是原则，英国法则没有为法官留下裁量余地，法官可能受到法院先例的左右。

第五，劳动法。两国的区别是：一是对工人给予保护的方式不同。法国采取制定法典的方式，将各种法律法规和命令汇集起来；英国对待法律和行政法规的态度是，受到法院的严格解释，因为解决争议的法律基本都是判例法。二是对集体协议的认识不同。在法国，集体协议被看作是一项具有法律约束力的交易，而在英国则把集体协议作为有关工商业习惯来对待。三是保护工人权益的举措有所不同。法国法采取赋予工会更多职能的方式，而英国法则采取允许法律在产业关系领域发挥较大作用的方式。

第六，法院组织法。关于英国和法国法院的组织，有两个主要区别：一是在法国，下级法院与上级法院之间没有区别；二是法国设有双重法院体制，一为"司法"而设，二为"行政"事务而设，且彼此之间完全独立。

第七，诉讼程序。在民事诉讼程序方面，英国的普通法院盛行的程序是陪审团审判制，而法国和欧洲大陆国家采用的是教会法院模式；在法国，如果出于维护公共秩序的需要，法院有义务依职权适用法律规范，另外，当一方当事人是国家、国有公司或无行为能力人时，检察院的官员被指派代表政府利益或维护正义对案件进行干预。在刑事诉讼程序方面，依据法国法律，对于重罪的程序是：检察官作为案件的发起人——预审法官审理——上诉法院决定是否提交重罪法院。鉴于此，在法国的法庭上，原告是检察官，与被告的地位并不平等，而在英国，原被告被平等对待。

本书虽系作者应邀在印度加尔各答进行的"泰戈尔讲座"之成果，但是其条理之清晰、内容之丰富、行文之流畅，丝毫不逊于任何一部专著。虽然自本书问世以来，英国和法国的法律都发生了一些变化，但是基本义理和特质并未发生根本改变，就此而言，本书对了解英国法和法国法的历史渊源、法律传统、部门法的发展等均具有重要的参考价值。此外，本书虽然冠以对英国和法国两国法律的比较，但是其内容远远超越了本身的畛域，其宏大的背景观照与幽远的弦外之音，寓于字里行间，这也再次印证了达维教授无愧于世界著名比较法学家的美誉。

24. 从法观念视角探视东西方法律

——《东西方的法观念比较》*导读

只要法观念在各种社会呈现出显著的差异,说明这种差异则自然成为现代比较法学者最大的课题。勒内·达维认为,"比较法向我们展示各种各样的对法的观点"。

——[日]大木雅夫

【作者、作品简介】

大木雅夫是日本比较法学家,1931年出生于日本福岛县,1953年毕业于东京大学法学部,后任教于上智大学法学部。大木雅夫是日本从事东西方法律文化比较研究的代表人物,作为日本著名的比较法学家,他的影响力早已超越日本乃至亚洲,获得了世界性的声誉。主要著作有:《比较法》《关于法系论的批判的考察》《日本人的法律观念——与西洋人的比较》《关于远东法观念的误解》等。

《东西方的法观念比较》是作者的代表性著作,原名为《日本

---

* [日]大木雅夫:《东西方的法观念比较》,华夏、战宪斌译,北京大学出版社2004年版。

人的法律观念——与西洋人的比较》,1983 年在东京大学出版会出版伊始,就引起学界广泛关注,到 1996 年底时在日本已印刷 10 次,曾荣获日本优秀著作奖。经作者同意,译成中文时改为现名。本书的核心内容是对长期以来存在的远东与西洋法观念差异之通说进行批驳并提出自己的见解。正如作者在后记中引用德国哲学家雅斯贝尔斯的话所说的一样,"所有学问都只会'在途中'",因此,这本书是其在"研究的路途中"所建筑的一座地道的里程碑罢了。这种研究之途始于批判通说,又终于批判通说,是否是一种权宜之计,作者认为,他对通说怀有敬意,所以才殚精竭虑地对通说进行分析,可见其严谨的治学态度。

【名句共赏】

在英格兰,当人们要列举伟大的法学家时,通常都从在法庭从事实务的法官中选出,而且,英格兰法是由法官们根据当事人之诉,着眼于活生生的纠纷事实,在法庭的判决经验中形成的。与此相反,在德国寻找伟大的法学家时,则要从视理论为生命的大学教授中找出。

——第一章,第 4 页

西洋各国认为法是正义的象征,而且要求市民应为确保法律至上而斗争。而远东则与此相反,远东的传统哲学将法视为只适合陶冶"蛮民"的弥缝性技术。诚实的市民与法无关,他们远离法院,他们忽视法,遵循祖先传下来的道义、礼仪规范而生活。

——第一章,第 7 页

几个世纪以来，欧洲的知识阶层一直接受逻辑思维方式的严格训练。特别是在发现亚里士多德的"推理法"（organon）之后，辩证法得到发展，学习的目标与其说是正确阅读圣经，不如说是转向从浩繁的出版物中抽出一定数量的哲学、科学问题（quaestiones），然后根据不同问题寻找必要的教科书，并在对此进行比较之后做出解答。

——第二章，第22页

视法为神圣，视法同正义处于不可分割关系的观念在西方尤其显著，这一点从例如荷马和赫西奥多的叙事诗中出现的女神忒弥斯（Themis）和她的女儿狄凯（Dike）都被诗人们作为法和正义的神来歌颂上看也很明显。

——第三章，第36页

一般来说，法律的权威或是长期失去，或正处在激烈动荡的前夜。要想由此确立新的法治，就必须或是与教权相结合，或是与教权相对抗，从而同渐渐扩张的王权，展开激烈斗争。众所周知，最早开始这种斗争的正是英格兰。

——第三章，第41页

作为深深扎根于传统，并且是自然法的实定化，它（指法国民法典——编者注）不仅是法兰西国民的法典，同时也被认为具备了可称为全人类普遍法典品质（Qualität）的完美无缺的法典。

——第三章，第55页

西洋的法治主义也好，远东的德治主义也罢，两者并非是排他性的存在。同样，如果仅以"为权利而斗争"的意识之有无来区别西洋与远东的法观念，方法虽然简洁，但却过于公式化，所以，现在不应无条件地加以主张。

——第五章，第 163 页

【作品点评】

从法观念视角探视东西方法律

大木雅夫是日本著名比较法学者，因其长期致力于比较法研究，故可称得上是日本比较法学泰斗。他精通数种外文、学贯东西，曾将达维、茨威格特和克茨等人的名著翻译成日文；他治学严谨、知识渊博，并且不拘泥于成见或通说，在孜孜不倦的研究中逐渐形成了自己独特的学说体系。在众多的著作中，《东西方的法观念比较》一书无疑是其研究风格的真实再现。书中，作者以法观念之比较为切入点，在系统地批判了有关东西方法观念之通说的基础上，提出了独创性的比较法研究方法，体现了其"实证""批判"和"独创性"的研究风格。可以说，该书是一本比较法学领域的名著。

作者一开篇就认为，只要法观念在各种社会呈现出较大差异，说明这种差异则理应成为现代比较法学者的重要课题。对于西洋与远东法观念的差异，达维、茨威格特和克茨等认为，这种差异主要表现为法治主义和德治主义的对立上，即：西洋的法观念是以礼赞法律、崇信法律工作者、依据法律解决纠纷和为权利而斗争为内容的；远东的法观念则是以轻视法律、不信任法律工作者、靠调停解决纠纷和靠互让求得和解为内容的。这成为一种坚如磐石的通说。围绕这种通说是否正确，作者作了以下几点论述。

一是西洋与远东的定义。在作者看来，这里的西洋指的是历史的欧洲，而非地理概念的欧洲。从欧洲的发展看，文化因素作用最大，其中基督教发挥着无可比拟的作用，如果说欧洲首先是一种文化现象，那么这种文化可以称之为基督教文化。通过使用拉丁语、创建大学等方式，基督教得到迅速传播，从而构建了基督教世界这一精神载体。可以说，正是基督教文化，才使得西洋这个共同体得以存在。相比之下，以中国、日本为代表的亚洲，即作者眼中的远东，则缺乏一种整体性的文化。其中的原因不言而喻：以宗教为例，与西洋各国被称为基督教国相比，中国和日本不能简单归为佛教国，因为佛教信仰只是一种被世俗化了的传统民间信仰，且并未表现出传教性，或是北上，或是东渐，都无法与基督教多方向、全方位的传播相比；再以教育为例，中国古代的教育具有强烈的科举预备性质，教育与学习的方法主要是记诵和辞章，日本则直接继受了中国的教育和学习方法，因而，这种教育的特殊性也印证了其不具备普适性。作为总结，作者认为：西洋具备文化共同体特征，而远东则不具有同西洋意义相同的整体性特征，只能说并存着多种多样的民族文化。

二是西洋法中的法治。在达维看来，大陆法与英美法可以统称为西洋法，因为虽然两者之间存在差异，但这种差异与西洋法同社会主义法、印度法以及远东法之间的差异比较起来相对较小。从法的历史看，视法为神圣、永恒、正义的观念，在西方比在东方尤其显著,荷马史诗中将忒弥斯视为法和正义的神、苏格拉底因坚守法律而就义、亚里士多德明确提出法优越于国王,这些都是例证。在英格兰,自清教徒革命至光荣革命期间,柯克与国王的对抗、权利请愿书的问世、查尔斯一世被处决等事件,昭示了法治观念的产生过程,并以普通法的胜利即议会优越于王权原则的确立而告终。在法国,通过大革命的胜利,国民政治的组织化以及拿破仑法典为核心的法律体制的完善,完成了以自由和所有权为基础的新型市民社会的蓝图。在德国,国民正是因为秉持"为权利而斗争"这一法观念,才使自己的命运从官府或当权者的"皮鞭的支配""棍棒之统治"下解放出来,走向康德、黑格尔的"法治主义",法治国思想得以真正确立。经过上述一番论述后,作者给出的结论是,西洋作为一个文化共同体而存在,作为支撑其法律文化的根本观念的法观念无处不在。

三是远东的德治与法治。在中国的法律传统中,儒家不主张法支配国家,而主张德礼之支配,即不是采用法治主义而是采取德治主义,如孔子就提出"为政以德,譬如北辰,居其所而众星共之";道家中,老子主张不争之德,即人若不争,则可以完美活到最后,庄子的思想是万物齐同说,主张"圣人和之以是非,而休乎天钧,是之谓两行",即容忍是非,使两者并行;法家在主张礼的优位时,也承认法的作用,只不过法家主张的"法",归根结底只是针对黎民百姓,只是以重刑主义统治百姓的手段罢了。于此而言,作者的结论是,在中国漫长的历史长河中,一方面儒、佛、道三教经常融合起来形成中国人的思维,另一方面在需要整顿和改革国政时,法治思想往往复兴则更接近事实。"总之,无论如何也不能只以儒家的德治主义作为中国人的思想,特别是其法观念的特征。"

谈起日本人法律意识的形成，作者认为，律令和武士法对日本人法观念的形成均起着至关重要的作用，前者作为统治者教令教化国民的手段，以规定国民权利义务的方式实现其统治，这些律令中不仅包含有儒家思想，而且法家思想和佛教思想也共同发挥了作用；后者随着武士阶级的登场而出现，由于武士阶级是自镰仓幕府创设以后长达700年的历史期间的统治阶级，因而武士法对日本人法观念的形成所起的作用更大，以北条泰时制定的处罚法规为例，该法规不仅是镰仓时代的根本法，也是镰仓时代之后武士时代的法制基础，虽然其不是严格意义上的法典，但是它在日本法制史上具有重要意义，而且具有日本"法治"的原基和胚胎的重大意义。

至于对日本人法观念形成有影响的制度，作者列举了以下制度。一是德政令。所谓德政令，其实就是统治者出台的一些法律政策，如1333年发布的德政令中包括无偿索回卖掉的土地和偿还一半本金后解除合同，从而索回抵押物、抵押土地两项。这些法律政策中确实会存在非法律性因素的内容，但不可否认的是，德政令是日本人法观念形成的重要制度，永仁德政令开头就规定禁止越级起诉和通过乱上诉来拖延法庭审判等内容，就足以彰显德政令中存在希望通过司法权的确立来实现真正的法的意图。二是喧哗两成败法。该法的目的是为了制止民众之间的争斗，处罚的基本规则是，原则上只要有争斗，则不问谁是谁非各打五十大板，但只要忍而不发，则无理者推定为有理。可以说，这种争斗同罚法虽然不具备现代法理特征，但是在司法机关尚未完善的时代，毕竟是一种有效的纠纷处理方法，在当时它就是法，就是正义，因而具有法的效力。三是债务相对清偿令。江户时代频繁下达的债务相对清偿令，一方面是出于救济贫穷的武士阶级,另一方面是应对诉讼案件日益增多的情况。从现代眼光看,这种清偿令是那些忍受不了滥诉健讼的为政者们,拒绝受理尚无诉权的诉讼案件的一种手段,从本质上讲,是一种当事人内部解决的方式,事实上代替了审判,体现了日本人诉讼观念发展受阻的情况。四是江户时代的审判。因评定所和奉行所的混乱不仅使诉讼迟延,而且使正式审判失去信用,加之私了制度盛行,导致江户时代的审判难以发挥作用,审判组织不健全和混乱即是证明。

经过以上冗长的分析,对于西洋法与远东法的差异在于法治主义和德治主义的对立这一通说,作者给出了他心目中的答案:西洋也贯穿着德治思想,存在对法律和法学家的不信任感,最典型的表现在新约圣经中,如训诫"与起诉你的人在一起走路时,要在途中尽快与之成为朋友",意在劝告和解;远东同样存在相应的法治主义传统,如虽然日本人没有使用权利义务概念,但是起诉者和应诉者实质上都在追求是非曲直,这与权利义务之争没什么不同。于此,"即使有西洋和远东法观念之分,那也应理解为这两种法观念都在形成和发展,都会由于各自的时间和空间的具体情况而发生变化。西洋的法治主义也好,远东的德治主义也罢,两者并非是排他性的存在。同样,如果仅以'为权利而斗争'的意识之有无来区别西洋和远东的法观念,方法虽然简洁,但却过于公式化,所以,现在不应无条件地加以主张"。

作者说过这样一句话:"如果我们把耗费时间和财力的基础理论研究留待欧美的学者去完成,而直接专注于实际应用,或许不失为获得实利之捷径。然而,这样将无法脱离追随欧美之窠臼。因此,我们亦须义不容辞地承担起基础理论的研究。崭新的构想往往发端于基础研究,据此必将开拓出科学的新视野。……我之动机乃是'温故而知新''学于古训乃有获'。"可见,作者治学理想之远大,治学精神亦令人钦佩。"始立学者必释奠于先圣先师",获取前人的精华,同时又不拘泥于前人的思想,这才是真正的治学之道。于此,作者的这种治学态度值得我们深思和学习。之所以要深思,是因为我们当前的治学存在不加区分的吸收、人云亦云等不良现象;之所以要学习,是因为这种"基于前人,又超越前人"的治学境界是推动学术研究不断进步的良策。

正是基于如此的治学之道,作者才能写出像本书这样的名著,也毋庸讳言,本书值得每一位喜欢乃至研究比较法学的人细细研读,相信从中一定可以找到比较法学的真谛所在。

25. 法律传统：多样性从何处来，往何处去

——《世界法律传统——法律的持续多样性》（第三版）*导读

经历几千年的法律历史之后，主要的法律传统之间可能将会产生某种（总体上的）"稳定化"。这个世界仍然还需要主要的法律传统，因为需要这样的传统的主题仍然存在。由于这些主题的持续，主要传统也将持续。……因此，法律多样性看起来将长时间伴随我们。

——[加]格伦

【作者、作品简介】

帕特里克·格伦是加拿大著名比较法学家，麦吉尔大学法学院教授，国际比较法科学院（IACL）成员。1962年在加拿大不列颠哥伦比亚大学获得文学学士，之后进入女王大学法学院，1965年获得法学学士学位，第二年在哈佛大学取得法学硕士学位。1968

---

* [加]帕特里克·格伦：《世界法律传统——法律的持续多样性》（第三版），李立红、黄英亮、姚玲译，北京大学出版社2009年版。

年在法国斯特拉斯堡大学获得D.E.S.学位，1972年获得法学博士学位。格伦教授研究范围颇广，著述丰硕，在比较法、国际私法、民事程序和法律职业等方面都颇有建树，并发表了一系列深有影响的论文和学术专著。除本书外，值得一提的还有他的一本著作《共同法》、两篇论文《比较法和法律实践：论取消边界》和《说服性权威》。

本书是格伦教授的代表作。在出版之前，其原稿即在1998年8月召开的第16届国际比较法学大会上获得大奖。这本获奖之作为诠释整个世界的法律和法律关系提供了一条全新的主要途径。国家法律被放到更宽广的主要法律传统背景之中思考，即原生（或本土）法律、犹太法、大陆法、伊斯兰法、普通法、印度教法和亚洲法，每一种传统法律从制度和实体法、基本概念和方式、对待变革的态度以及处理跟其他传统和民族之间的关系的要义等方面进行探讨。法律传统通过多元价值和非冲突的逻辑和思维形式得以全面阐述。不可否认的是，本书为比较法理论在21世纪的发展做了一次具有开创性和先导性的探索，代表了比较法发展的一个新趋势，这或许是本书最大的价值。

【名句共赏】

传统作为一种被接受的信息来说是脆弱的。它自身蕴藏着多样性，或用更为激进的话来说，变化的种子。它同时也蕴藏着腐败的种子，人类品德上的众多弱点将其转化为实现不正当个人目的的工具。所有这些都存在于一个内部的世界，都是传统内部生活的风险和危险。

——第一章，第32页

原生法律传统没有确凿的起始点。它没有明确的记载；也没有与其他法律传统的明显切割；更没有任何所谓的永世难忘的成就。原生法律传统只是随着人类经历的增多，依靠口耳相传和主观记忆而逐渐形成。

——第三章，第 65 页

法律可以扩张，因为它是上帝的法律，而一旦扩张，它将在整体上保有上帝的完美。因此，犹太法律有一个完美的创作者，人类的智慧根本不能对它有任何的挑剔。

——第四章，第 116 页

犹太法律的推理，要求极大的思维活跃性。所有的观点都必须回应；所有可能的案件和不同的情况都必须予以考虑；通常没有时间让你退出和记录——成文的传统大多用于口头研究和辩论。

——第四章，第 121 页

在大陆法世界，法律表述仍有多种形式。《法国民法典》相对来说没有太强的技术性，它的语言接近日常生活，结构也并不复杂。它主要由法律从业者根据民众的读写能力来起草。由于它把语言的简明和优美特性与概念范畴结合了起来，这部法典在世界范围内被广泛地效仿。……《德国民法典》的制定则更晚；让包括萨维尼在内的学说汇纂派（pandectists）有了另一个世纪的时间来对他们的观点进行提炼。

——第五章，第 158 页

一旦权利形成，不论其出身、种族或财富（这些都是过去人们最关心的东西），人人都能拥有的时候，社会平等的理念也就开始形成了。既然人们从权利当中获得了反抗压迫的力量，人类的自由也就有了保障。因此，西方文明所有重要的概念汇聚成了某种一揽子的包裹（package），而它的基础就是以人为本。

——第五章，第163页

诺曼人的法律秩序的唯一途径就是通过一个忠诚的法庭来建立，整个王国都是如此。这点使普通法传统直接区别于其他传统。……作为君主，你不可能依赖上帝，依赖民众，或依赖你自己的立法。你需要一群能把更新的、更有效率的和更现代的国王的和平带到王国各个角落的忠诚的裁判官。

——第七章，第257页

每一种令状都产生出一种适合所涉争议类型的、需要遵守的特别程序。……它们无处不在；所谓令状之外无普通法，没有陈述案件或将其呈递到法官面前的途径。它们还使法官能够在普通法制度的等级中获得和维持他们的特权地位。

——第七章，第261页

程序是普通法的核心，如果有什么问题出现的话，那么问题肯定就是出在这里。

——第七章，第276页

自19世纪中叶以来，普通法法官必须对案子作出判决，亦即根据案件事实和所适用的实体法来判决。他们是从哪里获得法律的，又是如何获得的，正是普通法的实体法所发生的全部故事。故事的一部分是借鉴其他地方的法律（甚至上帝也这样干），而另一部分则是一个把旧的程序法转化为新的实体法的著名过程。

——第七章，第277页

经典所记载的法律都变成了立法，这意味着所有的印度教徒有了一套单一的、共同的条文化标准。除了这些立法，现在还有印度宪法，它对包括印度教徒、伊斯兰教徒和其他族群在内的印度人民的权利作出了规定。

——第八章，第341页

整个儒家思想的结构都建立在性本善的观念之上，关系结构对此起促进作用和为其服务。修身养性是治理之关键，它打破了手段和目的之间的区别，因此，每个人既是自身的目的，也是为了他人的手段。

——第九章，第369页

【作品点评】

法律传统：多样性从何处来，往何处去[①]

自1900年首届国际比较法大会召开以来，比较法学取得了长

[①] 原载《检察日报》2021年7月24日。

足进步。进入20世纪，随着经济全球化趋势日益明显，比较法逐渐走出欧洲国家的藩篱，开始走向世界。与此同时，随着各国比较法学者开始对传统的比较法进行深入思考和批判，比较法研究有了诸多突破，比如在比较方法上，从一元转向了多元。而作为引领这一趋势的代表作，不得不提及的是加拿大著名比较法学者帕特里克·格伦所著的《世界法律传统——法律的持续多样性》（第三版）一书，本书被誉为"近年来所出版的比较法论著中最有趣味、最博学的书"，足见其价值所在。

本书脉络清晰，层次分明，分为三个部分：第一部分是理论构建，介绍了有关"传统"的理论；第二部分是微观考察，也是核心部分，依次对七种法律传统进行了探讨；第三部分是总结，针对如何处理不同法律传统之间的关系，提出了独到见解。三个部分层层递进，环环相扣，既有理论依据、实证分析，又有深层次思考，让读者在作者的娓娓道来中既开阔了视野，又丰富了知识，还能感受到理论的无穷趣味。

传统的理论构建。相比法系划分理论的日渐成熟，法律移植、法律全球化以及本土法律文化与外来法律观念之间的冲突等动态问题，显然需要新的理论构建予以回应。作者的回答是，摒弃"法律体系""法律文化"等传统概念，而以"法律传统"作为上述问题的理论构建起点。究其原因，"传统是所有社会和法律的共同特征，对传统的研究使我们能够有共同的研究课题"。何谓传统？作者认为，时间和信息是构成传统的两大因素。

一是传统具有时间维度。传统最显著的特性是"所谓的过去"，传统就是现在的过去和过去的现在，现在的过去虽有回忆，但仍将消逝于我们的记忆之中。如何留住现在的过去，必须依靠实物、口述、书写、数字化表达方式等手段,比如从法律历史看,书写对于渴望成为法律的作用是不可或缺的。而对于过去的现在来说,这些记录方式则表现为表达和感知的种种方式,可以说,正是过去的记录方式和现在的感知手段的有效联合,才构成了一个完整的传统。二是传统是多元化信息的组合。在特定社会背景下,那些从过去到现在的东西就是信息,因而传统被看作是由信息组成的,而并非如波考克所提出的"一个行为的不断重复",后者只是传统的直接表现或结果,并非传统本身。由于没有传统可以对信息的记录实施有效控制,信息的选择和记录在某种程度上是任意的,因此可以把一个传统看作是一个由多元化的信息混合而成的信息库,具有多元性,作者形象地把它比作"摸彩桶"。三是多元信息的组合使所有的传统都具有不确定性,因此,传统从未达到确定的形式,而只是一系列相互作用的信息综合。可以说,传统的实现是一种不断变化的过程。于此,传统"孕育着变化",它作为衍生变革的一种理性资源,作为产生合法化思想的一种媒介,兼具分裂性和凝聚性作用,既保存了社会的特性,又促进了社会的部分变化。在此,作者提醒我们,对过去的思考具有独特的西方背景,这样,"传统本身在西方被看作是过去的声音,而在其他地方则可能被看作是现在的声音,尽管声音的主人可能并不在场"。

接着,作者将传统的概念从历史的视角延展到全球舞台,探讨了传统之间的关系。与传统内部的不稳定性一样,传统之间的关系也是不稳定的,存在着信息交流,因而,当今世界不存在纯粹性的传统,各个传统的发展不仅依赖本土信息,同时依赖传统的内部与外部信息,于此,不同的传统是相互关联的,也存在着一些共同的因素,这样,不同社会之间存在着交流的可能;传统的信息流的本质也决定了它只能是一种说服性的权威,缺乏强制的力量,依靠其说服力来吸引信徒,自我保存并影响其他传统,这也决定了传统信息与其信徒所构成的认知社会能够超越国家的界限而存在;传统的信息交换还决定了传统应当能容忍各种不同的观点,能够容忍各种不同传统共存,而非凌驾于其他传统之上,甚至支配、统治其他传统。

对各种传统的考察。作者由此转入对各种具体的法律传统的微观研究,他依次考察了原生法律传统、犹太法律传统、大陆法传统、伊斯兰法传统、普通法传统、印度教法律传统、亚洲法传统七大法律传统。总体而言,这七大法律传统的选择,尤其是非西方法律传统所占的巨大篇幅,体现了作者宽广的世界眼光和深邃的历史洞察力,也体现了西方中心主义者和种族主义者所无法比拟的独到之处。

首先,作者指出各种法律传统的特性。原生法律传统是随着人类经历的增多,依靠口耳相传和主观记忆而逐渐形成,因此,它没有确凿的起始点,最显著的特征是口述性,拒绝法律表达上的形式化,其传承则通过形成共识,以不成文法的形式进行。由此,也就不难理解原生法律并非依靠制度或原理来实现,而仅是依靠事物的持续存在而实现。作者认为,原生法律传统其实体现的是一种生态世界观,"灵感来自本土社会的世界观,尤其是来自于原生世界观"。

谈及犹太法律传统,可以说是世界上最古老的、至今依然存续的法律传统之一,如要说起始点,可以追溯至上帝的旨意给摩西的启示,"启示改变了对世界的理解,一个新的规约已经形成"。因此,犹太法律植根于上帝向摩西所揭示的话,构成了《摩西律法》,而其经典法律,则是成文的《塔木德》。至此,构成了犹太法律传统的架构,最下层是成文的《摩西律法》,向上扩展分别是(成文的)口头

《摩西律法》《密什那》，然后是《塔木德》，然后是诸多准则和释疑解答，最后是当代的成果贡献。可以这么说，犹太法律传统的最大特征是出自于神的授意，所以，"犹太法律有一个完美的创作者，人类的智慧根本不能对它有任何的挑剔"。

而大陆法传统发源于古罗马法，随着罗马人不断扩张，他们也将罗马法传播到欧洲各地，《法国民法典》《德国民法典》就是最好的例证，都带有明显的罗马法传统。由于罗马法的发展壮大是通过建立制度、公众的广泛参与，以及当时欧洲盛行推翻旧体制的革命，使得西方文明始终关注人的权利和义务，就此而论，可以说大陆法传统最核心的特征就是以人为本，将法律作为理性表达的工具，确认公民身份，推崇权利，崇尚法治。

至于伊斯兰法律传统，则植根于"上帝给穆罕默德的启示"，这些启示记载于《古兰经》，因此，《古兰经》是伊斯兰法律最重要的渊源。虽然《古兰经》并没有太多的法律成分，更多的是道德成分，但是，其深刻影响了伊斯兰法律，例如，在商法领域，禁止投机和不公平的风险分配，以银行业为例，银行不能只是收取贷款利息，而必须获得货物或在受金融支持的企业中持有股份，分担损失的风险和可能的利润。此外，卡迪的判案、采用公议原则等都与《古兰经》的影响有关。可以说，伊斯兰法律传统是一种启示之法，虽不完备但高度复杂。

谈及普通法传统，始于诺曼征服，其独特的发展历程，如王权与司法之争、遵循先例、注重程序等因素，造就了普通法传统的特征是：以审判为中心，法官才是司法的中心，一切围绕法官审判构建制度，设计程序。对于印度教法律传统，同样起源于遥远的启示，比如《吠陀经》，加之婆罗门成员讲授经藏、经典法律著作源于婆罗门教义等原因，导致印度教法律传统充斥着宗教因素，"印度教法律之所以成为法律，恰恰是因为（宗教）道德的力量，这种道德力量正是所有法律义务的核心"。因此，印度教法律传统的最大特征就是具有宗教性。

有关亚洲法律传统，它在本源上属于世俗性的法律，但在正式的形式、涉及的范围和效力等方面仍受到极大限制，在中国，这种限制就是世俗的儒家思想，而在其他地方，则表现为宗教限制法学家的角色。以中国为例，尊崇的是礼大于法，推崇的是儒家思想，这就使得人们之间维系关系更多依靠的是感情，而非权利义务，使得德治与法治一起作为治理国家的方式，使得诉讼总是作为人们寻求救济的最后一道手段等，这一切都说明亚洲法律传统倾向于内敛，或许在当今社会背景下，需要加以革新。

其次，作者致力于发掘非西方传统的优势与长处。囿于西方中心主义思想，西方国家始终排斥其他不同文化传统，并强制推行自身文化传统，尤其是法律制度。这就使得比较法学的研究重心长期集中于民法法系和普通法系的研究，忽略了多彩的法律传统。而作者在书中打破了这一做法，主张从传统的内部进行研究，见前人之所未见，发前人之所未发。例如，作者研究了七大法律传统，涉猎之广，尤其是对民法传统、普通法传统之外的法律传统进行了深入细致分析，提出了自己的独特见解，意义深远；肯定了一些法律传统的可取之处，如原生法律传统的环保主义观念，塔木德传统对西方权利学说和法律概念的挑战，伊斯兰法律传统中的社会正义观念对解决西方难民问题不乏借鉴之处，亚洲法律传统中的"东方化"观念对调和社会矛盾、构建和谐社会也有着积极的促进作用等。

25. 法律传统：多样性从何处来，往何处去

此外，作者对西方国家向第三世界国家极力推行自身法律及其观念提出了批判。不可否认，西方法律确有其先进性，但是，西方法律是否具有普适性，是否就是完美无缺的，值得怀疑。作者以权利学说为例，指出一直以来，权利学说可以被认为是西方法律传统的中心和精髓，但事实上，建立于权利基础上的法律传统并非是唯一的保护人类尊严的途径。例如，以人性本善为基础的儒家文化，倡导社会和谐，这种以关系为纽带而构建起来的社会呈现出特有的活力，对社会稳定起到了积极的润滑剂作用，实践证明不失为一种可行的社会治理模式。因此，对于西方以外的世界来说，权利学说未必是一种普适理论，"普遍的权利只是一种将一个特定传统的原理普遍化的形式。它并非是对自由目标的自由追求，而是强迫人们的自由"。

最后，作者以多元化的眼光和视角审视传统内部亚传统之间的关系，反对压制传统内部的不同意见。在书中，作者表达了这样一种现象：在大传统内部存在着大量亚传统的现象，比如在塔木德法律传统中，唯理派和圣训派并存，如今则存在正统派、改革派和保守派的分歧，伊斯兰法律传统中也存在着四大学派的分立。即便是西方法律传统中，如民法传统也存在过市民法传统、万民法传统和原始法律传统的交织，存在着地方传统和欧洲传统并存的现象。这些亚传统彼此竞争，互相影响，丰富着法律传统的内容。可以说，七大传统都是通过连续的调和过程团结不一致的亚传统的复合机制，其历经千年，经久不息的生命力也与此有关。

调和法律传统的方法。经过以上理论铺垫和实证考察，作者给出了他对传统之间关系的一系列回答。第一，进一步肯定了传统的多样性特征，并指出亚传统中除了内部的传统外，还存在横向的

传统。其中最重要的就是普世化传统和宽容的传统。前者表现为以一种普世的态度向外传播和巩固特定教谕，后者则表现为对内调和，对外共存的态度。第二，面对不同亚传统之间的冲突，这些复杂传统具有一种把互不一致的亚传统凝聚在一起的超凡能力，而这种能力源于一种与二元价值（二价）相对的多元价值（多价）的思维方式。相比二价，多价的思想与现实生活更为接近，它比二价更精确、更有根据、更具体，因而也更能协调冲突。第三，面对复杂传统之间的冲突，由于横向传统像一条水平的带子，贯穿着那些复杂的传统，因此复杂传统之间并非相互排斥；而复杂传统自身所具有的多元性又保证了传统之间的信息交换的畅通，不致被排斥和封杀。所以，法律传统之间可以互相交流和借鉴。

经过以上分析，作者给出的结论是：主要的、复杂的法律传统的多样性和它们之间的相互依存，必将导致各个传统继续并存的结果。在这一过程中，我们需要维护法律传统的多样性，坚持多样化之道，坚持多价思想，那种认为普世主义的法律传统注定无法成功。或许，本书的副标题——法律的持续多样性——就是对作者观点的最好表述。

作为一部在比较法学界颇有影响的学术专著，自出版以来被众多比较法学者频频援引，受到比较法学者的广泛关注，其中自有其原因：作者立足于全球化背景，在驳斥法律全球化观的基础上，提出了自己的"法律传统"理论，这种既客观面对现实，又敢于直面问题的治学态度令人称道；作者以传统的理论为基础，来构建其心目中的"法律传统"——这一极富特色的理论，将法律传统置于动态概念之下，把法律置于更广阔的法律传统背景中，从而打破了法系划分理论基础，实现了比较法理论的重铸，这无疑为比较法的研究提供了一个新的方向；作者广泛吸收历史、哲学、社会学、宗教等诸多领域的研究成果，尤其注重历史研究，这种跨学科的研究方法和对历史研究的重视，使得本书的观点不仅有理论支撑，更有历史的厚重感，可谓是本书的一大特色。除此之外，作者提出的独到观点，如将传统定义为信息、原教旨主义的本质是对传统的腐败等，以及独树一帜的创作方法，如深入传统背后对各法律传统进行政治、经济、文化方面的分析，这一切都再次印证了本书的价值，印证了其在比较法学界崇高的地位，值得每一个法律人尤其是喜欢比较法学的法律人仔细品读。

26. 比较法学研究的视角与成果
——《比较法导论》*导读

> 比较法的主要使命在于：清除在分类和概念上错误的对立；寻找存在于各种实际运用之规则中的触点；最后，以此为基础，确定在不同法律制度之间实际存在的差异。
>
> ——［意］萨科

【作者、作品简介】

　　罗道尔夫·萨科是欧洲最著名的比较法学家之一，意大利比较法学教授。1923年11月21日出生于意大利北部一座美丽的城市福萨诺。1956年和1959年先后撰写了对占有和因不法事实而获益的研究成果，他在关于因不法事实而获益的作品中，将法国、德国和意大利的有关规则进行了系统的比较分析，即比较法学界所称的"微观比较研究"。伴随着该作品的完成，萨科对比较法有了更多的研究兴趣。自20世纪50年代起，萨科在都灵一家欧洲法研究所从

---

* ［意］罗道尔夫·萨科：《比较法导论》，费安玲、刘家安、贾婉婷译，商务印书馆2014年版。

事研究活动并讲授大学毕业后的两年制法学教育课程，内容涉及历史学、政治学、经济学和欧洲法。自20世纪80年代，萨科将其研究的视线放在了专题比较研究上。

《比较法导论》是作者最著名的作品之一。在书中，他将自己对比较法的讨论内容分为"法律比较导论"和"法律体系研究导论"两部分。在"法律比较导论"中，作者体系化地完整阐述了他对比较法的理解。他首先回应了比较法是否存在的疑问，其后通过对比较对象的阐述，对一些国家的法学理论及若干私法制度的微观比较分析，揭示出比较法学对法学的贡献、对法律统一所能够产生的作用。而在"法律体系研究导论"中，作者对不同法律体系的分类理论提出了自己的独到见解，并独树一帜地以集权和分权、有无立法者、有无法学家为标准来划分不同的法律体系。他以罗马法为分析基础，对构建于罗马法和欧洲共同法基础上的罗马法系最经典的诸民法典作了分析，同时与罗马法系之外的其他法律体系进行了比较。这个观察和分析视角对欧美国家重新审视不同法律体系的特点有着重要的启迪作用。

【名句共赏】

在任何情况下，任何一门学科都部分地表现为科学，部分地表现为方法。在最严格的意义上，人们可以将为达到某种目标而预先设定的程序整体理解为方法（而在严格的意义上，科学指的是特定的研究领域，或者是某方面的知识范畴）。

——第一章，第13页

对于比较法学者而言，人类学的经验仍然具有无可比拟的价值,因为这种经验向比较法学者传授了无数的背景事实,而且,更重要的是,它能够使他们避免陷入那些危险的错误和偏见之中。

——第一章,第33页

翻译工作由以下两方面构成:寻求需要翻译的句子的含义;寻求用翻译的语言表达此含义的恰当句子。前者由法学家来进行,后者也同样属于法学家的工作。但是,这两项工作作为整体的同时进行却是比较法学者的任务。

——第一章,第43页

事实上,了解一个法律体系,并不意味着了解在过去所呈现的问题是如何得到裁判的。它还意味着去了解,对于现在以及在不远的将来所出现的案件,对其解决可能起决定作用的法律要素有哪些。为此目的,须阐述司法判决的发展倾向,并考虑法官对法律的理解。

——第二章,第64页

比较法学可能运用许多种方法。但是,与教义学不同,无论如何它都不应该是一套追求体系和谐的解析性推理。它永远都是一门实践科学,它建立在对各法律体系的具体规则和规范之实际运作的观察之上。

——第二章,第68页

比较法的研究负有特定的使命。它应以实际运行的规则为其出发点;它应从适用范围最小的规则入手,然后逐渐上升至一般理论和总体规则。

——第三章,第159页

26. 比较法学研究的视角与成果

　　法学家们倾向于将法律变迁视为瞬间就结束的事件。相反，在史学家看来，引导英国人从君主制走向民主制的过程长达数世纪之久；德国人对《民法大全》继受也同样长达数世纪。

　　　　　　　　　　　　　　　　　　　　——第四章，第179页

　　司法实践经常或多或少下意识地抵制新的立法，而这似乎意味着，新的立法并不是由明确的社会现实所产生的；在这种情况下，司法实践的"创造"其实只是为了保留先前存在的规范。

　　　　　　　　　　　　　　　　　　　　——第四章，第193页

　　普通法系与罗马法系的对立首先建立在这两大法系的法学家所运用的分类的基础之上，即使立法机关也很难动摇这些概念体系的根基。

　　　　　　　　　　　　　　　　　　　　——第六章，第254页

　　法律规则的实际运用要依赖于司法。司法者在适用法律以及创设例外情形中都要遵守法律的规定。立法者被认为是所有法律规则的制定者，而法官要遵守立法者的规定；事实上，正是法官通过司法实践创造了更为详细和具体的新规则。

　　　　　　　　　　　　　　　　　　　　——第七章，第297页

　　因为规则以概念为前提，概念的增加就能确保法学的发展。因此德国的法学家就不断创造彼此相联的新的法学理论。凭借其高度的抽象能力，德国法学所创建的类型越来越一般化。这样最终就形成了民法的"总则"，这部分所涉及的主要是主体、法律关系及其变更、代理以及法律行为等。

　　　　　　　　　　　　　　　　　　　　——第七章，第308页

【作品点评】

比较法学研究的视角与成果[①]

罗道尔夫·萨科是欧洲著名比较法学家、意大利比较法学教授,《比较法学导论》是其最具影响力的作品之一,被法学界公认为可以比肩同时期著名的法国比较法学家勒内·达维教授在比较法学界的影响。全书以比较法为研究对象,从"法律比较导论"和"法律体系研究导论"两部分对比较法进行讨论,不仅从基础理论上对比较法学进行了视野极为开阔的系统分析,而且还从学科建设角度确立了比较法学在法学领域中的地位,是各个法学门类进行法学研究的基础必读书目。

比较法的基础问题

作者从论述比较法的相关真假问题出发,澄清了论证法律比较的价值。首先,正当性毫无意义,法律统一不需要以比较法学的发展作为充分条件或者必要条件,法律比较既是一门科学,也是一种方法,法律借鉴理应属于比较法学的内容,并在此基础上指出:比较乃是建立在对各种体系的了解基础之上,因此"应将对不同体系最为精确的了解视为比较科学最重要和最基本的目标"。此外,比较法的实践需要人类学经验的"深度关怀",因为人类学的经验"向比较法学者传授了无数的背景事实,更为重要的是,它能够使他们避免陷入那些危险的错误和偏见之中"。

其次,语言问题。比较法上的一个重大问题是,表达法律概念的语言表述的翻译问题。一是意大利的法律实践表明,不同国家的

[①] 原载《人民检察》2018年第7期。

两个法典可以在不同的意义上使用同一个词语，同一个国家的不同法典也会在不同意义上使用一些词，因此，有关翻译的问题揭示了语言的同一性以及特异性方面的问题。二是指出了翻译与比较法之间的关系。翻译工作由以下两方面构成：寻求需要翻译的句子的含义；寻求用翻译的语言表达此含义的恰当的句子。这两项工作作为整体同时进行是比较法学者的任务，因为，只有比较法学者才有能力决定两种不同法律体系的观念是否相对应、决定规范间的差异是否导致了概念上的差别。三是阐明了何谓"认同"。比较法学者将一个法律体系的范畴转化为另一种文化区域的范畴的过程，称为"认同"。当然，需要注意的是，比较法学者"应该在实际运行的规范中寻找不同概念体系间的共同要素，借此来确定它们之间的差异和共性"。

最后，比较的对象。对于"在法律中人们比较的是什么？"这个问题，一个明显的答案是，不同法律体系中的法律规范。如何识别法律规范，需要把握两点：对于一个法律问题的答案而言，法律规范具有唯一性；法律体系中存在着各种各样的形式，称之为法律体系的"构成要素"，以此区分成文法规范、学理观点、判决理由、判决要旨等。谈到构成要素，作者认为，要想了解法律，需要为所有的构成要素找到它们各自合适的位置，否则就会出现各构成要素间的分歧或者不和谐。

比较法的贡献与成果

通过对法律渊源等法学理论，以及契约和双方法律行为、契约外责任的客观要件、动产所有权的转移等私法制度的微观比较分析，作者揭示出比较法对法学的贡献与成果。第一，比较法对法学的贡献体现在：比较法不仅是认识国内法的工具，而且也是我们审视（证实或证伪）与法律的社会学分析有关之理论的工具，同时，它也在法学与历史、法学与法的一般理论之间发挥着仲裁者的作用。第二，比较法的成果之一是有利于促进法律的统一。作者认为，法律统一的关键是认知法律方式的统一：一是将最基本的制度框架予以统一；二是减少可能遭遇抵制的规范的数目，最大限度地扩大契约以及法律行为自治以及私人选择的范围；三是最大限度地减少弹性条款。第三，比较法的成果之二是促进了法学人才的培养。以意大利为例，意大利通过在法学院设置比较法专业、启动比较私法教学、修改比较法课程、扩大比较法师资网等方式，极大地促进了意大利法律人才的培养。笔者认为，意大利完成了从罗马法到近现代法学的华丽转身，并对欧洲法学的发展做出了强有力的推进并产生了不可忽视的影响力，比如《意大利民法典》，是当今世界最具典型意义的民商合一型法典。

法律体系之宏观比较：法律体系的分类

法律体系多种多样，法律体系的差异有大有小，法律体系的划分方法更是千差万别，如何对法律体系进行分类，作者提出了自己的独到见解，独树一帜地以集权和分权、有无独立立法者、有无法学家为标准来划分不同的法律体系。

第一，以集权和分权为标准，将法律体系划分为权力分散社会中的法律体系、权力集中社会的法律体系。权力分散社会中的法律体系具有以下特征：一是权力分散的社会不具有与大陆法系的法律相类似的法律规则，即它们没有最高机关，没有立法者，没有国家元首，也没有公共管理，在这些社会中，任何法律关系的中心都不是个人，而是小的团体；二是像以复仇这种形式究竟属于刑事手段或民事手段，无法区分；三是对于违反规则导致冲突的制裁，由进行自我保障的主体实施；四是这种社会中的所有权存在复杂性，同一物上存在两种相互重叠的权利，即团体权利和个人权利。而权力集中社会的法律体系具有的特征有：一是存在体现集中权力的机关，而法官就是其中重要的组成部分，他的职责是实施法律并作出裁决；二是出现了一种特别的非法行为，即对权力地位的对抗，于是产生了行政法，一般意义上的公法和私法的划分也随之产生。

第二，以有无独立立法者为标准，将法律体系划分为有立法者的法律体系、无立法者的法律体系。有立法者的法律体系表现为通过具有立法权的国家机关来制定法律，而无立法者的法律体系并不表现为没有法律，只是并未授权立法机关来制定法律，比如古罗马的十二铜表法、查士丁尼法均不是由严格意义上的立法机关制定的。作者总结道："一般立法权由有权机关行使的观念直到最近一段历史时期才产生。"

第三，以有无法学家为标准，将法律体系划分为有法学家的法律体系、无法学家的法律体系。作者认为，法律比法学家更古老，不存在没有法律的人类社会，人们可以确定不同社会法学家产生的时期。因此，没有法学家，可以有法律，也可以没有法律，只是有了法学家之后，法律规则才逐渐被民众所知晓。

法律体系之微观比较：以法典为中心

作者以罗马法为分析基础，对构建于罗马法和欧洲共同法的罗马法系经典进行了分析，以此来审视不同法律体系的特点。第一，《法国民法典》。该法典产生于法国大革命时期的 1804 年，深受理性法运动和自然法思想的影响，是一部体现罗马法精神的法典。随着拿破仑的武力征服和其自身优点，《法国民法典》以其原创性的模式得到了广泛传播，可以看出，法国模式在罗马法系范围内具有突出地位。

第二,《德国民法典》。该法典的制定受到蒂堡和萨维尼论辩的影响,最终于1896年出台。可以说,《德国民法典》是潘德克顿法学的产物,体系严谨、用语抽象、概念规范等特征体现了概念主义和形式主义。

第三,罗马法以外的民法模式。随着20世纪中叶英美对德日的军事胜利等原因,罗马法系与普通法系相隔绝的状态逐渐消失,与此同时,罗马法系也受到了斯堪的纳维亚法的影响;随着现实主义学派和法律经济分析学派的兴起,再一次对欧洲大陆的法律产生了重要影响。

第四,意大利法律。1865年《意大利民法典》按照法国模式被制定出来,20世纪30年代以后,随着德国潘德克顿学派研究成果进入意大利、教义法学被接受等原因,意大利于1942年重新制定了《意大利民法典》,采用的是潘德克顿的教义模式。此后,随着学理权威的逐渐丧失,司法指引功能的发展,司法造法得到了日益重视,就连理论专家也开始关注司法,法学家也开始更多探讨法律规则。当然,通过解释创造法律的并不仅仅是法官,由此而言,作者总结道:"意大利的法学家并没有退位。"

27. 政治学视野下的司法程序

——《司法和国家权力的多种面孔》（修订版）*导读

> 不同的社会对理想的秩序和统一程度有不同的理解。一个严格按照几何学来规划园艺的环境中所产生出来的观念，不能被照搬到一个将自生自发的植物、山石和水流松散地组合到一起的环境。
>
> ——［美］达玛什卡

【作者、作品简介】

米尔伊安·R.达玛什卡是当代比较法和刑事诉讼领域的传奇人物。1955年毕业于前南斯拉夫萨格勒布大学，获法学学士学位；1960年于卢布尔雅那大学获法学博士学位。1961—1962年在宾夕法尼亚大学做"两百周年校庆纪念访问学者"；1964年和1965年暑期任卢森堡国际比较法学院教授；1966—1968年任宾夕法尼亚大学客座教授；1972—1976年任宾夕法尼亚大学教授；1975—1976年任耶鲁大学客座教授；1976—1982年任耶鲁大学教授；

---

* ［美］米尔伊安·R.达玛什卡：《司法和国家权力的多种面孔》（修订版），郑戈译，中国政法大学出版社2015年版。

1996—2008年任耶鲁大学斯特林讲席教授；2008年退休后担任耶鲁大学斯特林荣休教授。达玛什卡教授是《美国比较法杂志》编委、国际比较法学会会员、国家社会防卫学会会员、美国人文与科学研究院院士。主要著作有：《被告的地位》（1962年）、《刑事法律与程序辞典》（1966）、《司法和国家权力的面孔》（1986）、《比较法》（1988）等。

在不同的现代法律制度中，法官所扮演的角色有何区别？在英美、西欧和社会主义国家中，民事诉讼当事人、刑事被告以及他们的律师各享有什么权利？在《司法和国家权力的多种面孔》这部启人深思的著作中，达玛什卡这位卓越的法学家对世界各地的法律制度如何管理司法以及政治与司法的关系作了高度原创性的比较分析。达玛什卡重点讨论政治意识和政府组织形式的程序意义，展示了一种新的视角，使得迥然相异的程序特征呈现为可辨识的几种模式。正如北京大学法学院教授强世功评价的那样，"现代司法的复杂程度运作镶嵌在整个政治秩序之中。不同的政治秩序塑造出不同类型的司法程序。本书提醒人们注意司法和政治、程序和权力之间的复杂关系，对于那些热衷司法改革的决策者，无疑是一剂良药"。

【名句共赏】

作为惯习化（habitalization）和专业化（specialization）的结果，一位职业官员的职务反应和个人反应可能会分离开来：他会获得在必要时麻醉自己心灵的能力，并且在其官方职位上作出他作为个人可能永远也不会作出的决策。

——第一章，第25页

27. 政治学视野下的司法程序

  它们是如此的深陷在细节之中，以至于外部条件中哪怕是比较微小的变化也会使得某些标准只能得到部分的适用。我（指达马什卡——编者注）把这种形式的法条主义称为实用（pragmatic）的法条主义，它的技术特性主要体现在作出细致辨析的技巧上。

——第一章，第 29 页

  典型的欧陆法律方法在相当大的程度上是在两种不同距离的共同作用下产生的，即脱离于决策的具体复杂性的学术距离和科层距离。这种法律进路不仅亲和于学者案头的油灯，也映射出处在权力金字塔顶端的官员们静静翻阅文件的场景。

——第一章，第 41 页

  从欧陆视角看来，英格兰皇家法官似乎更像是司法会议的主持人，或者庭审过程之公正性的监督者、审判结果的宣布者和判决效力的保障者，而非真正意义上的决策者。

——第一章，第 51 页

  一场集中进行的审判，即使准备得再良好，也要求判决在很大程度上立基于现场的印象，包括惊讶、震动、着力于表面的修辞技巧乃至表演效果。

——第二章，第 67 页

271

如果一位比较法学者在进行跨文化考察时采用狭隘的、分析性的审判概念，许多普遍被看作是审判活动之实例的现象都会躲避到他的视角之外。因此，他必须调整自己的概念并扩充审判概念的覆盖范围：对他来说，司法应当呈现出两副面孔。在他的视野中，法律程序的目标应当不仅包含解决纠纷，还应包括实施法律，乃至包括实施国家政策。

——第三章，第116页

　　回应型意识形态强化了看待司法的程序主义视角：这种视角的精髓，用一句话来概括，便是"作出一项判决的过程与判决的内容一样重要"。在一个纯粹回应型国家的极限情形中，程序问题几乎完全掩盖了实体问题。

——第四章，第133页

　　要使判决的程序正当性得到维持，当事人之间的竞赛规则不仅应当得到严格遵守，而且必须是公平的。不管公平这一概念在比较法语境中可能包含哪些其他因素，它必定会包含旨在为竞争者提供均等取胜机会的程序安排。……简言之，规制纠纷解决型程序所面临的一个永恒问题就是如何平衡诉讼当事人的优势，以便为他们提供势均力敌的武器。

——第四章，第134页

　　诉讼的启动由当事人决定，这一点必然蕴含在纠纷解决程序的目的之中：直到一位当事人提出起诉，司法系统才能获得有一起纠纷等待解决的信号。

——第四章，第142-143页

27. 政治学视野下的司法程序

纠纷解决型程序中的事实认定与其说是一项关于世界真实状态的宣告，不如说是一项调停当事人之间争论的决议，就好比结束一场战斗的停火协议。

——第四章，第 160 页

欧陆司法系统，在受逻辑法条主义精神熏陶的法律职业人士的把持下，不可能容留需要在具体案件中接受法律教育的决策者。相反，法院理应熟悉法律：jura novit curia（法官知法）。

——第四章，第 182 页

能动型国家的程序法像影子一样忠实地追随着相关的实体法。而且，在实体法自身又忠实追随国家政策这个意义上，程序法具有双重的附属性或双重的派生性：正像普罗提诺眼中的艺术那样，它可以被比喻成影子的影子。

——第五章，第 192-193 页

在一套旨在实施国家政策的法律程序以及在一个致力于社会改造的国家中，判决的稳定性显然是一项不太受重视的事务。与一个致力于维持社会均衡的国家的法律程序相比，息争止纷和满足社会预期的愿望都不是那么强烈。

——第五章，第 231-232 页

【作品点评】

政治学视野下的司法程序[①]

美国法学家博登海默说："在社会生活的现实中，权力与法律都极少以纯粹的形式出现……一个政治国家的典型事态，既非以无限权力的统治为特点，亦非以严格的规范控制为特点。"可见，作为适用法律载体的司法，也必然与印有权力烙印的政治有着千丝万缕的联系。美国著名比较法学家米尔伊安·R.达玛什卡所著的《司法和国家权力的多种面孔》一书，即是将政治因素映照于司法程序之下，成功构建起政治学视野下的司法类型模型，不仅让我们更好地理解和把握司法的一系列内在特征，而且为我们以独特视角探究司法程序提供了广阔舞台。

比较的目的在于认识自我、重塑自我。正如作者在导论中所说的，在努力建构现代司法理论模型的过程中，他采取比较的方法，选取独特的视角，将政治因素纳入其中，以政府结构和政府合法职能为切入点，从政府权力组织与法律程序、政府职能与法律程序、纠纷解决型程序与政策实施型程序三方面，为读者展现了世界领域内不同法系的多样化司法程序面孔。

权力组织与政府职能下的法律程序。考察权力组织时，作者将权力结构分为两种理想型：官僚体制的科层式理想型、协作式理想型。前者是指一个被组织到一种等级结构中的职业化官员群体，他们按照某种技术标准来作出决策，具有按部就班的递进式程序、上级审查、卷宗管理、渐进式审判等特征。后者是指一个非专业化的

[①] 原载《人民检察（首都版）》2020年第4期。

决策者群体被组织到一个单一的层次之中，根据未分层的共同体标准来作出决策，具有程序活动的集中化、单一决策层级的分叉、对口头交流和当庭证供的信赖、私人程序行动的合法性等特征。

在考察政府职能时，作者将政府分为两种类型：回应型政府和能动性政府。就前者而言，其任务"限定在为其追求自我选定目标的公民提供一个支持性框架上，它所采取的手段必须能够释放出社会自我管理的自生自发力量"。于此，政府仅为社会交往提供一个框架，人生目标的确立必须由个人来完成；法律被视为一种契约，其着力点"并非宣布公民实质上应当做些什么，而是确立使这些私人安排有约束力并可以得到执行的程序"；诉讼程序是两造之间的竞赛，司法独立是应有之义。就后者而言，国家成为政治活动的唯一舞台和政治效忠的唯一对象，社会被"国家化"了；法律实施中，以计划代替契约，成为国家实现其政策的工具；司法方面不存在平等对抗，官员主导司法程序，"公民则可能变成法庭剧当中的合唱团"。

司法程序的区分：纠纷解决型与政策实施型。对影响法律程序的两大政治因素进行考察后，作者随即对司法程序本身进行了考量，将司法程序分为两种理想类型，这也是本书的核心内容。

第一，纠纷解决型程序。该程序适应于彻底的自由放任型政府的意识形态。一是该程序具有以下规制特性：法律具有可变通性的特质使得程序能够得到最大限度的尊重，甚至"在一个纯粹回应型国家的极限情形中，程序问题几乎完全掩盖了实体问题"；要维护程序正当性，当事人之间的竞赛规则应当被严格和公平遵守。二是当事人的诉讼地位，不仅要求实现严格意义上的自治，其"有权按照他所愿意的方式来展开程序行动，甚至包括选择程序形式"，而且要求当事人在诉讼中被"抽象地"看待,被视为程序权利的平等拥有者。三是当事人在诉讼存续、事实争点表述、法律问题表述、事实发现、非证言信息披露等诉讼活动的各个方面均具有主导权和控制权。四是决策者在程序中呈现一种中立、客观或公允的姿态,他完全依靠当事人提供信息,在程序开始前处于"理想的白板状态",即"毫无准备地进入案件,对具体关系到案件争点的一切事项一无所知"。同时,他对摆在自己面前的任何超出解决纠纷之范围的因素都视而不见。五是就律师的地位而言,由于决策者客观中立,当事人能力不一,因此,律师在程序中以当事人助手的角色而存在,其活动所受的限制在很大程度上与当事人行动的边界相一致,可以说事实上主宰了司法程序。六是判决具有稳定性,"由于实体上正确的结果对回应型政府来说不是那么重要,纠纷解决型程序显然不愿意更改判决——即使这些判决是基于法律或事实上的错误"。

第二,政策实施型程序。该程序适应于能动型国家职能,围绕着官方调查这一核心概念而展开。一是规制方面,程序法被誉为"影子的影子",地位次要,具有陪衬性;决策者并不信赖固定的规则,而是依赖于灵活的指令。二是就程序的参与者而言,"当事人"的称谓并不确切,而是"主要程序参与者"——那些虽然无法自主选择程序行动,但却最为直接地受到程序所导致的最终决策之影响的那些人。三是官员对程序拥有充分的控制权和完全的主导权,甚至诉讼程序可能独立启动,而不需要以任何争议或已经存在的人际纠纷为前提。四是决策者处于核心地位,他以一种追求真理的而非追求公允的形象出现。最为重要的是,整个程序完全依附于国家,而包括当事人在内的公民"就像是一首大型赋格曲中的音符,必须致力于一个共同主题的发展并且必须分享政府对社会生活的理解"。

五是律师的作用有限，他们很难实质性地影响诉讼的结果。六是判决具有可更改性，"与一个致力于维持社会均衡的国家的法律程序相比，息争止纷和满足社会预期的愿望都不是那么强烈"。

权力与司法的多种面孔。作者以前述分析为基础，将纠纷解决型、政策实施型这两种程序类型，与科层型、协作型这两种权力结构类型结合起来，以展示司法和国家权力所呈现的多种面孔。在科层型权力组织的政策实施程序中，政策实施程序的关键仍然是一项官方控制的调查，官员们既进行调查也作出决策，"在锁定的上下级关系的链条中，他们只能行使受到明确委派的职权"。在科层型权力组织的纠纷解决程序中，诉讼过程被分割成不连续的若干步骤，并且在不同层级的权威面前展开，同时始终保持对私人程序活动的警惕，一定程度上削弱了当事人对诉讼的控制。在协作式官僚组织的纠纷解决程序中，"协作型权力组织强化了纠纷解决型程序所要求的竞技状态"。但由于非专业人士"很难理解区分证明角色和管理角色所涉及的技术上的复杂性和深奥性"，所以将律师引入程序才使得协作型审判得以顺利进行。在协作式权力组织的政策实施程序中，"法律程序致力于实施国家政策，但对其进行管理的却是协作型的官僚组织"。因此，官方领域与私人领域之间的界限变得很模糊，协作式权力组织事实上削弱了政策实施的稳定性和效能。信息自足的陪审团、当代美国的能动型司法、公共利益诉讼等为这一程序提供了生动的研究样本。至此，"一个框架已经确立起来，通过它，我们可以考察植根于人们对国家权力之态度并受制于不断变化中的政府角色的法律过程"。

在我国实行全面依法治国的大背景下，司法改革纵深推进、民法典正式实施，这其中必然涉及法律移植问题。笔者认为，法律移植应当把握以下原则。一是符合国情原则，正如作者在书中所说，"改革的成败主要取决于新规则与某一特定国家的司法管理模式所植根于其中的文化和制度背景的兼容性"。以本国实际情况来评估考量某一外来制度，是法律移植的前提。以民法典制定为例，虽然"法典危机论"已充斥域外，但就我国而言，以法典化工程为抓手，追求部门法规范体系的一体化构造，仍是新时代的重要立法任务。二是渐进性原则，以英国巡回法庭制度为例，该制度历经几个世纪的发展才日益完善。因此，在移植一项制度时，需要经历探索试验—厚植根基—纳入立法三个阶段，且移植内容应当先是精神理念，后是制度本身。三是调整转化原则，德沃金有句名言，即"法律是一种不断完善的实践"，说明法律的生命在于实施，唯有经过实践检验的制度才有生命力。因此，要对所移植的制度进行多方面审视考量，乃至调整转化，以不断适应社会发展的需要。

本书作为作者在比较程序法领域的开创之作，以其宏大的视野、全新的视角、比较的角度、历史的维度以及高度理论化和体系化的结构，为我们详细论证了世界范围内不同类型的司法程序，比较分析了法律制度如何管理司法以及政治与司法的关系，堪称比较法领域的又一经典之作，难怪有学者如此赞誉，"这是一部卓越的、奠基性的作品，在英语世界里的确尚未有与之相比的类似尝试"。

28. 程序正义：正当程序的法律价值

——《法律的正当程序》*导读

> 法官应力求自己的视线不被遮蔽。蒙住双眼不偏不倚固然不坏，但是如果不用纱布缠住公正的慧眼，情况就会更好。对于偏见和先入之见，公正的慧眼必须闭而不视，但是公正的慧眼必须能够一眼看到真实情况的所在，挡住它视线的灰尘越少越好。
>
> ——[英]丹宁

【作者、作品简介】

阿尔弗雷德·汤普森·丹宁（1899—1999）是第二次世界大战以后英国最著名的法官和法学家。由于丹宁于1957年4月被封为勋爵，成为终身贵族，所以我们得以称他为丹宁勋爵。丹宁勋爵于1899年1月23日出生于英格兰罕布什尔郡惠特彻奇的一个小商人家庭。丹宁兄弟五人，还有一个大姐，虽然家境并不宽裕，但丹宁兄弟自小就受到了良好的教育。1916年，丹宁进入牛津大学马格德林学院，其间于1918年应征入伍，1920年，丹宁以优异的成绩从

---

* [英]阿尔弗雷德·汤普森·丹宁：《法律的正当程序》，李克强、杨百揆、刘庸安译，法律出版社1999年版。

牛津大学马格德林学院毕业。虽然有过短暂的教书工作，但是怀着对法律的向往，丹宁于1921年又回到母校攻读法律，一年以后考取了伦敦四大律师学院之一的林肯律师学院，就这样一边在大学上课，一边在律师事务所帮忙。1923年，丹宁考取了林肯律师学院的实习生奖学金，从此开始了他辉煌的法律生涯。自1938年被授予"王室法律顾问"荣誉称号、1948年被任命为高等法院法官、1962年被任命为民事上诉法院院长，丹宁勋爵始终与法律为伴。尤其是担任了20年的民事上诉法院院长，让他得以有机会完成对英国法律的改革，通过一个个判例，充分诠释和演绎了作为一名法官及作为一名法律改革家的使命。可以说，丹宁勋爵的一生，充满着对法律的敬仰和尊重，其不懈的努力也为他赢得了"'二战'以后英国最伟大的法律改革家"的称号。主要著作有：《法律下的自由》《变化中的法律》《通向公正之路》《法律的训诫》《法律的正当程序》《法律的未来》《最后的篇章》《法律的界碑》等。

《法律的正当程序》是一本法律专著。在书中，作者以法律的正当程序为主线，巧妙地将一些重要的案件及其辩护词和判词串在一起，阐明战后英国司法改革中最有影响的一些案例。一桩桩案例犹如一个个小故事，案情叙述清楚简洁，辩护生动严密，再加上作者从法理和法律改革的角度加以权威性的评点，读来饶有兴趣。

【名句共赏】

司法过程必须不受干扰或干涉。冲击司法正常进行就是冲击我们社会的基础。为了维持法律和秩序，法官有权并且必须有权立即处置那些破坏司法正常进行的人。

——第一篇，第7页

28. 程序正义：正当程序的法律价值

每个法院都必须依靠证人，证人应当自由地、无所顾虑地作证，这对执法来说是至关重要的。

——第一篇，第19页

没有一种法律制度有正当理由能强迫证人作证，而在发现证人作证受到侵害时又拒绝给予援助。采用一切可行的手段来保护证人是法庭的职责。否则整个法律诉讼就会一钱不值。

——第一篇，第25页

法官是这样一种人，他受社会委托去权衡各种相互冲突利益的轻重缓急。一方面要考虑对职业秘密表示尊重，另一方面在审判过程中、或者在此种法庭对这些严重的消息问题进行的适当调查过程中，也要考虑到最终的社会利益。

——第一篇，第31页

法律是十分明确的，当诉讼案还未了结而法庭正在积极审理的时候，任何人不得对案件加以评论，因为这样做实际上会给审案工作带来不利的影响，如影响法官、影响陪审员或影响证人，甚至会使普通人对参加诉讼一方产生偏见。

——第一篇，第50页

在所有的法院中，不管是高级法院还是低级法院，司法程序都应保持纯洁公正。很多案件表明，这是法律得以发展的办法。

——第一篇，第57页

大法官培根说得很对，他说："耐性及慎重听讼是法官的基本功之一，而一名哓哓多言的法官则不是一件和谐的乐器。"

——第二篇，第 67 页

有一件东西是这个国家里的每个人都有权得到的，这就是公平审理。在公平审理时，每个人都可以适当地向法官阐述案情。

——第二篇，第 67 页

给予法官这一自由并不是为了他们个人，而是为了公众，为了促进司法的实施。由于法官不受诉讼，他们就可以无所顾虑地思考，独立地审判，就像所有执法者所应该做的那样。

——第二篇，第 71 页

当事实仍在争论时，我（指丹宁——编者注）必须牢记司法的基本原则——任何人均不得以怀疑定罪。在宣布某人有罪之前，必须有证据证明他有罪。

——第二篇，第 78 页

我国法律的基本点是，为此目的而运用的手段必须是合法的、正当的目的，不能使不正当的手段合法化。这些手段决不能侵犯个人自由、个人秘密和基本的财产权。

——第三篇，第 133 页

每一个来到英格兰的人都享有受英国法律保护的权利，不管他过去受到过什么样的压迫，也不管他的皮肤是什么颜色。英格兰的空气清新纯洁，不能让任何奴隶吸到它。让黑人自由吧！

——第五篇，第 171 页

这样判决此类案件的根据是什么呢？判决一些具体案件，然后寻找原则，这是英国法律的方法。

——第七篇，第239页

在我们的社会里，家庭生活必须有某些基本的特征，这些特征之一就是丈夫有义务提供给他的妻子（当然也包括孩子）一个栖身之所。只要妻子行为端正，她就有权住在结婚住宅中，丈夫不可以随便把她赶出去，既不可以运用他对房屋的控制权这样做，也不可以使用暴力这样做。

——第七篇，第245页

在我们生活的这个社会里，如果一家银行负责的话，它应该承认结婚住宅的完整，不应该用漠视妻子权利的方式去破坏它——以单纯地确保得到丈夫的全部欠款和现时盛行的高利率带来的利息。我们不应该把对追求金钱的权利放在社会正义之上。

——第八篇，第264页

【作品点评】

程序正义：正当程序的法律价值 [①]

丹宁是"二战"以后英国最著名的法官和法学家，他的名声享誉世界，一切源于他对英国乃至世界法律所做的贡献。在担任民事

[①] 原载《人民法院报》2016年3月18日。

上诉法院院长的20年时间里,丹宁通过一个个判例——"活的法律"——诠释着法律精神,演绎着公平正义。如果说《法律的训诫》一书是从判例法的角度来阐释判例主义精神的话,那么作为姊妹篇的《法律的正当程序》则从正当程序角度再次演绎了丹宁对程序正义的探寻与理解。

程序正义观念起源于英国的"自然正义",发展于美国的"正当程序"。可以说"正当程序"是程序正义原则的切实体现,它是指"未经正当的法律程序,不得剥夺任何人的生命、自由和财产"。在《法律的正当程序》一书中,丹宁通过一个个判例生动诠释着他心中的程序正义观念,表达着他认为的"正当程序"的具体内涵。

蔑视法庭罪:保证公平审理

为了保持日常司法工作的纯洁性,必须对妨碍司法的行为加以惩罚,这种惩罚可以冠以"蔑视法庭罪"。丹宁的《法律的正当程序》一书从"蔑视法庭罪"的不同侧面,以此表达设立"蔑视法庭罪"是普通法对促进文明行为的一个伟大贡献。对于闯入法庭的行为,作者在"莫里斯诉国玺部案"中明确指出:"司法过程必须不受干扰或干涉。冲击司法正常进行就是冲击我们社会的基础。为了维持法律和秩序,法官有权并且必须有权立即处置那些破坏司法正常进行的人。"对于侵害证人的行为,作者在"查普曼诉霍尼格案"中认为,"判决此案所根据的原则很简单:没有一种法律制度有正当理由能强迫证人作证,而在发现证人作证受到侵害时又拒绝给予援助。采用一切可行的手段来保护证人是法庭的职责。否则整个法律诉讼就是一钱不值"。而对于违抗法庭命令的行为是否构成蔑视法庭罪,作者在"丘奇曼诉联合工人代表委员会案"中指出了判断命令是否合法的标准:"劳资关系法院必须以高等法院在这座大厦中所要求的确凿证据证明它可以用惩罚的手段解决某种冲突。因此我们必须根据证据的确凿程度看看用发布命令的手段来解决这次冲突是否合适。"

从上述判词中,我们可以看出,丹宁想表达的思想是:对蔑视法庭罪提出起诉是一种程序,目的在于保证每个人得到公平审理。

行为调查:确保自然公正

作者认为,对于那些不属于"应受法庭审判"的问题,虽然无法通过法律途径予以解决,但是公正处理这些问题却至关重要。对于法官过度干预案件的行为,作者在"琼斯诉全国煤炭管理局案"中认为,"格林勋爵说,假如一名法官亲自检验证人的证词,'那就是说,他自甘介入争论,从而有可能被甚嚣尘上的争吵遮住明断的视线'。的确,法官应力求自己的视线不被遮蔽。蒙住双眼不偏不倚固然不坏,但是如果不用纱布缠住公正的慧眼,情况就会更好。对于偏见和先入之见,公正的慧眼必须闭而不视,但是公正的慧眼必须能够一眼看到真实情况的所在,挡住它视线的灰尘越少越好……有一件东西在这个国家里的每个人都有权得到的,这就是公平审理"。这里,作者表达了程序正义对于法官的要求:中立性。对于大臣行为的调查,作者直接指出了调查的原则:"必须牢记司法的基本原则——任何人均不得以怀疑定罪。在宣布某人有罪之前,必须有证据证明他有罪。"

谈及针对游艺俱乐部行为的调查时,作者在"王国政府诉娱乐局案"中指出,自然公正显然可以适用,"假如某人的行为受到调查,他有权知道对自己不利的证词并可就此作答。但是也有一个例外:特别是当情报是由告发人提供的时候,告发人的名字必须保密——否则情报来源就会枯竭"。而在"王国政府诉内务大臣,由霍森鲍尔起诉案"中,作者针对外国人行为的调查指出了适用自然公正的例外,"我们的历史表明,当国家本身受到危害时,我们所珍视的自由只能退居第二位,甚至自然公正本身也要退避三舍"。

妻子权利:理应得到平等保护

由于受到旧习惯法的影响,妻子一直被视为丈夫的附属品而丧失应有权利。几经周折,作者在"国民地方银行诉黑斯廷斯汽车销售有限公司案"中,对于遗弃妻子是否享有权利提出了看法:"判决一些具体案件,然后寻找原则,这是英国法律的方法。……在所有这些案件中,如果妻子无权继续待在那里,丈夫就完全有权把房子卖给一个买主或把它送给别人,即使这种做法的意图是靠买主或受赠人为他们自己的利益把妻子赶出去。只是因为她有一种留居的权利,所以把她赶出去的预谋才是非法的。"尽管作者的观点未得到法律认可,但是极大地推进了被遗弃妻子的权利保障,《1967年结婚住宅法》中确立了"F级留置权",以此作为一种权利保护。

而关于妻子在家产中的份额问题,在"弗里本斯诉弗里本斯案"中,作者给出了家庭财产的处理原则:"家庭财产的归属不依赖于形成它的纯粹偶然的方式,不依赖于夫妻怎样偶然地分配他们的收入和开销。他们全部收入都是为他们的共同利益花费使用的……财产所有权必须保持相同。"在"福尔克纳诉福尔克纳案"中,作者更是运用信托概念确立了妻子的合法财产权利:"这个法律把产生一个一方对另一方的信托意图加到丈夫和妻子身上。它是靠从他们的行为和从周围的情况作出判断的方法这样做的,尽管双方对此并未订立任何契约。……只要对家庭开支作了实质性的钱财贡献,就能使信托推断建立起来。"

而在"沃克尔特尔诉沃克尔特尔案"中,作者针对妻子在钱财方面没有贡献的情况下，阐明了妻子仍然享有权利："在一般情况下，结婚以后，由于妻子生儿育女操持家务，丈夫才得以脱身从事经济活动。既然是由于妻子履行了自己的职能才使丈夫能履行他的职能，那么她在共同劳动的果实中占有一份就是公正的。"至此，有关妻子权利的保护问题，作者明确表达了想法："平等是我们时代的秩序。对男女双方都是一样的。对男人怎样对女人也应怎样。"

《法律的正当程序》一书通过一个个判例，将正当程序的故事演绎得惟妙惟肖，展现了程序正义对于维护公平正义的重要意义，也让我们再次领悟了"程序正义乃是法律正义的前提和基础"之本义。让我们再次重温一下美国联邦最高法院大法官道格拉斯那句广为传颂的名言："权利法案中的大多数条款都是关于程序的规定，这并不是没有任何意义的。正是程序决定了法治与恣意的人治之间的主要区别。"

29. 法学家的界碑

——《法律的未来》*导读

这就是为什么过去我们曾坚决反对约翰国王的压迫而重视《大宪章》；这就是我们为什么反对国王的神权而制定《权利法案》；这就是为什么我们今天反对给予任何个人、机构，或社会的任何部分以绝对权力；这就是法律所给予的限制。

——［英］丹宁

【作者、作品简介】

阿尔弗雷德·汤普森·丹宁（1899—1999）是第二次世界大战以后英国最著名的法官和法学家。由于丹宁于1957年4月被封为勋爵，成为终身贵族，所以我们得以称他为丹宁勋爵。丹宁勋爵于1899年1月23日出生于英格兰罕布什尔郡惠特彻奇的一个小商人家庭。丹宁兄弟五人，还有一个大姐，虽然家境并不宽裕，但丹宁兄弟自小就受到了良好的教育。1916年，丹宁进入牛津大学马格德

---

* ［英］阿尔弗雷德·汤普森·丹宁：《法律的未来》，刘庸安、张文镇译，法律出版社1999年版。

林学院，其间于 1918 年应征入伍，1920 年，丹宁以优异的成绩从牛津大学马格德林学院毕业。虽然有过短暂的教书工作，但是怀着对法律的向往，丹宁于 1921 年又回到母校攻读法律，一年以后考取了伦敦四大律师学院之一的林肯律师学院，就这样一边在大学上课，一边在律师事务所帮忙。1923 年，丹宁考取了林肯律师学院的实习生奖学金，从此开始了他辉煌的法律生涯。自 1938 年被授予"王室法律顾问"荣誉称号、1948 年被任命为高等法院法官、1962 年被任命为民事上诉法院院长，丹宁勋爵始终与法律为伴。尤其是担任了 20 年的民事上诉法院院长，让他得以有机会完成对英国法律的改革，通过一个个判例，充分诠释和演绎了作为一名法官及作为一名法律改革家的使命。可以说，丹宁勋爵的一生，充满着对法律的敬仰和尊重，其不懈的努力也为他赢得了"'二战'以后英国最伟大的法律改革家"的称号。主要著作有：《法律下的自由》《变化中的法律》《通向公正之路》《法律的训诫》《法律的正当程序》《法律的未来》《最后的篇章》《法律的界碑》等。

《法律的未来》之所以选择法律改革为主题，是因为正如作者说的那样，"每个人都应该关心法律的改革，因为法律毕竟时时刻刻影响着我们所有人的生活"。在书中，读者将看到对过去法律案件的描述，其中有些在英国历史上是重要的，有些在确立法律原则时是重要的，还有些案件本身就很吸引人。本书脉络清晰，就如作者归纳的那样：先讲几个人，他们在各自所处的时代都对法律改革做出过贡献；然后讲几个问题，并详细提出自己的建议；最后作一些一般性的叙述。

【名句共赏】

由陪审团审判不仅是实现公正的手段，不仅是宪法的一个车轮，它还是象征自由永存的明灯。

——第二篇，第 41 页

法律专家必须记住，当他们谋求法律援助时，他们负有特殊责任去保证法律援助得到明智的谨慎的利用。它仅用于证明为正当的案件。

——第三篇，第 138 页

任何报纸都有权刊登关于诉讼程序的公开而准确的报道，不用怕有人控告诽谤，怕被控有蔑视法庭的行为。即使报道可能严重毁坏个人名誉；即使可能暴露上层的坏事；即使可能会给国内最有权势的人找麻烦；即使可能成为政治上的炸药，也是可以自由发表的——只要它是公正而准确的报道。

——第五篇，第 221-222 页

每一个案件一经判决都会对别人成为先例。只有这样，才能建立起判例法体系。这就是我（指丹宁——编者注）在这一篇里一例一例地为你们讲述的原因——说明判例法是如何发展的。

——第六篇，第 307 页

29. 法学家的界碑

我（指丹宁——编者注）希望将来的法官能按照过去法官的习惯去做，也就是，他们应该根据时代的需要不断发展法律。他们应该具有勇敢精神，他们不应该只做胆小鬼，怯懦地说："这是国会的事，不是我们的事。"

——第六篇，第 307 页

如果我（指丹宁——编者注）讲的——必须依靠法律——对，那么就会得出一个必然的结论，即法官必须是独立的。他们必须不受任何掌权者的影响。否则就不能依靠他们来判定权力是否被滥用或误用。

——第八篇，第 347 页

法官是我们宪法的保护人，就像在美国一样。唯一不同之处就是我们的宪法是不成文的，而美国的宪法是成文的。

——第八篇，第 355 页

我们要建立一种法律制度，来确保这些权力不被滥用或误用，而是同正直的法官一起促进法律的实施。这就是我（指丹宁——编者注）所赞赏的一项工作。如果我们能完成这项工作，我们就能用密尔顿的话说："上帝把不可抗拒的力量交给了救助者……长期受压迫的正直的人啊，是多么振奋，多么欢欣鼓舞！"这种力量就是法律本身的力量。

——第八篇，第 372 页

【作品点评】

法学家的界碑[①]

丹宁是"二战"以后英国最著名的法官和法学家之一。在几十年的司法生涯中，面对时代的挑战，丹宁以追求自由和进步，实现公平和正义为目的，对英国的法律进行了大胆改革，由此也被公认为是"二战"以后英国最伟大的法律改革家。而《法律的未来》一书则是丹宁改革精神的象征，通过总结过去的裁判经验，提出一些问题和建议，以指明通向未来的变革之路。

改革人物：五位伟大的改革者。正如作者在前言中所说的，这五位伟大的改革者"在各自所处的时代都对法律改革做出过贡献。如同我们通过自己的努力可以学到知识一样，通过学习他们的事例，我们也可以获益"。亨利·布雷克顿，是第一个使法律成为科学的人，他以所记载的两千个案件为基础，写成《论英格兰法律和习惯》一文，由此开创了英国的判例制度。爱德华·科克爵士在就任王座法院首席法官期间虽被免职，但却以著作和评论闻名于世，对此，霍尔兹沃思爵士给予了极高评价："科克对英国公法和私法的贡献就像莎士比亚对文学，培根对哲学，圣经权威译本译者对宗教的贡献。"威廉·布莱克斯通爵士于1765年出版的《英国法释义》是学习普通法的入门书，直至今天仍被视为普通法的经典著作。曼斯菲尔德勋爵是英国商法的奠基人，他从案例中总结出法律原则并给予说明、运用于实践，并把公平和良心的原则输入到法律的固定格式中。布鲁汉姆勋爵是伟大的《1832年改革法案》的主要参

---

① 原载《检察日报》2021年1月3日。

与者，其于1828年发表的有关法律改革的著名演讲，开启了英国法律改革最重要的时代。

改革主题：陪审团审判等六大主题。一是陪审团审判。陪审团审判自诞生以来，就被视为英国法律的光荣。在漫长的历史长河中，19世纪可谓是陪审团审判的黄金时代，因为在19世纪，陪审团对所有案件的判决都起着主要作用。然而，作者出于陪审团审判制度的缺陷，对陪审团审判进行了诸如废除陪审团须意见一致的规定、任何人都可以当陪审员、对陪审员进行审查、规定异议权等一系列改革。面向将来，作者给出了一些改革方案，如废除"绝对"异议，对于诈骗案由法官同专业顾问一起审判，次要案件交由地方法官审理，采用新方法选任陪审员，陪审员必须由理智的、有责任感的人组成，一般人不再适于当陪审员等，以此适应时代发展的需要。

二是法律援助。自"二战"以来，法律方面最重要的改革就是法律援助。相比过去，1947年通过的第一个《法律援助法》，改变了任何人必须"依靠自己的力量"、花自己的钱打官司的状况。该制度的价值在于，通过使用法律援助，很多人收回了债务或得到了赔偿。不过，这一制度的缺点也是明显的，如容易被诉状律师和出庭律师们滥用、在一些案件中给一方以法律援助可能会使另一方陷入窘境、给予法律援助的原告起诉失败等。对此，作者提出了一些建议，如当有法律援助的一方在诉讼或辩护中败诉时，法律援助基金应为没有援助的一方支付诉讼费，法律援助的范围应当扩大到包括所有中等收入的人们，法律援助应当得到明智的谨慎的利用，仅用于证明为正当的案件等。

三是人身伤害。在旧时代，在"科顿诉伍德案""戴维斯诉曼恩案"中，法官适用的原则是原告必须证明被告犯有过失，否则不予赔偿。到了现代,情况发生了变化:汽车本身很危险,实行强迫保险制度,实行社会保险金制度。随之法律也应发生变化,那就是原告不再需要证明被告犯有过失,正如戈达德法官所说,"如果国会允许这种有潜伏危险的东西(如汽车)用于大街上,也应该规定被这些东西致伤的人,只要不是出于自己的过失,就应该得到损害赔偿"。作者给出的建议是:为了公平起见,对受害者应该采用赔偿制,即使他们不能证明过失;改变一个诉因只能有一次伤害赔偿判决的规则,对于未来可能发生的事,法院应当为未来支出以及未来收入的损失,判决一笔总赔偿费用,且分期给付的办法更符合公平原则,赔偿应当在实际开支及收入损失发生或将要发生时支付;对于痛苦、苦恼和享受生活方面的损失,应以抚恤金予以赔偿,而对于没有知觉或思维能力的伤者不应给予抚恤金,因为对他的感觉起不到任何安慰作用等。

四是诽谤罪。对于诽谤罪,作者给出了如下建议:有关诽谤罪的责任应该以出版者的意图为依据,即应当根据原有的一般意思而不是根据其派生的意思;对于报社有关"公共利益的正确消息"应该得到保护;在诽谤罪的诉讼中应允许判以惩戒性的赔偿;上诉法院不应去注意和猜测法官的错误指示,除非明显地导致了实质性的误判,即要抛开专门性;法律援助制度应该适用于这类案件等。

五是隐私与秘密。这里涉及私生活的权利和出版自由的权利,当彼此存在矛盾时,该如何协调这两种人权。作者采用的是权衡原则,如在"缅甸石油有限公司诉英格兰银行案"中,作者作了如下分析:"为了维护公共利益,我们可以抽查文件……我们必须对相互冲突的利益进行权衡。一方面,公共利益要求慎重处理政府的机密;另一方面,公共利益要求确保在各方之间作出公正的裁决。这两个方面比较起来,我认为毫无疑义,对各方的公平裁决应放在优先地位。"面向未来,作者认为,关于秘密和隐私的法律既不应交由法院拟定,也不应以写入成文法的形式颁布,它的精神只能通过一个个的判例才能挖掘出来;每个案件一经判决都会成为别人的先例,判例法的发展无疑依靠的是一个个先例的延续;面对不断出现的新问题,必须交由法官去处理。笔者以为,作者道出了普通法发展的精髓,那就是普通法永远行进在解决争议的道路上,而法官造法是其中最主要的途径。

六是权利法案。从英国历史看,英国的不成文宪法由1215年《大宪章》、1628年《权利请愿书》、1689年《权利法案》等组成,共同维护着公民的基本权利。而放眼欧洲,1950年的《欧洲人权公约》则是全欧洲的权利宣言。随之而来的问题是,公约是否应予适用,以及公约是否应成为英国法律的一部分。对此,作者引用"王国政府诉内务大臣,由哈坚·辛格起诉案"等四个案例说明,法院应考虑公约,参考公约的目的是为了借鉴。"公约不是我们英国法律的一部分。但是和我常说的一样,我们将永远注意到它。我们要尽量设法使我们的判决同公约一致。"至于欧洲共同体法则应当成为英国法律的一部分,"我们应该不再用英国人的眼光去看待它。我们应该努力消除过去的分歧,竭尽全力地去建设以范围广泛的共同体法为基础的新的欧洲同盟"。

改革方向:控制权力的滥用。各种社会制度都有一种权力等级制度,因此,权力被误用或滥用的例子不时发生。在文明社会里,对于权力滥用,唯一的办法就是依靠法律。这个法律本身不仅应提供充足而有效的解决办法,而且前提是法官必须独立。对此,作者指出了一些解决方法。面对统治者滥用权力,科克爵士的回答是,

"国王不应受制于人,但受制于上帝和法律";美国最高法院对尼克松总统要求保持沉默的态度是,根据法律要求公布录音带的内容。阻止行贿受贿的唯一办法是教育人民,使他们知道它的危害,并以此作为人们的行为准则。为防止宪法惯例被误用或滥用,必须确保法官是宪法的保护人,如同美国一样,这一原则已成为美国宪法最基本最有影响的原则。对于国会制定法律的权力,可以通过法官废除与不成文宪法相抵触的法律与之对抗。对于大臣拥有的自由裁量权,如果出现不适当或错误行使,法院必须公之于众,正如阿特金勋爵所说,"他们站在行政官和臣民之间,是要确保任何强制性的行为都须有法律依据"。新闻媒介必须对自己的言论负责,作者引用"格拉纳达案"中的判词说:"报纸的权力是很大的,它决不能滥用它的权力,如果报纸对自己的行为不负责任,就会丧失关于保护其消息来源的权利。"至于法官误用或滥用权力问题,作者的回答是:"英国法官过去一直是——将来永远是——警惕地保卫着我们的自由,如果我们必须相信某些人的话,那么就让我们相信法官吧。"

　　本书语言优美、叙述简洁、论辩严密、建议中肯,这些都足以使我们印象深刻。书中,作者对一些普通法主题的历史进行了回顾与总结,并对未来的发展提出了独到见解,再一次诠释了他作为一名法律改革家的特有魅力,也深刻阐明了普通法实践理性的特征,在个案解决中发展,在判例更替中前进。由此而言,法律的本真终究来源于生活的本真,司法的本真也终究要为生活的本真服务,言下之意是,直面社会问题、解决争议纠纷、促进社会治理,应当成为法律的职责与使命。或许这就是本书留给我们的最大启示吧。

30. 法庭判例的政治后果

——《最后的篇章》*导读

> 正义之剑就是国家之剑。它是必须加以维护的权威的象征。
>
> ——［英］丹宁

【作者、作品简介】

阿尔弗雷德·汤普森·丹宁（1899—1999）是第二次世界大战以后英国最著名的法官和法学家。由于丹宁于1957年4月被封为勋爵，成为终身贵族，所以我们得以称他为丹宁勋爵。丹宁勋爵于1899年1月23日出生于英格兰罕布什尔郡惠特彻奇的一个小商人家庭。丹宁兄弟五人，还有一个大姐，虽然家境并不宽裕，但丹宁兄弟自小就受到了良好的教育。1916年，丹宁进入牛津大学马格德林学院，其间于1918年应征入伍，1920年，丹宁以优异的成绩从牛津大学马格德林学院毕业。虽然有过短暂的教书工作，但是怀着对法律的向往，丹宁于1921年又回到母校攻读法律，一年以后考

---

* ［英］阿尔弗雷德·汤普森·丹宁：《最后的篇章》，刘庸安、李燕译，法律出版社2000年版。

取了伦敦四大律师学院之一的林肯律师学院，就这样一边在大学上课，一边在律师事务所帮忙。1923年，丹宁考取了林肯律师学院的实习生奖学金，从此开始了他辉煌的法律生涯。自1938年被授予"王室法律顾问"荣誉称号、1948年被任命为高等法院法官、1962年被任命为民事上诉法院院长，丹宁勋爵始终与法律为伴。尤其是担任了20年的民事上诉法院院长，让他得以有机会完成对英国法律的改革，通过一个个判例，充分诠释和演绎了作为一名法官及作为一名法律改革家的使命。可以说，丹宁勋爵的一生，充满着对法律的敬仰和尊重，其不懈的努力也为他赢得了"'二战'以后英国最伟大的法律改革家"的称号。主要著作有:《法律下的自由》《变化中的法律》《通向公正之路》《法律的训诫》《法律的正当程序》《法律的未来》《最后的篇章》《法律的界碑》等。

《最后的篇章》初版于1983年，由两部分组成。第一部分是作者的传记《家庭的故事》的补充，第二部分是《法律的训诫》和《法律的正当程序》的延伸。在第一部分中，作者主要讲述了他退休的原因和退休后的一些活动。读者可以从中看到英国政治生活中的一些有趣的片段。第二部分讲述了到作者退休为止在英国引起争论的一些重要的法律原则的发展。其中讲了不少具体的案例，对读者了解当时英国的司法状况有一定的参考价值。

【名句共赏】

我（指丹宁——编者注）的经验的基本点是，人有一种精神——这种精神与他的肉体和理智是完全分开的，当这种精神达到

30. 法庭判例的政治后果

其最高和最完美的境界时,它就是上帝精神的反映。……所有的经验使我确信,上帝不仅是永存的,而且通过与上帝精神的接触,人的精神就能达到其最高的和最完美的境界。

——第一部,第 43-44 页

不仅根据基督教教义,而且根据我们的法律和普通法,那个未出生的孩子有他自己生活的权利,这一权利至少从进入胎动期的那一刻就得到了法律的承认,而且普通法也一直是承认这一点的。我们伟大的法官威廉·布莱克斯通爵士是这样说的:"生命是上帝的直接礼物,是大自然赋予每个人天生的权利,根据法律,只要胎儿能在其母亲的子宫里蠕动,生命就开始了。"

——第一部,第 44-45 页

在写一本书或一篇文章或一份意见书时,你应该多分段落,而且每一段话都要分成几句话。……如果你认为必须用一个长句子,就应该在该断开的地方断开,有时还要加破折号,或者加冒号和分号,更多的是加逗号。

——第一部,第 63-64 页

我(指丹宁——编者注)把判决书分成几部分。第一部分是事实,第二部分是有关的法律。我给每一部分都加上一段引语,给每段引语都加上一个标题。这样,读者就能很快找到他感兴趣的段落,然后再仔细读这段的内容。

——第一部,第 64 页

在我（指丹宁——编者注）看来，制衡是这样的：国会制定法律，法官解释法律。成文法律必须用文字表达，国会决定文字。法官解释这些文字的含义。

——第二部，第114页

经验证明究于细节的立法可能弄巧成拙，它使得法律条文非常复杂而又含混不清、难于理解。这样就违反了法律应该以受其影响的人容易理解的方式来表达的基本原则。正是这一原则——明晰性原则——应该占上风。

——第二部，第115页

在现代社会我们逐渐认识到法律的两个分离的领域：一个是私法，另一个是公法。私法调解臣民之间的事务，公法则调解臣民与公共权力机构之间的事务。

——第二部，第121页

不管在什么地方，私人企业主寻求法定权力机构的帮助以建设和营运可能会给居住在周边的人带来损害的设施，都不应该认为国会的意图是使无辜的人蒙受损失而不给予补偿。正如从原则上说财产不应被强行取走，除非给予适当的补偿；也正如从原则上说财产不应遭到强行损坏，除非对损失给予相当的补偿。

——第二部，第155页

无论是在什么时候，只要这些含义宽泛的文字按照它们的自然含义会产生一种不合理的结果，法官就可以把它们看成是与合同主要目的不一致的东西予以驳回，也可以还其本来面目，以便产生一种合理的结果……

——第二部，第 288 页

【作品点评】

法庭判例的政治后果[①]

检察监督实践中，实现法律效果、社会效果与政治效果的有机统一，被视为是检察工作的一项重要司法政策。面对新时代，如何理解把握这项政策，是一个值得深思的问题。或许，透过英国著名上诉法院法官丹宁勋爵所著的《最后的篇章》一书，可以给出些许回答。书中，丹宁勋爵阐述了一个个案例，从而使我们在充分领略其深邃思想的同时，也为我们生动诠释了"三个效果"有机统一的内在精神。

所谓法律效果，是指法律在被付诸实施过程中，对法律本身产生的影响及结果。以检察监督为例，其所蕴含的法律效果就是维护法律统一正确实施，实现法律的权威性、确定性等。笔者以为，检察监督的本质在于对理性的把握，底线在于对规则、规律的恪守。这就需要我们"透过现象看本质"，也需要我们妥善处理"抠法律字眼"与"把握法律意义与效果"之间的关系。让我们从丹宁勋爵所

---

① 原载《检察日报》2019 年 11 月 15 日。

处理的"王国政府诉巴莱特伦敦市议会,由尼利什·沙起诉案"中寻求启发吧。该案中的一名巴基斯坦学生阿克巴拉利要想得到强制性奖学金,必须成为切尔西的"常住居民"。需要探讨的问题是,每年续签学生签证,是否可视为"常住居民"。对此,丹宁勋爵的回答是,"不管一个孩子是什么时候从海外来到英国的,只要他的签证每年都要续签,他就不能被认为是'常住居民'……除非续签,否则他必须在滞留期满后离开这个国家,这就足够了"。丹宁勋爵对"常住居民"的解释,恰好体现了罗马法学家塞尔苏斯的那句名言:"认识法律并不意味着抠法律字眼,而是把握法律的意义与效果。"依笔者的理解,在检察监督适用法律的过程中,必须考察法律的内在精神,关注法律的确定性、统一性,兼顾法律的灵活性、衡平性,避免机械执法,就案办案,如此才能作出符合法律精神、切合监督规律的决定。

从社会效果看,它是指法律被付诸实施后,对社会所产生的影响,比如,是否有利于化解社会矛盾,是否有利于维护国家利益、社会公共利益,是否有利于维护社会公平正义等。笔者以为,以检察监督为例,社会效果通过将社会利益、社会价值等注入法律适用之中,其实质是检察监督的结果要满足实质正义,体现社会的主流价值观和长远发展利益,从而获得社会公众的尊重和认同。在书中,丹宁勋爵提出了原则性立法的理念,他说:"应摒弃究于细节的立法,代之以原则性立法。我是说我们的立法应该以清晰的语言详细说明原则。在必要的地方,应该把细节留给其他方式、其他途径来解决。"

在处理"拉科尼亚案""阿佛沃斯案"等案件中,丹宁勋爵在论述租船人能否发布免于收回命令问题时,说:"在辩论过程中,我曾对在这类案子中能否发布免于收回的命令的问题拿不准……但仔细想想,我又认为衡平法恐怕不会干预这类商业案件。衡平法让当事人根据法律来决定他们的权利。在商业案件中,确定性和时间与速度一样,是不可或缺的,而衡平法不会提供这些东西。"从中可以看出丹宁勋爵充分运用衡平法思想、关注案件社会效果的裁判理念。可以说,社会效果寓于法律之中,如何通过妥善适用法律,既体现法律精神,又体现社会价值、社会利益,始终是法律适用"入乎其内"的境界。纵观英美法系的发展,衡平法作为普通法的必要补充,共同构筑了英美法律体系的大厦。衡平法以其衡平的方法,灵活的策略,来实现"法律应得到公正的实施"这一最本原性思想,其实也融入了社会效果的理念。尤其是在社会转型时期,贫富分化严重,利益分配不公,社会矛盾突出,充分发挥注重社会效果理念,运用好衡平原则,注重不同主体、不同利益、不同罪过之间的平衡,就显得尤为重要。

而从政治效果看,它是指法律被付诸实施后,对政治秩序、政治安全等所产生的影响,比如,是否保障了基本的政治秩序,是否体现了党和国家的大政方针,是否遵循了最基本的政治价值理念等。笔者认为,在检察监督中,所要体现的政治效果就是服务经济社会发展大局、维护社会基本制度等。书中,丹宁勋爵指出:"政治影响着法律,法律也影响着政治。提交到法庭上的很多案子都隐藏着一些政治后果。对这些案件的每一次判决都成了政治争论问题。"确实如此,对"杜波特钢铁公司诉西尔斯案"的处理,真切反映了上述观点。

在该案中,钢铁行业有公营和私营两部分,在公营部分工人停工的情况下,工会于星期三发出号召,要求私营部分的工人也罢工，并确定罢工定在星期日开始。雇主申请法庭发布禁制令。上诉法院于星期六进行了专门庭审，发布了禁制令。丹宁勋爵说，这一罢工不仅会对英国工业产生灾难性影响，私营部分的钢铁企业一周的营业额约3000万英镑，而且提供原料的公司也不能继续生产，为此将失掉这个国家的市场，为国外的竞争者打开英国大门提供便利，因为我们国家自己的工业已经瘫痪。丹宁勋爵的结论是，法庭应发布禁制令，禁止任何人设置封锁线，禁止所有人妨碍整个国家的钢铁生产。这里，丹宁勋爵很好地诠释了裁判坚守政治效果的理念：如果允许钢铁工人罢工，那么将对当时的英国经济发展带来灾难性后果，经济损失惨重，工业瘫痪，竞争对手轻松进入英国市场，而且会引发社会发展的一系列问题，比如引起社会基本制度的改变等。透过该案例，留给我们的启示是，检察监督必须讲政治，这不仅是检察监督的重要考量因素，更是一种重要的监督方法。具体而言：一是正确处理好检察监督中立性与政治性的关系，既要符合监督规律，又要注重政治效果；二是讲究政治智慧与方法，如针对防范化解重大风险，就要以战略眼光看待风险，以智慧的方法处理风险。

总而言之，就检察监督实践而言，如果说讲求法律效果是微观因素，体现的是规则之治，注重社会效果是中观因素，体现的是政策导向，那么强调政治效果则是宏观因素，体现的是发展大势和宏观需求，三者虽然目标和定位不同，但都是检察监督不可或缺的监督要素。三者的统一，不仅是检察监督处理新时代各种社会关系的现实需要，更是检察监督实现"良法善治"的法律需要。正如有学者说的那样，"在社会转型时期，许多纠纷已经不单纯是一个法律的纠纷，应当把法律与政治、民俗习惯有机结合起来，从案件之外、案件之上多角度多方位地关注法律背后的一些民生、民情和民俗问题"。笔者以为,"三个效果"有机统一的意义和作用也正在于此。

国学大师王国维在《人间词话》中言:"诗人对于宇宙人生,须入乎其内,又须出乎其外。入乎其内,故能写之。出乎其外,故能观之。入乎其内,故有生气。出乎其外,故有高致。"笔者以为,检察监督同样需要类似境界:一方面,必须以法律效果和社会效果为依托,因而需要入乎法律之内;另一方面,还要受到政治效果的引导,反映和内化政治需求,因而还需要出乎法律之外。由此,法律与社会利益、政治利益相互交融,构成了一幅检察监督的全景图,也唯有如此,检察监督才能保持与时俱进。

正如美国联邦最高法院大法官卡多佐所言,社会现实才是法律发展的真正源泉。任何法律终究要服务于社会,反映于社会现实,不然,法律将失去其生命力。检察监督同样如此,只有服务于经济社会发展的检察监督,才能显示出持久的活力。在我国正处于转型期的今天,经济社会关系呈现高度复杂化、多元化及多变性,需要我们在检察监督中注入多样化的社会价值、社会需求的思考,如此,检察监督才能发挥出应有的作用。由此而言,重读丹宁勋爵《最后的篇章》一书,无疑具有重要的借鉴意义。

31. 沃伦法院对美国社会的历史印记
——《沃伦法院对正义的追求》[*]导读

> 沃伦法院究竟代表了什么？与此前和此后的任何法院都不同，它代表了作为宪法解释根本理想的民主生活方式的一种扩展性概念。
>
> ——［美］霍维茨

【作者、作品简介】

莫顿·J. 霍维茨是美国哈佛大学法学院教授。和他的其他大部头著作如《美国法律的转型 1780—1860》和《美国法律的转型 1870—1960》相比，《沃伦法院对正义的追求》就篇幅来说是一本小书。然而，就其社会和学术价值而言，这本"小书"并不亚于任何其他"大书"。本书所记述的时间段是从 1953 年到 1969 年，也就是厄尔·沃伦担任首席大法官的 16 年。在美国宪法发展史上，沃伦的名字占有重要地位。在他任首席大法官期间，最高法院扩大

---

[*] ［美］莫顿·J. 霍维茨：《沃伦法院对正义的追求》，信春鹰、张志铭译，中国政法大学出版社 2003 年版。

了法律平等保护的范围，强化了对言论和新闻自由的保障，改变了立法机关中不平等分配议席的做法，刑事案件中的被告人获得了更广泛的宪法保护，宪法意义上的隐私权利概念得到确认。这些具有长远意义的事件重构了美国的政治理论，并且在一定意义上重构了美国政治制度本身和美国社会的政治价值观。作者通过对沃伦法院几个具有里程碑意义的案件判决的描写和分析，展现了沃伦法院"改变并创造历史"的功绩。

此外，作者在"致读者"中特别指出，"本书写作的对象，是那些希望对联邦最高法院历史意义有概括的了解，而又不为法律的专门性所迷惑或困扰的人。我希望能向一般读者表明，对一个特定而引人注目的历史时期的联邦最高法院的深入研究，是多么有趣和激动人心。就宪法和历史的关系而言，沃伦法院的确是一个生动的例子"。

【名句共赏】

从 1/4 个世纪后的角度看，沃伦法院越来越被人们视为开启了美国宪法史上独特而具有革命性的一章。1954 年，沃伦法院在布朗诉教育委员会案中作出第一个重要判决，宣布种族隔离违宪，由此开始，它经常作出各种判决意见，改变了美国的宪法学说，进而又深刻地影响了美国社会。

——第一章，第 1 页

当我们投入历史的长河而集中关注一个特定的阶段时，我们可能会低估先后发生在我们自己所处的特定时期的那些事件的重要性。因此，我们不该认为布朗诉教育委员会的判决是凭空而起的，恰恰相反，此前在反对种族隔离上的斗争，已经为布朗案判决搭造了舞台。

——第一章，第2页

即使沃伦法院不作其他任何判决，人们也会因为它在1954年布朗诉教育委员会案中的一致决定而记住它。这个判决也许是美国联邦最高法院曾经作出过的最重要的判决。

——第二章，第23页

在美国，宪法发挥着"公民宗教"的作用，这意味着，合乎宪法的东西一直会受制于在道德上视为根本的东西。托克威尔早就察觉，在这个世界上，没有哪个国家会像美国那样，政治和宪法完全搅和在一起。

——第三章，第56页

正如首席大法官沃伦在表达不同意见（指表达沃克诉伯明翰城案的不同意见——编者注）时所说，联邦最高法院正在"首肯——粗暴地滥用司法程序"，"这种法院禁令犹如魔力无穷的戏法，将违反宪法的法律命令转变为牢不可破的屏障"，对此，只有通过"拖延法律进程"的方法才能加以挑战。

——第三章，第82-83页

布伦南大法官的伟大成就就在于他设法彻底重新表述了第一修正案法学理论中的问题。在打破了法兰克福特与布莱克之间形成的理论僵局之后，他将四个新的概念引入到了最高法院对言论自由问题的分析中来:"令人恐惧的效果"的观点;"因模糊而无效"原则;过于宽泛之法的观念("过于概括性");所谓表面挑战影响第一修正案权利法律的合法性。

——第四章,第119页

在沃伦时代最高法院的判例中可以看到的最重要的一个变化是民主重新占据核心地位。正如宪法学者约翰·哈特·埃利所言,在沃伦时代,民主成为基本理念并融入宪法精神之中。

——第五章,第128页

布伦南对他所持的正当程序观点作了如下解释:正当程序审视政府是否公正对待每个人,是否对每个人的尊严予以尊重,是否对每个人的价值予以承认。

——第五章,第155页

布莱克曾经这样看待宪法,认为宪法是"我的法律圣经",他"珍视宪法的每一个字,从第一个字到最后一个字……我个人认为对于对宪法最轻微之要求的最小背离都感到悲痛"。

——第六章,第191页

沃伦法院的自由主义者对于法律有一个共同的观念……布伦南大法官总结了这种观点:"宪法的天才人物不是依靠一个静止的和已经逝去的世界中宪法可能具有的任何静态的含义,而是依靠使那些伟大的原则适应于解决现代问题和现代的需要。"

——第七章,第199页

【作品点评】

沃伦法院对美国社会的历史印记[①]

美国是实行三权分立的国家，立法、行政、司法三权分立、相互制衡，构成了独特的政治格局，其中，代表终极司法权的联邦最高法院无疑扮演着重要角色，它对美国的国家安全、经济繁荣、社会进步做出了巨大贡献。若想了解美国联邦最高法院到底在美国社会中发挥了多大作用，我们不妨去细细研读美国哈佛大学法学教授莫顿·J.霍维茨所著的《沃伦法院对正义的追求》一书，它将为我们解开其中的缘由。

《沃伦法院对正义的追求》是一本宪政经典，讲述的是从1953年至1969年厄尔·沃伦担任联邦最高法院首席大法官的16年间，以他为首的自由派法官为实现正义而进行的卓有成效的改革。书中，作者通过深入分析一个个具有重大影响的案件，如布朗诉教育委员会案、《纽约时报》诉沙利文案等，展示沃伦法院对正义的孜孜以求，并体现其最大的贡献就是将纸上的权利变成公民现实的权利，让僵死的条文变成活的宪法。用英国著名法官丹宁勋爵的话讲，这些案件就是"法律的界碑"，它们就像表明原则界限的界碑、辨明方向的灯塔，为后世确定了法律的进路。具体而言，沃伦法院具有以下贡献。

首先，通过布朗诉教育委员会案，使宪法第十四修正案真正发挥法律效力。长期以来，黑人一直遭受种族隔离、种族歧视，未能得到平等对待，其原因是联邦最高法院在1896年普莱西诉弗格森

[①] 原载《人民法院报》2010年2月26日。

案中确立了"隔离但平等"原则。由此,虽然美国早在内战期间就通过了宪法第十三、十四、十五修正案,其主旨在于废除奴隶制,扩大宪法对自由人的宪法保护,但是一直未能得到有效实施。只有到了沃伦法院时期,通过对布朗诉教育委员会案件的判决,才推翻了普莱西案的判决,平等保护条款作为保护黑人和其他少数种群之宪法权利的重要依据才得以恢复效力。可以说,随着这个也许可以被称为"联邦最高法院作出过的最重要判决"记入宪政史,历史将铭记"沃伦法院"这个名字。

其次,沃伦法院发展了民主的概念,有力地回击了司法审查反民主的责难。通过司法判决去改变人们的法律观念、国家的政治制度,永远是联邦最高法院的工作特色和职责所在。沃伦法院也是如此,它通过行使司法权以判决方式保护所有公民的尊严与平等,最终使民主包含了实质正义的内容。具体说来,第一,通过贝克诉卡尔案、雷纳德诉西姆斯案,沃伦法院不仅将不平等分配立法选区的案件纳入司法审查范围,而且确立了"一人一票"的选举原则,有力地发展了基本民主。第二,通过米兰达诉亚利桑那等案件的判决,沃伦法院在刑事领域实现了对少数人(即被告人)的平等保护,再次彰显了民主的核心理念。如确立了犯罪嫌疑人有获得律师帮助的权利、免于自证其罪的权利、保持沉默的权利等。

最后,发展了民主文化,注重民主的真正落实。与美国历史上的任何最高法院相比,沃伦法院更认真地关注了作为民主基础文化的政治文化。在沃伦法院以前,一般的司法实践中都将宪法第一修正案中的言论自由的保护范围限定于政治言论,但沃伦法院通过一系列判决将和性有关的艺术表达也纳入其中,此外,还通过"象征性言论"理论区分了言论和行为,将言论自由的保护扩展到某些具有"象征性言论"的行为,大大地丰富了作为民主根基——言论自由的内涵。另外,沃伦法院在1965年的格里斯沃德诉康涅狄克州案中首次创制了宪法性的隐私权,因为沃伦法院意识到:民主要求公民的自治不仅体现在公共领域方面,也要涉及他们的私人领域。这充分体现了沃伦法院维护民主、发展民主的决心。

司法机关作为我国法治建设的主力军,依法推进宪政进程乃是其重要职责。由此,作为新时代的司法工作者,很有必要重读《沃伦法院对正义的追求》一书,它将给我们指引一条以法律实践促法学理论发展、以司法理论促宪政理念提升的法律道路。

32. 巴拉克的司法哲学

——《民主国家的法官》*导读

> 但我们是法官。我们要求其他人依法行事。这也是我们对自己的要求。当我们审判时,我们也在接受审判。在决定法律时,我们必须根据我们最纯洁的良知行事。
>
> ——[以]巴拉克

【作者、作品简介】

阿哈龙·巴拉克是以色列前最高法院院长。他是以色列宪法革命的积极推动者,被称作以色列的"约翰·马歇尔"。1936年9月16日出生于立陶宛,1947年移居巴勒斯坦地区。1958年毕业于耶路撒冷的希伯来大学法学院,获得法学学士学位。1958—1960年参军,服役结束后任教于希伯来大学法学院,从助教开始,迅速在学术界崭露头角。1963年获得希伯来大学的法学博士学位。1974年,年仅38岁的巴拉克出任希伯来大学法学院院长。1975年被授予最

---

* [以]阿哈龙·巴拉克:《民主国家的法官》,毕洪海译,法律出版社2011年版。

高荣誉"以色列奖",入选以色列科学与人文研究院。1978年当选为美国人文与科学院外籍院士。同年被任命到以色列最高法院,是有史以来第二年轻的大法官。于1995年担任最高法院院长,直到2006年年满70周岁的强制退休年龄。

《民主国家的法官》这本书是巴拉克最重要的著作。关于本书,至少可以有三种不同的解读:一是宣言书,巴拉克系统地阐述了自己的司法哲学,告诉读者他一直以来关于法官作用的思考;二是教科书,巴拉克阐释了基于以色列经验的自由主义司法哲学,并且告诉读者他认为该怎么去做;三是自辩书,法官在进行审判的时候也是在接受审判,因而本书也是巴拉克面临批判、质疑时扪心自问自己是否是一个好法官所交出的答辩状。

【名句共赏】

正如社会现实的变化是生活的法律(the law of life),回应社会现实的变化则是法律的生命(life of the law)。

——第一编,第15-16页

为法律而奋斗是永无止境的。守护法治的必要性永远都存在。……我们这一代的法官,有责任守护我们的基本价值,保卫它们不受挑战。

——第一编,第32页

作为法官，我们必须追求公正的结论：当事人的正义、社会的正义、法律的正义。当其他价值不能得出决定时，法官就应诉诸自己的正义感。这是正义的喜悦：正义不仅是法律制度的另外一项价值而已；正义是剩余价值，在疑难案件中具有决定性。

——第一编，第69页

司法独立具有双重目标：保障单个司法过程的程序公正，同时保护民主及其价值。用加拿大最高法院首席大法官拉默（Lamer）的话来说："司法独立对于公正解决个案争端是必不可少的，同样也是民主社会宪政的生命线。"

——第一编，第77页

裁判不仅是一项工作，也是一种生活方式。这种生活方式并不包括追求物质财富或名声，而是建立在精神财富之上，包括客观与公正地追求真理。裁判不是命令而是理性；不是掌控而是谦逊；不是力量而是慈悲；不是财富而是名誉；不是努力取悦所有人，而是坚持价值与原则；不是向利益集团投降或妥协，而是坚决维护法律；不是根据一时的兴致而是根据根深蒂固的信念与基本价值坚定地做出判决。

——第二编，第105页

法律概念体现的是世代的认识与经验。它们确保稳定性与确定性，这就是它们的意义。它们会完善我们的思考。因为它们的力量，立法不是从一张白纸开始。

——第二编，第110页

法律解释旨在实现法律的目的；解释法律文本（例如宪法或法律）的目标就是要实现文本所追求的目的。法律因而是旨在实现社会目标的工具。

——第二编，第118页

正义指引着整个解释过程，因为正义实际上是法律制度的一个核心价值。在司法裁量的范围内，正义是可以解决疑难案件的"剩余"价值。

——第二编，第136页

法律实际上源自事实；而相关法律又被强加于新的、类似的事实；有时候，取自那些新事实的新法律，又会在不同的抽象层面上反过来适用于其他的事实。这就是普通法发展的方式：归纳和演绎并用。

——第二编，第145页

比较法的意义在于拓展法官的眼界。比较法会让法官认识到他们自己法律制度的潜能，让法官知晓采取特定的法律方案可能带来的成功与失败。

——第二编，第182页

判决是法官的声音，法官借此实现他在民主国家中的职责。……判决是法官的表达手段，是司法意见借以实现的唯一手段。

——第二编，第188页

好法官知道在极端之间平衡。好法官知道，即便法律无所不在，法律也不是万能的；他们知道法律不是一个生活于自身当中的封闭框架。没有社会，法律就毫无价值，而社会价值滋养着法律。

——第四编，第 280 页

作为我们国家最高法院的法官，我们必须根据我们的良知继续前进。身为法官，我们的北极星是立宪民主的基本价值和原则。我们肩负沉重的责任。

——第四编，第 284 页

【作品点评】

巴拉克的司法哲学[①]

阿哈龙·巴拉克是以色列前最高法院院长，一位以色列宪法革命的积极推动者。在他的任期内，以色列最高法院因为他的法律意见而取得了违宪审查权；与此同时，该时期内的最高法院也是以色列自由主义司法哲学的巅峰，堪与美国沃伦法院时期相提并论，被誉为世界上最好的最高法院之一，巴拉克本人也被称作世界上最杰出的法官之一。有关巴拉克司法经验和理论的系统总结，则主要体现在他所著的《民主国家的法官》一书中。

在本书的开篇，作者就提出了一个现代民主国家的法官都会问的问题："我身为法官的职责是什么？裁决争议当然是我的职责，

---

① 原载《检察日报》2020 年 12 月 19 日。

但这是否是我全部的职责呢？"这个问题虽然并不新鲜，但是无论对于法官本人还是整个法律制度而言，均非常重要。循着这一问题，作者依次论述了法官有何职责、实现这些职责所需要的手段、法院与其他国家部门的关系、法官的职责评估等内容，从而在娓娓道来中为我们描绘了其心目中的司法经验与司法哲学。

法官的两大职责。第一，弥合法律与社会的差距。社会是不断变化的，作为建立在社会现实之上的法律，也必须变化。因此，"法律的生命是根据经验和逻辑重生，使法律适应新的社会现实"。法官在履行职责过程中，必须考虑如下因素。一是系统因素。庞德教授有句名言："法律必须保持稳定，但又不能静止不变。"而法官的任务就是，确保法律稳中有变，变中求稳，在维持法律系统的连续性和创造法律新篇章中保持法律的一致性。二是制度因素。在弥合法律和社会的差距时，必须考虑司法机关的制度局限，司法机关通过解释造法的职责附随于解决争端，因此就其本质而言，法官是零星而非系统造法，法官对法律的改变是部分的、有限的、反应性的，当整个法律部门需要全面、迅即的变革时，就应当由立法机关进行。三是司法职责认知的因素。在立法领域，立法机关是高级合作者，法官则是立法方案的低级合作者，通过赋予法律新的含义、动态的含义，弥合法律与生活之间不断变化的现实的差距，实现自身的司法职责。而普通法事业中，法官是高级合作者，通过创造普通法来保证适当践行其职责，立法机关则是低级合作者。但无论怎样，法官都要参与其中，法官并非立法机关的代理人。总之，"法官的职责就是沟通法律与生活，法官断然不能无视这一职责。无论如何，公众不能期望法官弥合法律与生活的所有差距"。可见，在这一问题上，既要认识到司法机关的力量，也要认识到其局限性。

第二，保卫宪法与民主。维护宪法、保卫民主是每一个法官的职责，作者认为，"保卫民主是现代民主国家许多法官优先考虑的事项"。与此同时，政府的每个部门也都必须保卫宪法和民主，包括立法机关、执法机关和国家的所有法官在内。谈及民主，作者认为，民主是多维的，民主世界是丰富的多面体，包括两个面相：形式面相和实质面相。形式面相与选举有关，体现人民主权，即这一主权通过定期选举行使，人民选举代表，然后后者代表人民。实质面相体现为民主的价值统治，包括权力分立、法治、司法独立、人权以及体现其他价值、社会目标、适当的行为方式的基本原则等。两者对民主而言都是必需的，属于"核心特征"。具体而言，形式民主寓示着立法至上，人民通过立法机关的代表制定法律，法律旨在执行立法机关希望代表选民实施的公共政策；实质民主建立在权力分立之上，这是"宪法制度的中流砥柱"，权力分立以"部门的三位一体"为基础，每一个部门的权威与权力都是有限的，立法机关、执法机关和司法机关都不可以超越通过宪法赋予的权威。围绕着法官的职责，作者给予了明确回答：法院的任务是维护宪法的规定，确保立法机关践行其义务；法官应当保护宪法民主，维护其所依据的微妙平衡。

实现司法职责的六种手段。一是目的解释。如果说法律解释是实现社会目标的工具，那么目的解释则是解释制度的基础。应当说，目的解释不仅适用于宪法解释，也适用于包括法律在内的所有其他法律文本的解释。目的分为主观目的和客观目的，前者体现的是立法机关的真实意图，后者指的是在民主国家应当实现的利益、价值、目标、政策与功能。如何实现目的解释，作者认为，应当以文本解释为基础，辅以适当的司法裁量，兼采主观和客观之目的，最终达致赋予法律语言最能实现其目的含义。

二是司法造法。在普通法的发展历史进程中，法官创制普通法的权力是普通法系所固有的。具体而言，司法创制植根于案件事实，法官认定事实并加以概括，从而就所要解决的争议提供规范性的解答。这就是普通法发展的方式：归纳和演绎并用。"用一位英国法官的话来说，这就是普通法的'天赋'。"

三是平衡与权衡。虽然平衡和权衡并非普遍适用，但却是实现司法职责的重要工具。以平衡为例，平衡的过程以确定与待决问题相关的价值和权利为基础，每一项价值都要被赋予特定的权重，并且置于天平之上，平衡的结果就会确定问题的答案。可以说，平衡是一种技术，一种思考方法。

四是确定是否可诉。这是法官用来实现其职责的重要工具，指的是法官确定那些他们不应作出决定的问题，而留待国家的其他部门决定。可诉性可分为规范意义上的可诉性和制度意义上的可诉性。前者旨在回答是否存在确定特定争议的法律标准，在作者看来，规范意义上的可诉性并不独立存在，因为该意义上的不可诉，只是说不存在诉由而已；后者关心的则是纠纷是否应当由法院裁判的问题，该问题由立法加以解决。

五是运用比较法。比较法有助于法官扩展眼界与解释的视野，有助于丰富法官们的选项，因而对于实现法官的职责而言，极有裨益。比较法的作用体现在以下三个方面：比较法是法官了解一部法律的客观目的的重要源泉，有助于法官更好地解释法律；比较法可以帮助法官确定宪法的客观目的，有助于法官更好地解释宪法；运用比较法可以发展普通法与解释法律文本的司法实践，有助于法官实现正义。

六是判决。判决是法官的声音,法官借此实现他在民主国家中的职责;判决是法官的表达手段,是司法意见借以实现的唯一手段。因而,正确撰写判决是一项需要学习的艺术。就此而言,作者表达了自己的观点:判决的繁简,法官并无规则可循,这是一个裁量的问题,法官应当对在何种抽象程度、如何作出判决保持敏感,在某些情形下,正确的方向是极简的,而在其他情形下则是极繁的;判决的修辞很重要,虽然强烈的修辞无助于实现司法职责,但是有时是适当的;附带意见尽管不具有约束力,但是往往极有说服力,因此,只要是能够促进司法职责的实现,附带意见就应当运用。

此外,作者对法院与立法机关、执法机关的关系进行了论述。就法院与立法机关的关系而言,应当一分为二。一方面,两者存在持续的张力,这一张力源自他们不同的职责,赋予立法机关权力体现的是民主,因此,应当不惜任何代价维持立法机关的地位;与此同时,民主国家的大部分法院,都会对法律的合宪性进行审查。另一方面,两者还存在持续的对话,例如,在颁布旨在改变法院裁判的法律时,立法机关会揭示关于司法解释活动的认识,根据解释的实体加以考虑,并且根据其优点与缺点进行回应,这就是立法机关与法官、国家一个部门与另一个部门之间不断重复的"对话"。谈及司法机关与执法机关的关系,由于执法机关的权力源自宪法和法律,因此,必须执行和服从法律,包括执法机关必须确保其行为具备合理性和符合比例原则;与此同时,司法机关享有司法审查权。

作为总结,作者对法官的职责作了评估,特别指出法官应恪守的司法哲学。作者认为,司法哲学的核心是法官认知司法职责的进路,是法官如何应付疑难案件问题的系统思考,是法官行使裁量时所考虑的一整套因素。总之,司法哲学是一种包罗万象的哲学,它指引法官在疑难案件的法律选项中作出选择。面对未来，法官仍将根据自己的良知继续前进，这种进路的核心是民主国家的价值，这一进路的核心是按照上帝的形象创造的人，这一进路认为司法的职责是服务而非权力。

丹宁勋爵说："法律条文本身并非正义，正义就藏在法律背后，法官的神圣职责就是找出正义并把它输送给当事人。"这是法律适用的要义，更是法官的职责所在。法官如何忠实履行职责，本书给出了回答。作者在对法官的职责、实现职责的手段等进行详细论述的基础上，提出了自己的司法哲学，不仅让我们以全新的视角思考法官的角色，更引发了我们对现代法官职责和作用的深入探究。当今之中国，正在大力推进法治建设，法官作为法治建设的主要引领者，如何充分发挥法官的职责和作用，如何有效发挥法官作为实现法治的中坚力量等，都是我们无法回避的话题。相信读者通过阅读本书，一定可以找到想要的答案。

33. 法官：正义与良知的守护者

——《法官能为法治做什么——美国著名法官讲演录》*导读

> 大法官们当然明白，我们并非因为从不犯错才居于终审；我们仅仅因为位居终审，才从不犯错。我们不会忘记我们的裁判牵系之广。不仅仅是当事人本身会受到影响，我们可能引导事关重大社会、经济和政治议题的走向。
>
> ——［美］布伦南

【作者、作品简介】

戴维·奥布莱恩是弗吉尼亚大学教授，也是美国司法研究的顶尖专家。1982—1983年曾在美国联邦最高法院担任访问学者，同期在首席大法官行政助理办公室任研究人员。他撰写的《风暴眼：美国政治中的最高法院》是美国最畅销的最高法院著作，1986年初版即获得美国律师协会颁发的"银槌奖"，到2014年已

---

* ［美］戴维·奥布莱恩：《法官能为法治做什么——美国著名法官讲演录》，何帆、姜强、刘媛、黄琳娜、林娜译，北京大学出版社2015年版。

出版到第十版。

《法官能为法治做什么——美国著名法官讲演录》并非奥布莱恩的专著，而是一部法官著述汇编，且以演讲稿为主。西方法官多以判词闻名于世，奥布莱恩则刻意搜集了众多法官在审判席之外的作品，并分主题撰写引言。可以说，这是一部"法官视角"之集大成者。2位首席大法官、16位最高法院大法官、12位下级法院法官，以演讲的方式，分享自己对法治的观察、对公正的理解。他们的名字，读者一定耳熟能详：霍姆斯、卡多佐、布伦南、鲍威尔、伦奎斯特、斯卡利亚、金斯伯格、苏特、布雷耶、波斯纳……这些著名法官的作品，首次被完整收录到一本书中。透过本书，读者可以了解到美国法官对司法功能的认识，对自身角色的定位和对司法政治的洞察，知晓美国式"案多人少"的困境和信息化时代庭审逐渐消失的缘由，而更加重要的，则是对于法官能为法治做什么的思考。

【名句共赏】

阿克顿勋爵说过，"自由"一词有两百多种定义。在我（指罗伯特·H.杰克逊法官——编者注）看来，这些定义都受制于当时的形势背景，并非面向未来的界定。我们的"权利法案"，打下了自由社会的制度基础。自由的含义，不只是无拘无束，不仅是少数服从多数，不光是赋予弱势阶层权力，归根结底还是要靠推动法治来实现……

——第一部分，第29页

33. 法官：正义与良知的守护者

作为一名法官，既然发现州立机构有违宪行为，我（指威廉·韦恩·贾斯蒂斯法官——编者注）的职责不允许我只是简单宣布监狱做法违宪。法官不能仅做一个社会批判者。法律和司法的力量在于实施，而非宣示。

——第一部分，第36页

联邦司法职位需要什么样的品德和才能呢？我（指罗杰·J.迈纳法官——编者注）认为，杰出的最高法院学者亨利·亚伯拉罕教授道出了真谛。他认为应当从六个方面进行评价：展现出的司法气质，专业知识及业务水平，为人处世的诚实正直，清醒、机敏和明晰的思维，适当的背景及培训经历，清晰流畅的口头和文字表达能力。

——第二部分，第66页

公正解决纠纷对司法制度提出的要求是：法院应当尽最大限度地准确查明讼争中的事实真相。我（指杰罗姆·弗兰克法官——编者注）再次重申，司法公正不是要刻意追求整体公正，而是逐项实现个案中的公正。在具体案件中，初审法院查明事实的工作，应当成为现代法院最重要的任务之一。

——第二部分，第74页

我们的裁判关系到当事人的自由、财产甚至生命。这不容许我们故作姿态，或者操心明天的媒体头条怎么写。

——第二部分，第104页

从司法民主的角度，法官之间的不同意见就和言论自由一样重要。异议意见就像奥提斯对任意搜查令的谴责，像托马斯·潘恩、托马斯·杰弗逊或詹姆斯·麦迪逊为公民自由的声辩一样，带有鲜明的美国烙印。

——第二部分，第120页

法律总是充斥着不确定性。它一贯如此，在民主体制下也将永远如此。事实是，法律是冲突利益间进行妥协调和的最高形式；它是武力与暴乱的替代品——人类迄今为止设计出的通往和平的唯一路径。

——第二部分，第122页

既然宪法法律是人民制定的，是人民通过的，那么人民一定是根据常识来读懂宪法法律的；因此，宪法法律应当是平实的，我们不能假定它们当中包含有什么深奥的含义或特殊的光辉。

——第三部分，第138页

如果你想要了解的就是法律，而不是别的，那么你就得从一个坏人的视角来看待法律，坏人只关心根据法律所能预测的具体行为后果，而不会像好人那样，将自身内心模糊的良心约束作为其行为的准则，不论这一准则是在法律之内还是法律之外。

——第三部分，第142页

33. 法官：正义与良知的守护者

法官们的唯一任务——这一任务对任何人的智慧、技艺或者品行都是重大挑战——是将立宪者或立法者的道德观转换为某种规则，这种规则能够适用于立宪者或立法者预见不到的现实情况。而抑制可能放纵的恣意、始终自觉地对权力保持克制，才是法官们的最大道德。

——第三部分，第 191 页

作为法官，尽管有的领域歧义纷呈，但决不能把它当作现代理论和偏见引入宪法的通行证。毋宁是，即使在模棱两可或者含糊的问题上，我们也必须竭尽全力适用原则和规则；否则，联邦法院案件的裁判结果将仍然只是个人偏好。仅仅是找到答案比较困难，并不意味着就没有答案。仅仅是确定某个原则比较艰难，并不意味着就根本不去寻找原则。仅仅是立法者的原意难以查明，绝不意味着法官就能够用自己的政策偏好取而代之。

——第三部分，第 209 页

大法官们并非依靠强权执行判决，而是以理论权威说服当事人。他们持有自保的本能意识，也自觉不是"一群柏拉图式的过于理想化的守护者"。所以他们通常不会引领社会中其他领域的改变，而是遵循这种改变。

——第三部分，第 239 页

因为我们宪法的精神并非存于它在那已然逝去的世界中凝固的含义，而在于它的伟大原则能与时俱进，应对一个变动不居的美国所产生的问题。一个至关重要的原则，必须要比当初催生它的特定麻烦拥有更大的适用空间。所谓宪法，不是朝生暮死的文件，只为了应付转瞬即逝的需求而炮制。它们关怀的是未来，因此，在适用时，我们不能仅仅考虑过去，也要瞩目将来。

——第四部分，第282页

【作品点评】

法官：正义与良知的守护者

美国是一个三权分立的国家，立法权、行政权和司法权分属于国会、政府和法院。在这样的权力体系中，掌握司法权的法院系统尤其令人瞩目，其中的原因既有法官选任程序严格、司法程序独特，又有法官们的独有人格魅力、高超司法技艺等。虽然记录美国法院的书籍层出不穷，但由弗杰尼亚大学教授戴维·奥布莱恩编著的《法官能为法治做什么——美国著名法官讲演录》以法官们的思考为视角，通过展示法官们对司法体制、审判管理、宪法解释等的认识，深刻揭示出法官群体的司法智慧和司法理念，是一本深入了解美国司法制度，尤其是美国法官所思所想的难得佳作。

司法审查与美国政治

一提起司法审查，就不得不提及马歇尔大法官。马歇尔的伟大之处在于，通过审理马伯里诉麦迪逊案，确立了联邦最高法院（以下简称最高法院）拥有对宪法问题的最终裁决权，即司法审查权，从而让最高法院逐渐走进了美国社会的舞台中央。正如伯格大法官评价的那样："难怪约翰·亚当斯在1823年回首往事时，将任命马

33. 法官：正义与良知的守护者

歇尔为首席大法官，视为自己对这个国家所做的最大的贡献之一。确实没有比这项任命更伟大的事了！"那么最高法院到底是一个怎样的法院呢？杰克逊大法官指出：最高法院不是一家普通的法院，其拥有独立性，这种独立通过法官终身任职和永不降薪加以保障；最高法院经常面临裁决行政与立法之间的讼争，然而，最为审慎的是，要处理个人自由和当权者之间的关系，这无疑考验着最高法院的智慧，对此，最高法院的选择是，支持对多数人确定的规则施以限制。

法院与法官

关于如何选任法官，迈纳法官指出，根据美国宪法规定，美国总统提名，经参议院同意，即可任命联邦法官。这一看似简单程序的背后，其实隐藏着不少玄机。其实，影响总统提名的因素有与总统的交情、作为最高法院一员的平衡或代表性、政治思想的兼容性、意识形态的纯洁程度等。不仅如此，每一位联邦法官候选人都必须通过司法部长、美国律协、联邦调查局的审查，最重要的是要通过白宫法律顾问的审查。当然，有一点可以肯定，那就是候任联邦法官必须能够证明自己在各方面都资质优良，达到令总统和每一位参议员都满意的程度。这种资质优良是指：正直品质，足够的法律技能，以及"能够对人类劣根性进行准确推理"。至于为何要扩大法官员额，莱茵哈特法官认为，最合理的审判模式是：公开庭审，充分辩论，将案件所有问题置于公众监督之下，让公众了解案件进展情况，而这一切都需要足够的法官规模，可是现有法官无法落实上述模式。为此，需要说服国会研究法官员额问题，明确界定联邦法院职能，注重强调个人权利，以及反对任何形式的冻结等。谈及联邦地区法院都在忙什么，霍恩比法官坦言，21世纪联邦法院的使命从来都不是对法律面前人人平等的一般维护,而是解释和释明法律,切实保障公民权利,维护程序正义和制裁犯罪。

这里,有必要谈谈最高法院的一些程序。一是内部会议不对外公开。伦奎斯特大法官认为,开庭期内经过言词辩论的案件,都需要通过召开内部会议决定"如何下判"。这一内部会议的特殊性在于,仅有9位大法官参加,法官助理、秘书等均不允许列席,由此带来的后果是:促使成员间开诚布公地交换意见,迫使每位大法官亲自准备会议讨论。依笔者的理解,内部会议之所以不对外公开,其中一个重要的原因是有利于顺畅地达成裁判结果,并切实维护司法权威。二是"四票法则"。所谓"四票法则",是指只要最高法院有4位大法官投票批准一个调卷复审令申请,这个申请便会获得准许。实践证明,"四票法则"对于最高法院进行实体复审的案件数量起到了重大影响。三是言辞辩论。哈伦二世大法官认为,言辞辩论之所以对于法官很重要,除了迎合法官的工作习惯之外,更重要的是与法官就事实与法律寻求真相真理的职责有关,因为这一过程需要言辞辩论的参与。作为成功的言辞辩论,应当具备四个因素:有所拣择,简明扼要,开诚布公,弹性灵活。四是异议意见。道格拉斯大法官指出,对民主而言,法官之间的不同意见就和言论自由一样重要,因此,法律的不确定性不可或缺,事实上也是如此,"法律是冲突利益间进行妥协调和的最高形式;它是武力与暴乱的替代品——人类迄今为止设计出的通往和平的唯一路径"。笔者认为,如果要探究异议意见的法理基础,那就是法官拥有选择的自由,并让他们的内在良知指引他们的投票。

司法与宪法

这部分主要围绕宪法解释而展开。一是宪法解释是否有必要。

斯托里大法官认为，宪法解释理论没有必要存在，"你们在阅读本文时，请不要指望从中读出什么新颖观点，或是对宪法的新见解"。对此，作为法律现实主义学派代表的霍姆斯、卡多佐大法官则认为，由于法律事实和法律规则的不确定性，因而当相应的法律不存在时，法官有权在其职责范围内设立法律。二是宪法解释采取何种方法。在宪政体制下，宪法解释必不可少，这就需要发挥司法创造力作用。由此带来了应该遵循"司法克制主义"还是"司法能动主义"的问题。华莱士法官认为，鉴于司法系统在自由政府体制内的这一角色，以及最高法院判决要推翻一项宪法修正案所面临的困难，最高法院必须以宪法的文字表述和精神内核作为判决的主要指引。由此可见，相比司法能动主义而言，司法克制主义更适合适用于宪法解释。那么在司法克制主义之下，究竟采用"严格解释主义"还是"原旨主义"，存在争议。博克法官提出应"遵循立法初衷解释宪法"，而斯卡利亚大法官和托马斯法官则是"原旨主义"的坚定支持者，后者从"两害相权取其轻"的角度，主张应适用"原旨主义"解释宪法，前者认为，解释宪法时必须竭力适用原则和规则，"如果宪法的含义并非显而易见，法官就应当寻找宪法条款的原始含义"。

三是宪法解释的方法论。布伦南大法官认为，大法官解释宪法时，他们是在代表社会公众发声，因此，解释者是在寻求对当下社会的理解；解释应当忠于宪法的内容，体现当今社会重大价值观选择的存在；解释还需体现宪法文本的变革性目的，体现与时俱进。布雷耶大法官则提出了一种建立在自由民主理论基础之上的、以结果为导向的解释方法，也就是说，此种解释方法更多关注"古代自由"，主张人民充分参与政府决策，强调保护每一个个体的基本自由，保障个人接受政府平等的尊重。四是宪法二元论。由于"权利法案"的全国化，州一级的"权利法案"常常会被忽略，这就产生了全国及各州的"权利法案"如何适用问题。布伦南大法官和林德法官均认为，州法院应当首先适用本州的"权利法案"，通过解释本州宪法和"权利法案"，自行划定其保护权利的疆界。

当前，我国司法体制改革正在纵深推进，随之而来也暴露出一些亟待解决的问题，比如如何充分发挥庭审作用提高案件质量、法官检察官遴选是否科学合理等。此时，我们不妨参考美国式经验。比如在刑事领域，通过提升出庭律师的辩论能力，来提高庭审质量；对于法官检察官的选任，可以适当采纳迈纳法官提出的资质优良理论，接受司法部门、律师协会以及相关政府部门的审查把关。由此而言，本书对于推进我国司法体制改革、丰富完善我国司法制度均具有重要借鉴意义。

本书作者阵容豪华，几乎涵盖了美国司法史上所有著名法官，而且在一本书中集中体现这些司法群英的思想，实在难得；视角全面多元，法官层面上不仅有最高法院法官，还有上诉法院和初审法院法官，内容层面上涉及制度与理念两个方面。尤其可贵的是，一些针锋相对的观念不仅有助于我们深入了解美国的司法政治，还能提供感性判断。通过法官们的演讲，向读者传达了法官们在判决书中无法传达的信息，值得仔细揣摩。值得一提的是，虽然本书关注的是美国司法热点问题，但基于司法具有共通性特点，很多问题与我国司法改革中的现实争议遥相呼应。总之，本书蕴含的法律内容、法律思想丰富，尤其是忠实记录了美国法官的真实感想，值得法律人好好阅读，相信从中可以领悟到司法的真谛与魅力。

34. 强制性乃法律的本质特征

——《原始人的法——法律的动态比较研究》(修订译本)*导读

在任何社会里,不论是原始社会还是文明社会,法律存在的真正的基本的必备条件是,社会授权的当权者合法地使用物质强制。法律有牙齿,必要时会咬人,虽则并不时时使用。

——[美]霍贝尔

【作者、作品简介】

埃德蒙斯·霍贝尔(1906—1993)是美国著名的法人类学家。1934年在哥伦比亚大学获得哲学博士学位,之后曾任犹他大学人类学教授兼系主任、密执安大学人类学教授、明尼苏达大学明尼阿波利斯分校人类学系名誉教授、美国民族学会会长和美国人类学协会主席等职。主要著作有:《晒延人方式》《原始世界的人们》《印度尼西亚的阿达特法》《科曼契人》等。

---

* [美]埃德蒙斯·霍贝尔:《原始人的法——法律的动态比较研究》(修订译本),严存生等译,法律出版社2006年版。

《原始人的法——法律的动态比较研究》是霍贝尔的代表作，于1954年出版后，立即以其翔实的材料和深刻的见解引起了人们的注意。它以丰富资料广泛介绍近年世界各地所发现的保留原始痕迹较多的一些民族或部落的有关情况；系统论述法人类学研究的基本方法；充分注意和指出原始法与现代法的差异；对人类社会法律制度的发展规律作了探索，并描绘出这一发展的大概草图。它一版再版，并得到许多学者的高度评价，正如译者所说："这本书无论在哪一方面都是高质量的，它非常有效地解决了法学和其他科学上的许多难题。它的社会学意义具有广泛性，其技术上的适应性不仅限于原始的法律体系，而且适用于一般的社会关系。"

【名句共赏】

我们必须全面仔细地俯视社会和文化，以便发现法律在整个社会结构中的位置。我们必须先对社会如何运转有所认识，然后，才可能对何为法律以及法律如何运转有一个完整的认识。

——第一章，第5页

人类学对法律的研究完全是行为主义的和经验主义的，因为我们认为，所有人类的法律都存在于人类行为之中，要通过对人类的相互关系以及自然力对他们的侵害的准确观察才能显现出来。

——第一章，第5页

34. 强制性乃法律的本质特征

  法律规范如同其他社会规范一样,是选择的产物。它同样要承受建立在各自社会基本公规的指导原则对其连续性的考验,并非所有社会制度中的基本公规都具有法的性质,因为很少有哪一个法律制度自称可容纳生活的所有内容。

——第一章,第 14-15 页

  法律的一个主要功能就是作为一个选择的规范,用它来保持法律制度与建立在其中的社会文化与基本公规的一致。因此,比较法学中的一个重要问题,就在于去寻求不同法律制度的法律公规,然后确定他们是怎样从法律制度中表现出来的。

——第一章,第 15 页

  特殊的强力、官吏的权力和规律性是构成法律的因素,这是现代法理学所教给我们的,当我们希望识别法律时,我们必须寻找它们。在这个基础上,为了工作的目的,法律可以定义如下:这样的社会规范就是法律规范,即如果对它置之不理或违反时,照例就会受到拥有社会承认的、可以这样行为的特权人物或集团,以运用物质力量相威胁或事实上加以运用。

——第二章,第 27 页

  案例常常是出现在整个文化的结构中,所以,案例的方法是可以借鉴的。就如同普通法的学者一样,他们分析了更多的案例,从而得出了原始社会的法律准则。……案例方法的研究者绝不会忘记卡多佐的告诫:"我们不能从树上采摘法律规则的精华。"

——第三章,第 34 页

即使一个适当案例的范围和事实与准则之间有偏差,也不能遗漏它,只有案例方法导致真正的法理学。

——第三章,第 35 页

法律是在烦恼和预料到的困境中发展成熟的。它的存在是为了引导人的行为,使其权益的冲突不致发展为严重的碰撞。一旦权益发生冲突,它就起着消除社会混乱的作用。

——第三章,第 35 页

法律制度绝不是如此简单的,它不能任意放入一个箱子或另一个受限制的双重箱子的体系之中。所以,在研究中处理复杂的文化现象时,不能用对他们的简单统计数据来证明事实真相。

——第十章,第 253-254 页

法律的重要贡献在于,社会的基本组织作为一个整体由法律专门地和明确地规定了关系。它建立起人与人和集团与集团的期望,以便彼此知道焦点和它对别人要求权的限制;它对别人的义务、特权和权力,对别人的企图或试图的行动的豁免和责任。

——第十一章,第 256 页

法律与习惯的区别在于,它赋予被挑选出来的人对某些人实施物质强制的特权,假如需要的话。法律让它不断地长出牙齿可以去咬。

——第十一章,第 256 页

34. 强制性乃法律的本质特征

法律的方法和技术在被用于为人们伸张正义的眼前案件时,也应尽可能考虑其判断所依据的社会政策的最终效果。

——第十一章,第262页

在原始法的本体和程序上,出现了要求与反要求、辩护与反驳,以使司法行为与社会流行的价值观念一致。当要采纳一个新方法时,不仅要取决于事实,而且要取决于诉讼当事人提供证据的技巧和他所处的令人尊敬的地位。

——第十一章,第263页

任何一个社会,不论存在长短,都会制定法规,都不会怀疑法的功能。最后的分析告诉我们,在法律工作中完成其使命比如何做更为重要。最低限度的法律工作对社会的存在是必不可少的,而高超的法律技巧则有助于实现其目的。

——第十一章,第266页

法是为固定的目的服务的,对此应进一步引起注意,因为它的增长直接显示着文明的命运。就国际社会的未来蓝图而言,为了使从原始法到现代法的发展过程清楚和具体化,我们有必要去研究比较法学,使其促进从原始法到现代法的变化过程。

——第十二章,第311页

【作品点评】

强制性乃法律的本质特征[1]

"原始社会有没有法律?"一百多年来,围绕着这一问题,法学家们争论不休。西格尔在《法律探索》中说:"人们(原始人群)生活在'习惯的无意识控制之下',没有法庭和法律。"美国著名人类学教授霍贝尔则认为"原始社会存在法律",并在其代表作《原始人的法》中从法人类学角度重新界定了法律的内涵。

霍贝尔认为,法律与社会文化密不可分,不能离开社会文化来研究法律。他说:"法律是无法从全部人类行为方式中截然分开的,因此,我们首先需要仔细地俯视和勾画社会和文化,以便发现法律在整个机构中的位置。我们必须先对社会运转有所认识,然后才可能对何为法律以及法律如何运转有一个完整的认识。"然而,文化——一个社会的成员表现和分享的、后天得到的行为方式的完整一致的总和——需要通过社会选择来实现,此种选择并非任意和偶然,总有一些标准左右或者影响选择,霍贝尔称之为"公规""价值"等。这样,通过选择,一个社会的人们就会逐渐在行为和生活方式上趋于一体化,"会对特定的刺激的反应有着相当的同一性",霍贝尔在这里所称的"同一性"首先表现为习惯(即那些反复出现的方式),其后发展为社会规范。需要指出的是,法律也是社会规范的一种。霍贝尔说,整个运转着的约束规范组成了社会的控制系统,在这一控制系统中,法律只是作为一个工序或一个因素,而选择对于社会规范特别是法律的形成有着特殊的作用,并且有助于理解法

---

[1] 原载《检察日报》2006年7月30日。

律在人类事务中的地位和作用。这一点，正如美国大法官霍姆斯所言："法律的生命不是逻辑，而是经验。"

对法律进行重新诠释和定义，不仅是法人类学研究的理论基础，也是霍贝尔《原始人的法》所要论述的核心任务。霍贝尔通过分析，认为所有的法律都有三个特性，那就是特殊的强力、官吏因素和规律性。所谓特殊的强力就是指法律的强制性，它要依赖一定的物质强力，构成法律的本质要求。霍贝尔认为，"在任何社会里，不论是原始社会还是文明社会，法律存在的真正的基本的必备条件是，社会授权的当权者合法地使用物质强制"，他还形象地将法律的此种因素描述为"法律有牙齿，必要时会咬人，虽然并不时时使用"。由此可见，霍贝尔所称的特殊的强力与我们今天所称的法律强制性是相同的，说明他也意识到了只有强制性才能保证法律的实施，强制性才是法律的本质特征。至于官吏的权力则来自法律的强力，而规律性是法律的起码要求，都不足以构成法律的本质要求。

基于上述论证，霍贝尔给法律下了定义：这样的社会规范就是法律规范，即如果对它的忽视或者违反会常规性地导致社会上掌握着如此行为之特权的一个人或者一个群体威胁使用或实际使用身体性暴力。这就是霍贝尔的非国家说或强力说。按照这一定义，法律的存在并非一定要以国家的存在为前提，只要存在某种实行强制的权力机构就行。可以说，霍贝尔正是从此角度，得出了原始社会存在法律的结论。因而，笔者以为，这个学说给霍贝尔"原始社会存在法律"的断言提供了足够的理论支撑，也是他对法人类学做出的一大贡献。

为了给"原始社会有法律"论断、非国家法律观提供充分的事实基础，霍贝尔选取了五个保留原始痕迹较多的民族进行考察，这五个民族是：北极的因纽特人、菲律宾的伊富高人、北美洲印第安人中的科曼契人、凯欧瓦和晒延部落、南太平洋的特罗布里恩人和非洲的阿散蒂人。同时，霍贝尔按照社会的发展程度，运用案例方法有理有据地展开分析论证，逐一指出了五个民族各自带有"法律"标记的"公理"，并加以举例说明。值得肯定的是，通过介绍这些民族的有关情况特别是有法律意义的"公规"并辅以具体实例，不仅展示了原始社会中存在各式各样的法律，而且有些法律制度极为成熟，甚至可以在现代法律中找到它们的"印迹"。如伊富高人发达的私法制度中就规定：资金和财物可以凭着喜爱向外放贷，借给他人，该条规定就蕴含了我们今天民法中的意思自治原则。晒延人的公理中规定：个人应服从群体，他所尽到的基本义务都是为了部落兴旺，这里就充分体现了晒延人的民主意识。作为五个民族中最为先进的阿散蒂人的公理中规定：必须允许所有人直接或者间接地参加制定法律，显然，该规定是阿散蒂人强调现代法治理念的又一例证。

　　鉴于法人类学关注的并不仅仅是原始社会的法律，其更关乎法律的发展和完善，因此，霍贝尔在《原始人的法》一书中对法律的产生与发展也作了概述。令人关注的是，书中霍贝尔还就法律与宗教、巫术的关系，法律的功能等提出了自己独到的见解。

35. 始终关注社会生活的"活法"

——《法社会学原理》*导读

在当代以及任何其他的时代，法的发展的重心既不在于立法，也不在于法学或司法判决，而在于社会本身。

——［奥］埃利希

【作者、作品简介】

欧根·埃利希（1862—1922）是奥地利法学家，欧洲社会学法学、自由法学的创始人之一。出生于布科维纳的切尔诺夫策的一个犹太人家庭。1886年在维也纳大学获得法学博士学位。1894年任维也纳大学讲师，主讲罗马法，并兼任律师工作。1897年在切尔诺夫策大学担任罗马法教授直至1922年去世。在此期间，埃利希于1906—1907年间担任该大学校长。主要著作有：《默示的意思表示》（1893）、《德国民法典上的强行法与非强行法》（1899）、《自由的法的发现和自由法学》（1903）、《法社会学原理》（1913）、《法律

---

* ［奥］欧根·埃利希：《法社会学原理》，舒国滢译，中国大百科全书出版社2009年版。

逻辑》(1919)等。

《法社会学原理》在法理学中被称为社会学学派的代表作之一。"法律社会学"一词虽非埃利希始创,但是以词为专著之名者,则推埃利希为第一人。书中提出的核心观点是,法律生活现象来源于社会,并反过来对社会产生深远影响。本书意在告诉我们,人类的法律行为范围甚广,法律条文只涉及这种行为的一小部分;而法官断处的根据,鲜为法律条文,可以说是自由地寻觅法律;所以研究法律的科学不应当以法典和法律条文为对象,法律的真理要向社会本身去寻找。此外,作者提出的习惯法理论、"活法理论"、社会学研究方法等都对后世产生了深远影响。

【名句共赏】

即使法律史不再是法律教义学的婢女,它对后者仍然发挥着极其宝贵的服务功能;当今的法律教义学所包含的最好的科学成就应归功于法律史的供养。

——第一章,第3页

凡契约保持沉默的地方,就是法外空间(rechtsleerer Raum);逐字逐句、墨守成规的契约解释(这在中古法律上是很典型的)不是基于自称来自于原始时期、但原始时期却完全陌生的形式主义,而是基于下面一点:契约言辞之外,无物可被持守。

——第二章,第31页

35. 始终关注社会生活的"活法"

继承法好像是一种博彩；法律条款取代了遗孤的作用，通过这些条款的拐弯抹角的句子，充满神秘的命运之神带着被蒙住的双眼按照玄妙莫测的天意将其礼物分发给那些幸运儿。

——第三章，第 53 页

占有法因此是经济秩序的真正法律，它与国民经济之活法具有最为紧密的联系。正因如此，它也是最具有变动性的法律领域之一。

——第五章，第 102 页

法律史告诉我们，在契约变成法的事实的所有情形中，不是人的意志之自主性得到法律承认，而是契约在社会生活和经济生活中实际所起的作用受到重视。对法律而言，契约无异于是社会秩序和经济秩序的一个工具。

——第五章，第 115 页

裁判规范像所有的社会规范一样是一种行为规则，但确实只为法院适用，它至少主要不是一种为在日常生活中活动的人设定的规则，而是为对他人的行为进行裁判的人设定的规则。

——第六章，第 127 页

科学的重要性同制定法和法官的重要性成反比：法官的地位愈高，则他愈加热衷于保护自己的独立性，而立法愈有无限权威、愈加包罗万象，它将留给法学家的空间就愈少。因此，法学总是随着法典编纂一起衰退，直到意识到其中的缺陷和漏洞时才苏醒成为新的生命。

——第八章，第 192 页

正义来自于社会，而不是个人：在这个方面，裁判者的角色之所以重要，仅仅在于他能够至少于一定的范围内在各种不同的答案之中选择最符合其个人情感的答案。

——第九章，第215页

我们既不拥有唯一的正义，也不拥有唯一的美；但正义存在于一切正义作品之中，这正如美只从每一件真正的艺术作品中才向人类叙说。正义就像在制定法、法官判决和文献作品中被个别地加以型塑一样，就其最高的表现形式而言，则是矛盾的天才综合之结果，其他一切由人类创造的尤物莫不如此。

——第九章，第222-223页

正义没有公式，它只是一条道路和一个目标的表达：一个在阳光灿烂的远方、为人类精神所能预感但却不能认知的目标，一条人们必须蹒跚跟跄、不确定地行进的道路。

——第九章，第225页

罗马法学史却恰恰表明，这种法学在本质上像任何其他法学一样，更多的是一种持守力，而不是一种推动力。它只有犹豫不决地、不情愿地、闷闷不乐地顺从生活不可推托的需要，从不越过绝对的必要之外。

——第十一章，第289页

在英国，针对普通法的抱怨仅仅关乎其过分的漫无头绪。事实上，它散落在成千上万卷典籍之中，就像是在热带原始森林，在这里，迷路的漫游者所看到的每一棵新树都会使他感到意外和危

35. 始终关注社会生活的"活法"

险。但这种缺陷显然根本不在于自由的法的发现,而在于所有法官判决的无限约束力,这种约束力一直延续到它们被上一级的法院推翻为止。

——第十二章,第 324-325 页

法学连同它所描述的规范,必定呈现出一幅规范应为之生效的社会图景,这幅图景将由毕生奉献于对社会进行法学考察的人们以及对事物的现实应当拥有敏觉的人们来绘制。

——第二十章,第 526 页

活法不是在法条中确定的法,而是支配生活本身的法。这种法的认识来源首先是现代的法律文件,其次是对生活、商业、习惯和惯例以及所有联合体的切身观察。

——第二十章,第 545 页

法社会学的观察不仅仅要以生活去衡量法条,而且也要以生活去衡量法律文件;它在这里还要将现行法与活法区别开来。现行法(裁判规范)可能是法律文件的整个有效的内容,因为一旦发生诉讼,判决的关键就取决于它;但是,当事人即使不愿意冒诉讼风险,他们平常所遵守的也只是活法。

——第二十章,第 550 页

科学的使命最终不是寻求轻松愉快的工作,而是寻求重大而富有成果的工作。我们的一切知识都是不全面的,法律科学也不会例外,它变得愈加科学,就愈加概莫能外。

——第二十章,第 558 页

方法，如同科学本身一样，是没有止境的。

——第二十章，第560页

【作品点评】

始终关注社会生活的"活法"[1]

欧根·埃利希是奥地利法学家，欧洲社会学法学、自由法学的创始人之一。埃利希的一生留下了诸多经典著作，其中，《法社会学原理》作为连接社会学与法学的桥梁，为他赢得了"欧洲法社会学之父"的声誉。可以说，《法社会学原理》一书讨论并确立了法社会学的基本主题与原理，是现代法社会学的第一部系统作品，取得了开创性的法学成就，故而不失为19世纪末至20世纪初的法学名著之一。

在该书的序言中，埃利希写道："在当代以及任何其他的时代，法的发展的重心既不在于立法，也不在于法学或司法判决，而在于社会本身。"这句话蕴含的内在理论即为"活法"理论，是埃利希法社会学思想的灵魂所在，它跨越了西方法学史诸多法学流派汇成的璀璨法学理论文化，为之后的法学思想发展提供了宝贵财富。围绕着"活法"理论，埃利希展开了深入的论述，从这些论述中可以发现，"活法"理论在当下仍具有重要意义。

第一，法的概念。在指出19世纪至20世纪初欧陆法学的缺陷与不足之后，埃利希详细分析了法的概念。埃利希认为，从法官的

---

[1] 原载《检察日报》2017年11月16日。

观点出发，法是"法官据以必须对呈现在他面前的法律争议进行裁决的规则"；而从法律史学家的视角看，法则是"人类行为的规则"。然而，多数西方法学家忽略了这种差异，将法院据以进行裁决的规则等同于人们据以行为的规则。埃利希认为，法社会学必须首先研究"法院的判决对人们的实际行为产生影响"在多大程度上切合实际，以及它依赖什么样的环境。此外，埃利希通过对西方法律和法律学说的历史考察，梳理了有关法概念的理论界定，包括：法是由国王或者国家制定的；法是法院或者法官据以处理人际争议的规则；法是一种国家通过强力而实施的强制秩序；法是一种人类团体秩序，或者是调整此类秩序的规则。作为总结，埃利希认为，法是一种社会现象，任何一种法学均属于社会科学，法社会学是法的科学理论。

第二，社会团体及其内部秩序。法社会学的出发点是将法置于社会背景下进行考察，这就必然要涉及对"社会"的分析。为此埃利希作了如下分析。首先，分析了社会和社会团体。人类社会是彼此存在联系的人类团体的总体，各种人类团体相互交织、相互影响，共同构成了社会；在人类社会的历史进程中，社会团体形式经历了从氏族、家庭、家族、部落等以血缘为纽带的共同体，到教会、行会、政党等以宗教、经济与政治为纽带的共同体，最终形成了国家。其次，以古代社会为例，指出：一是法主要是氏族、家庭、家族成员共同体中的秩序，这种秩序"决定夫妻、父母与子女间的相互关系以及其他氏族、家庭和家族成员共同体之相互关系"。笔者认为，在实证意义上的法形成之前，社会团体的内部秩序已经具有了法的典型特征。二是通过对最古老的土地法、契约法等分析，埃利希得出的结论是，古代社会的整个法律秩序存在于人类团体的内部秩序之中,"它不是通过法律规则,而完全是通过其团体的内部秩序来维持自己的平衡"。比如在中世纪欧洲封建国家中,就出现了自治城市这些全新的地区性团体,以此来替代法律秩序,担负一系列社会职能。笔者认为,人类的群体、联合体和各种关系中的内部秩序是法律秩序的基础,为我们提供了"活法"。最后,重申了前述观点,从法社会学角度而言,法官从裁决中提炼出来的"事实问题"恰好是人类团体的内部秩序,"即使在今天,人的命运在很大程度上依然由团体内部秩序而非法条所决定"。此外,埃利希还认为,人类团体的内部秩序不仅仅是原初的法的形式,而且直到当代仍然是法的基本形式,因此,"要说明法的起源、发展和本质,就必须首先探究团体的秩序"。

第三,法的三个维度。为全面展示法的观念,埃利希从以下三个维度展开了对法的社会学研究。首先,社会法层面。埃利希创设了法律规范的"承认理论",即无论法律规范还是其他规范,只要人类实际上以此来调整自己的行为,就必须被承认;规范经由社会团体的承认所赋予的社会力而发生作用。据此,埃利希归纳出法律规范的特征:法律规范调整较为重要的、具有根本意义的事项;法律规范赋予以其为基础的团体以稳定性;法律具有律他性,以详细的指引性规定引导人们的行为及其后果。他还对法律规范作出确切界定:"法律规范是来源于法的事实的规范,即来源于社会团体中给每个成员分配其地位和职责的习惯,来源于支配、占有关系、团体章程、契约、遗嘱处分和其他类型的处分行为;而且,法律规范也是来自国家的法条和法学家的规范。"其次,法官法层面。社会团体与社会生活的多样性及其引发的冲突与纠纷的多样性,导致裁判规范必须通过普遍化和统一化来简化规则,以应对纷繁复杂的情况。埃利希认为,最早出现的是普遍而统一的裁判规范,而不是普遍而统一的活法;在统一的外壳之下,个别的、地方性的差异也许还能继续存在。基于裁判规范对法的形成具有重大意义的稳定性法则,裁判规范获得了"非凡顽强的生命力和巨大的伸展力",并最终演变为法律规范。最后,国家法层面。埃利希认为,国家法是"通过国家而产生的法",以此严格区别于制定法。国家法包括军事法、警察法、税法以及国家行政法。与来自社会的法律规范相对,国家创制的法律规范通常依赖于国家官员的执行。此外,必须指出的是,国家法在法律形成与发展中的作用相当有限,以至于国家仅仅是一种服务于社会的机构,其主要功能在于维护从社会中发展而来的法律。

第四,"活法"理论的架构。作为自由法学的开创者,埃利希始终致力于研究社会中确实为实践接受的法,为此,他创设并运用了"活法"这一独特概念,以区别于作为规范文本的法。一是指出了"活法"及其来源。所谓"活法","不是在法条中确定的法,而是支配生活本身的法","活法"的来源"首先是现代的法律文件,其次是对生活、商业、习惯和惯例以及所有联合体的切身观察"。此外,"活法"的来源还包括旧法的残存和新法的萌芽。当然,现代法律文件(包括司法判决),才是认识"活法"的最重要来源。二是阐明了"活法"的价值。在埃利希看来,法社会学必须开始的工作就是对"活法"的探究。法社会学首先应关注具体的习惯、支配—占有关系、契约、章程、遗嘱处分,进而研究它们的一般有效性,从中总结归纳出据以调整社会关系的行为准则。由于现代意义上的裁判规范与制定法正是在行为规则的基础上产生的,因此,可以说,"活法"具有它自己的认识价值,"它是人类社会法律秩序的基础"。

第五，法社会学及其方法。埃利希认为，法社会学是一门观察的科学，这里所讨论的不是文献史，也不是方法论，而仅仅是法社会学的方法。"我们当代必须解决的最重要的问题是：社会学家应关注什么样的现象，他应用什么样的方式收集事实以认识和解释这种现象？"对法的科学认识至关重要的法律领域中的社会事实，首先是法的事实本身，即在人类团体中决定每个人之地位和职责的习惯、支配—占有关系、契约、社会章程、遗嘱处分和其他处分，遗产继承顺位；其次，就是纯粹作为事实的法条，也就是说，只是从法条的起源和其效果来考察，而不涉及实际的应用和解释；最后，还有导致法的形成的所有社会之力。因此，法社会学家必须把目光投向这些现象，他们必须收集产生这些现象的事实并加以解释。笔者认为，上述论断充分体现了埃利希法社会学思想的一个基本特征，那就是较强的实践导向，即始终关注社会生活，通过作为法律规范基础的生活关系来探究法律制度。

法社会学的出现是20世纪西方法学领域的重大事件。在短短的几十年里，法社会学成为与自然法学、分析法学三足鼎立的法学思潮和流派之一。而法社会学的出现和发展与埃利希的贡献显然是分不开的。《法社会学原理》一书提出新的法律概念、关注法的事实、提出法官自由发现理论、重视社会对法的作用，并且深入探讨法社会学的研究对象和研究方法，不仅推动了法社会学在欧洲的发展，而且也促进了法社会学在美国的传播与发展。因此，该书可以称得上是法社会学的开创之作，更是法社会学领域的经典之作，对于我们立法、司法、学术研究有诸多启示，值得每一位法律人仔细品读与回味。

36. 在社会中认识和研究法律

——《法律社会学导论》（第2版）[*]导读

法律社会学的目标必须是解释复杂性，而不是复制或者隐藏复杂性；法律社会学必须努力揭示出它研究的社会细节所具有的最广阔的意义，在个体的法律经验和不同社会群体的法律经验之间搭建交流的桥梁，并建构关联不同的专门知识或地方性知识的视角。

——［英］科特威尔

【作者、作品简介】

罗杰·科特威尔是伦敦大学玛丽皇后·韦斯特菲尔学院法学院理论教授。2005年当选英国学术院院士，2014年当选英国社会科学院院士，2013年被授予社会－法律研究学会终身成就奖。科特威尔教授的研究领域主要包括社会－法律理论和法理学，以及信托法、比较法、犯罪学和公法。主要著作有：《法律社会学导论》（1984）、《法理学的政治分析：法律哲学批判导论》（1989）、《法律

---

[*] ［英］罗杰·科特威尔：《法律社会学导论》（第2版），彭小龙译，中国政法大学出版社2015年版。

共同体：社会学视野中的法律理论》（1995）、《法律、文化与社会：社会理论镜像中的法律观念》（2006）、《活法：法律与社会理论研究》（2008）等。

正如作者在"中译本序言"中所说，《法律社会学导论》这本书旨在介绍塑造西方发达国家法律社会学中的主要的经验研究和理论，并为法律社会学研究提供一个一般性导论。从本书的内容看，前五章从社会学的角度讨论对法律进行系统分析的各种理论进路，第六至第八章将这些理论运用于法律制度的三个方面——法律职业、审判和执行，第九章作为总结，再现前述问题，并展示这些问题之间的联系。由此，本书为当代西方社会中的法律提供了一个独特的观察视角，并为研究该领域多种多样的文献提供了一个清晰的分析框架。当然，作为一本享有国际声誉的杰出的著作，本书对法律社会学所有的主要理论研究和经验研究作出了系统介绍。

【名句共赏】

无论法律在西方社会中的意义如何深远，作为一整套制度和职业活动，或许它最显著的特征在于其明显的隔离状态。

——第一章，第16页

法律被视为一种代代相传的技艺，包含了只有通过学徒的实践经验才能获得的秘密技术。事实上，在英美法系中，这种早期的法律技艺观并没有完全消失，只不过是为现代职业化观念所掩盖而已。

——第一章，第17页

36. 在社会中认识和研究法律

　　法律的定义与法律的模式存在根本性的不同。前者规定了我们思考法律的方式，实际上意味着研究的终结；后者只不过是一个研究的起点，一个用以固定思想、数据和假设的支点。

——第一章，第 38 页

　　法律从最初仅仅是对共享信仰或者价值观的反映或者表征，逐渐成为一种替代这些信仰和价值观的道德力量。法律肩负着协调多种多样的道德环境并将之结构化为一个整体的社会统一体的特殊任务。

——第三章，第 95 页

　　就像一座灯塔，法律支撑着相互矛盾的崇高目标，其他分离的社会要素由于环绕在其周围而得以团结。"这就是法律的伟大之处。在容忍并实现朝向不同方向的各种崇高目标的同时，法律还能够维持着表面上的社会团结。"

——第四章，第 102 页

　　无论采取何种观点，法律既可以被看成是权力关系的表达，也能够被视为是对这些关系进行正式化和规范化的一种重要机制。法律保障权力并使之正当化。

——第四章，第 112-113 页

　　法治所要求的是，当确实遭遇法律时，人们遇到的是一套可预测的规则和程序，他们可以以此为基础来组织自己的理性行为。

——第五章，第 175 页

法治的正当性为西方资本主义社会中的"弱势者"提供了一个重要的政治武器,其原因在于它必须向这些人提供基于已知或者能够获知的规则的保护、限制恣意的自由裁量权,以及迫使权贵者在法律上作出许多有价值的让步和妥协。

——第五章,第 175 页

在一些法律体系(尤其是英美法系)中,法律人对客户利益的认同度非常高,实用主义的就事论事风格(case-by-case approach)是法律业务的特征,并且法律职业基于历史原因享有很大程度上的不受国家控制的独立性。在这种背景下,法律个人主义很可能在法律业务中得到有力的强化。

——第六章,第 200 页

面对立法和社会的变迁,精心阐释法律学说以维持法律意识形态的稳定性——这是法律意识形态永恒的常识性品质——并由此维系韦伯意义上的法理型统治以及法律秩序和社会秩序的稳定性,是一项需要高水平司法技艺的治理任务。

——第七章,第 225 页

作为国家机器的组成部分,司法必须在国家权力体系中"赢得"其特有的地位,其中包括不受其他国家机制的绝对的、直接的控制。

——第七章,第 231 页

现代法是法治国的法。这种法律脱离了传统文化根基，抛弃了法律学说是共同价值观或者永恒智慧之体现的陈旧普通法观念，而被确认为是现代国家一种理性管理的技术性工具。

——第九章，第301页

作为理解社会生活特征的框架，法律观念是在许多社会互动的情形和过程——法庭上的对质、律师办公室的协商、邻里中心的纠纷解决或者纠纷抑制、规制机构的谈判实践、警察文化的详细阐述等——中塑造的。

——第九章，第307页

【作品点评】

在社会中认识和研究法律[①]

法律社会学的出现是20世纪西方法学领域的重大事件，它将法律置于社会整体的视野中来观察和描述，开创了一种全新的法律研究方法。如果说奥地利法学家欧根·埃利希所著的《法社会学原理》是法律社会学的开创之作，奠定了法律社会学科基本原理的基础的话，那么英国法律社会学家罗杰·科特威尔所著的《法律社会学导论》则从介绍西方国家法律社会学的经验研究和理论入手，旨在呈现法律社会学的一般性导论，可以给予我们法学研究有益启发。

德国法学家萨维尼说，"法律是生活的全部内容，但应有一个

---

① 原载《检察日报》2018年5月10日。

特定的观察视角。"从社会学角度来研究和观察法律,无疑是法律社会学的首要研究方法。本书脉络清晰,前五章从社会学的角度分析了法律的各种理论进路,指出了法律所具有的最一般、最具社会学意义的特征,后三章则将法律社会学的理论依次运用于法律制度的三个方面,展现了法律社会学的有效应用,可谓是理论与实践的有机结合。

法律社会学的理论基础——五种理论进路分析。作者认为,法律是一种重要的社会现象,"法律渗透在社会行为的所有领域中"。因此,将法律放置在社会之下观察,法律即具有多维度的社会实在。对于社会学而言,它可以给法律提供"社会学的想象力"。第一,作为社会生活框架的法律。传统法律观认为,法律与生活是分离的,法律经验和社会经验是两个不同的世界。然而,美国社会学家萨姆纳的研究表明,法律起源于或者必须起源于伦常。伦常逐渐演变为法律,立法也必须与伦常保持一致。"社会生活自身具有活力,法律、哲学、宗教、道德并不是独立存在的事物,只不过是这种活力的各种表现而已。它们深深扎根于社会发展过程中,却几乎无力改变这种进程。"这是其一。其二,正如萨维尼所言,法律和语言都是"民族精神"最重要的表达。因此,讨论法律制度时,离不开文化一词。事实上,"一切有关法律制度和法律概念之特征的问题都必须结合其生存的社会环境进行理解",在这个意义上,法律是文化的一种表达。其三,社会的发展表明,法律问题已不再是社会组织的核心问题,法律思维也不仅是法律人的思维,在某种程度上也是一个社会中许多组织、机构和社会关系用以解决问题的日常方式的一部分。笔者以为,以上论述充分表明,法律具有浓厚的社会基础,法律植根于社会,法律无法脱离社会而独立存在。

第二，作为社会变迁工具的法律。在社会变迁的历史长河中，有意识地运用法律来促进或者阻碍社会变迁是一种普遍现象，"社会变迁和社会流动的重要时期都包含了法律和诉讼的广泛使用"。至于法律如何影响社会变迁，作者引用社会学家德罗尔的理论，以立法策略为例，指出：法律塑造社会制度，这些社会制度进而对社会变迁的速度或者性质产生直接影响；法律通常给专门为变迁施加影响而设的机构建立制度框架等。再如，作者以立法在何种条件下才能有效影响人们的行为或态度为例，引用社会学家埃文的理论，指出有效立法必须具有权威和威信、必须确认服从法律的实际模式等七个条件。笔者认为，法律对社会变迁产生影响，虽然表明法律是社会管理的工具，但是"法律植根于社会"的命题依然成立。

第三，作为整合机制的法律。从社会学角度而言，一部法律的功能完全不依赖于制定者的意图，而取决于它在维护现行社会制度和经济制度中的贡献。"社会制度或法律制度具有的显著功能，只能根据它作为一个更广阔的社会系统的要素所处的地位来确定，也许完全不同于与其存续直接相关的人们所公认的内容。"这就是功能分析方法。为了展示法律的功能分析，作者以庞德、涂尔干、卢埃林和帕森斯四位学者为例，说明法律是一种整合机制，即一种应对危及社会基本凝聚力的紧张或冲突的处理方式。如帕森斯的社会系统分析，为法律在社会系统各功能要素关系全景中的位置提供了一种可能的清晰的详细说明。

第四，作为意识形态的法律。意识形态观念解决的是一个社会中被普遍接受的理念或态度的维系问题。马克思主义理论作为一种意识形态观念，主要阐述的是资本主义社会中法律的压迫功能和意识形态功能。前者是指法律作为一种压迫性工具，在维持社会中占支配地位的生产方式的秩序和稳定、应对支配性生产方式的生存环境等方面发挥作用，后者是指工人和资本家在法律上实现平等，一方面工人有权获得工资，另一方面资本家有权获得利润。就意识形态而言，马克思主义理论为资本主义法律意识形态提供了三种解释进路：经济派生论、结构主义、阶级工具主义。此外，作者重点论述了作为西方法律和社会标志的个人主义。"作为一种意识形态，个人主义采用一种绝对化的视角来观察社会生活和个人生活。"契约、雇佣合同、婚姻等均是个人主义的体现。

第五，法律具有正当性。可以说，法律的正当性是法律可接受性的前提和基础。韦伯认为，西方社会的政治正当性基础来自于一个由抽象且全面的规则体系所构成的法律秩序，即所谓的法治。随着法律的发展，现代法律也出现了转型，包括三种类别：自由裁量式调整、机械式调整、个别化调整。面对法治后的法律正当性，作者认为，需要自由裁量式调整的助力，通过该调整，不仅为行政管理提供有效方式，还能够避免法律政策实施过程中的矛盾冲突。

法律社会学的实践运用——法律职业、审判和执行。第一，法律职业。首先，从两大法系的历史看，法律职业的出现是社会发展的必然。无论是英美法系的法律职业统一化，还是大陆法系的法律职业多元化，均表明存在法律职业统一体，这个统一体既表现为职业分工，也表现为职业分层。前者如英国历史上曾有代理律师和诉讼律师之分，后者如美国律师的执业可以分为律师事务所、小型联合执业和单独执业等不同层次。其次，就法律职业而言，强调的是职业道德准则和职业伦理，这不仅是律师职业的一个标志，更是律师行业精心构造的公众形象的一部分；而对于法律业务来说，则仅强调需求，这种需求包括职业需求和商业需求。因此，是服务导向而非利益导向区分了职业与业务。最后，专业知识和特殊技能为法律职业主义提供了基础。"如果法律成为一种职业，那么它必须拥有自身的传统和准则，这些传统和准则应该得到熟练掌握和严格执行。"

第二，法院与法官。虽然当代西方社会不同法律体系的组织和传统存在明显差异，但是，作者试图找出某些一般性特征。其一，就法院与纠纷的关系而言，法院依法裁判的目的并非是为了纠纷解决，而应当是对规范秩序的确认，即根据法律学说对特定社会情况或社会关系的一种界定。其二，法院的意识形态功能包括：法律学说的基本价值和概念是由法院加以阐述的，并在立法的适用或解释中被援用；在美国联邦最高法院的司法政治中，构建能够被公认为不证自明的正确的法律学说，是其展示完成意识形态任务的重要方法；在所有的司法活动中，都具有一定程度的传统型和克里斯玛型的权威基础；审判政治化确实存在，比如基于政治原因，为了获取特定的审判结果，而故意以违反法律学说的方式操作审判程序。其三，就法官与国家的关系而言，司法独立是法院不可或缺的关键要素，即司法必须不受其他国家机制的绝对的、直接的控制。其四，作为政策制定者的法院，其职能主要是在社会关系变迁的情况下对法律学说进行理性化和详尽阐述，在诉讼案件或者其他请求中强化和确认现有的法律学说。

第三，法律执行。众所周知，法律执行需要由执行机构来完成，作者将执行机构分为规制机构和警察机构，分别从事刑事法律的执行和除此之外的其他刑事法律的执行。就规制机构而言，其策略包括：建议、说服、协商、明示或暗示的威胁、起诉等；行使大量的自由裁量权，以协调法律规则与这些规则对规制对象的现实意义之间的关系；采用一些必要的妥协政策，以应对规制机构自身存在的缺乏公众支持、缺乏充分的资源等不足。警察机构的中心任务是维护社会秩序，为此，警察机构不仅需要必要的自由裁量权，需要强化权威和职业的正当性，需要加强警察组织的管理与控制，更需要警察文化的正确引领。

本书虽然立足于法律社会学的入门介绍，但是书中所展现出来的有关法律社会学的全新研究方法、丰富理论内涵却给我们留下了深刻印象：绝非资料和理论的简单堆砌，而是寓理论与实践于一体，在娓娓道来之中深刻揭示了法律社会学作为一门学科的精细理论和系统体系。这无疑为法律社会学的深入发展做出了持久贡献，值得我们深入研究。

37. 加罗法洛的犯罪学思想

——《犯罪学》*导读

> 如果刑罚的唯一目的是消除社会的敌人,如果刑罚只是一种直接预防和特殊预防的方法,如果刑罚适合于罪犯的个性,那么,刑罚就是公正的。
>
> ——[意]加罗法洛

【作者、作品简介】

B.R. 加罗法洛（1852—1934）是意大利法学家、犯罪学家,犯罪人类学派主要代表人物之一,他与龙勃罗梭、菲利一起被并称为"犯罪学三圣"。

《犯罪学》首版于1885年,之后多次再版,并先后被译成英、法、西班牙和葡萄牙等多种文字,是加罗法洛的代表作。在书中,作者首次提出自然犯罪的概念,其研究成果对犯罪学的实证主义研究方法具有重大意义。本书是犯罪学领域中比较有影响的著作之一,它的出版标志着犯罪学从其他学科中独立出来,成为一门新的

---

* [意]加罗法洛:《犯罪学》,耿伟、王新译,中国大百科全书出版社1996年版。

学科。本书由四篇组成：第一篇"犯罪"，系统地阐述了自然犯罪的原理，认为违背怜悯和正直等利他情感的犯罪是自然犯，并对犯罪行为进行了分析；第二篇"犯罪人"，依据人类学统计数据，认为"无道德异常便无自然犯罪"，且把罪犯分为谋杀犯、暴力犯、缺乏正直感的罪犯和色情犯等四类；第三篇"遏制犯罪"，作者依据达尔文进化论提出"适应法则"，并在分析现行刑事诉讼缺陷的基础上，对不同的罪犯提出相应的刑事处罚对策；最后，作者草拟了国际刑法典所依据的原则纲要，旨在各个国家相互协助，共同遏制犯罪。可以说，本书与龙勃罗梭的《犯罪人论》在犯罪学术史上占有同等重要的地位。

【名句共赏】

无条件地宽恕所有犯罪人，只能意味着诚实的公民被邪恶和犯罪所压迫。

——序言，第 13 页

对犯罪的斗争一刻也不能停止。这是国家首要的责任，因为公民的首要权利——我（指加罗法洛——编者注）甚至可以说社会存在的主要原因——就是他的身体完整、行动自由和对合法财产的享用受到保障。

——序言，第 13 页

37. 加罗法洛的犯罪学思想

犯罪一直是一种有害行为,但它同时又是一种伤害某种被某个聚居体共同承认的道德情感的行为。

——第一篇,第 21-22 页

法庭几乎是一样的情景——身着黑袍的法官坐在法官席上,书记员忙碌于纸笔之间,律师在慷慨陈词……然而旁听者却只是感到在这两类案件(指刑事案件和民事案件——编者注)之间毫无真正联系,两个法庭的入口只有几英尺之隔,然而它们的道德距离却无限遥远。

——第一篇,第 62 页

法律学者只在外部形式上研究犯罪,却不从心理实验的角度进行分析;犯罪的起源从来不是他考虑的问题,他所关心的是查明各种重罪与重罪的外部特征,即按照它们所侵犯的权益对事实分类。他要寻找的刑罚是一种均衡而且"抽象"的公正的刑罚,而不是经实验证明能在总体上有效地减少犯罪的刑罚。

——第一篇,第 62-63 页

一个众所周知的事实是,在已经立案的犯罪中,只有不到一半受到了审判。而且这些已立案的犯罪在全部实施的犯罪中只占很小的一部分,而大多数未被发现或未向警方报告。

——第二篇,第 77-78 页

犯罪人异常就是对文明人类型的一种偏离，正因如此，它不同于疾病。疾病是一种相对于全人类的异常，而不是相对于道德占优势的特定状态的异常，而且这种状态本身也是一系列有机个体微妙变更的结果。

——第二篇，第104页

正是道德意识创造了法律，法律反过来也维持、加强和创造着道德意识。如果看不到惩罚的促进因素，惩罚就会以一种缓慢的、不被注意的、长期的方式发展。

——第三篇，第216页

惩罚引起苦痛的事实，加强诚实人们脑海中的道德动机，它为道德意识提供一种新的抵抗力和持续力。除此之外，在许多情况下，惩罚给予诚实的人们以实际的报偿。

——第三篇，第217页

任何试图建立一种基于威慑之上刑事制度的想法，将会使我们陷入最平庸的经验主义，这是因为完全缺乏一个科学的标准。

——第三篇，第219页

刑罚的唯一目的应是间接预防。对罪犯处以刑罚，不是因为他有实施犯罪的倾向，而是因为其他人可能以他为榜样而实施相应的犯罪。

——第三篇，第266页

公众所认识的法律并不是立法者所制定的法律,而是他们所看到的、为法官所应用的法律。尽管道义责任的原理与已为法律所规定的,或者仅适用于审判者决断的减轻情节相符合,但它们几乎很难使法律所规定的刑罚得以应用。

——第三篇,第294页

【作品点评】

加罗法洛的犯罪学思想

加罗法洛是意大利著名的犯罪学家,实证主义犯罪学学派的代表人物之一,与龙勃罗梭、菲利一道被公认为现代犯罪学的创始人。1885年问世的《犯罪学》是其代表作,书中加罗法洛首次提出"犯罪学"这一概念,标志着犯罪学从其他学科中独立出来,作为一门全新的学科屹立于刑事学科之林。

实证方法论。相比刑事古典学派将思辨与演绎作为研究方法,加罗法洛认为,如要揭示犯罪的本质特征、挖掘犯罪的真正原因,对犯罪人进行科学分类以及由此找到惩治犯罪的有效方法,就必须将科学的研究方法——实证的方法——引入到犯罪学的研究之中。对于立法者抽象的刑罚观,他提出了质疑:立法者如何对不同罪犯给定恰当的刑罚种类和刑罚幅度,以及他通过什么手段达到这样一种内心确信?事实上,立法者在形成确信时,根本没有验证这些原则的效果。因为,犯罪是一种可以呈现出不同形式,而且会根据个人情况随时发生变化的社会疾病,因此人们寻求对犯罪的矫治方法，其实体现了一个追求原因的过程。就像内科医生要作出他的诊断，必须有一个探寻病因的过程一样。然而这一点并未被立法者所遵循。故而，那些认为"刑法的目标是恢复犯罪所违反并侵犯的社会秩序"，或者"任何刑罚的基本目标都是改造罪犯"，以及"刑法应该保卫社会免受犯罪的再次侵害"等抽象看法，并不能给我们提供某种矫治手段是否合适的证据。[1]通过上述分析，加罗法洛的结论是，唯有将实证的方法引入研究犯罪现象之中，才能找到消灭犯罪的最佳方法。

自然犯罪论。加罗法洛认为，自然法学家运用人类学和心理学相关知识研究罪犯，并将罪犯描述为一种类型和各种各样的"人类"。然而，这种缺乏社会学基础的犯罪概念与法律标准并不相符，使得人们对这种研究的实际意义产生了怀疑。基于此，加罗法洛认为，犯罪不完全是一个法律概念，唯有运用社会学方法，找到犯罪的社会学概念才能为立法提供科学的理论依据。为此，需要引入自然犯罪的概念加以诠释。加罗法洛指出，是否可以划定在任何时期和任何地方都被认为是犯罪的一类行为？而是否所有现代社会中的犯罪一直或到处被以犯罪看待，这一点已经不再属于我们研究的范围。他进而认为，研究的焦点在于，在被法律所确认的所有犯罪中，是否存在所有时期和所有地方都认为应受处罚的行为。为了获得自然犯罪的概念，必须放弃事实分析，转而展开情感分析。受实证主义犯罪学学派尤其是龙勃罗梭影响，加罗法洛以人类学统计数据为依托，对犯罪人的相貌特征、生理异常、心理异常等进行分析后，提出了"无道德异常便无自然犯罪"的论断，并认为犯罪倾向

---

[1] 李晓君：《加罗法洛犯罪学思想介评》，载《法制与社会》2007年第3期。

具有先天和遗传的性质,因此不必对累犯所占的比例感到惊讶。

作为犯罪学思想的核心内容,加罗法洛从以下几个方面分析了自然犯罪理论。第一,以普遍的道德感作为出发点,依次分析了利他情感、仁慈感、怜悯感、正义感、正直感等道德组成部分,如怜悯感是人类社会广泛存在的情感,它源于对我们同胞的爱或仁慈,因此,怜悯感开始是一种利己主义情感,但是当这种情感不再限于血缘关系时,怜悯就成了利他情感。第二,指出了伤害怜悯感或正直感是自然犯罪的实质要素,伤害怜悯和正直两种情感之一的行为称为"自然犯罪",以此区别于法定犯罪。由此可见,自然犯罪的本质不是对某种权利的侵犯,而是对怜悯或正直情感的侵犯。第三,区分了犯罪行为的种类,犯罪行为可以分为伤害怜悯感的犯罪和伤害正直感的犯罪。前者包括:侵害人的生命和所有意在对人产生身体伤害的行为,造成身体和精神上痛苦的客观行为;后者包括:暴力侵犯财产,非暴力的违反诚实情况的犯罪,对个人财产或民事权利造成间接侵害的陈述或记载。笔者认为,虽然加罗法洛以情感分析法为依据得出自然犯罪概念,遭到了广泛批评与指责,但是无论如何,他以独特视角区分犯罪,可以说是对犯罪学理论做出的重要贡献。

犯罪人论。加罗法洛认为,诸如传统、偏见、不良模仿、气候、酒精饮料等外部原因,对犯罪发生不能说没有重要影响,但是"在真正犯罪的本能中,一直存在着一种特殊因素,这种因素是天生的或是遗传的,或者早在未成年时期获得并变得与其心理结构不可分离"。因此,如果试图通过使用偶然犯罪人这一词语,来承认"道德上组织良好的人,可能会主要因为外部环境所迫去犯罪",这样的事实显然无法成立。据此,加罗法洛的结论是,犯罪人无法按照正常和非正常进行分类，而只能按照它们异常程度的大小进行划分。根据这一标准，加罗法洛将犯罪人分为以下三种。一是谋杀犯。这是典型的犯罪人，是利他思想完全缺失的人，即缺少任何仁慈或怜悯情感的人。二是暴力罪犯。这类罪犯具有缺乏仁慈、怜悯、正直的特征，可以分为地域性罪犯和激情罪犯，前者是指在某个特定地区从事特定犯罪的犯罪人，后者是指在激情影响之下进行犯罪的人，这种激情因素可以是反映个人的气质的、带有习惯性的，也可能是外部原因引发的。三是缺乏正直感的罪犯。这是指那些侵犯财产的罪犯，对于这类犯罪，可以说社会因素比在前几种犯罪中所起的作用要大得多。四是色情犯。这是指由于性冲动导致犯罪和侵犯一般意义上的贞洁的犯罪，对此，一般可以用道德力量的缺乏，而不是怜悯感的缺乏来解释。

此外，加罗法洛还谈到了社会对犯罪的影响，这也再次印证了加罗法洛对犯罪学的研究是以社会学为出发点的。这种社会影响包括以下四点。一是文明。虽然在一些文明的国度，犯罪正在逐步减少，但是，"正如患某种血液疾病正在痊愈的人体中总是遗留有某种潜在活动状态的残留细菌一样，社会机体中也总会有具有犯罪本性的人，总会有精神病者、精神性神经衰弱者和返祖现象"。二是学校。如果从犯罪总数方面看，学校其实在减少犯罪上没有发挥应有作用。其中的原因，恐怕在于学习并未使人道德化，反而是人的精神本性使学习道德化了。三是宗教。不论宗教情感所留下的痕迹是多么微弱，但不容否认的是，儿童时期就被催醒的这些情感对道德无疑会产生影响，而且永远不会完全消失。就宗教和教育而言，宗教教化的功效范围要比一般教育广泛得多。四是经济条件。经济条件尤其是不平等的社会财富决定着犯罪的范围，但是，就犯罪原因而论,现存的经济秩序——财富的分配——还不是犯罪的主要原因;经济秩序中惯常发生的波动,是特定犯罪的可能性原因。

遏制犯罪论。加罗法洛指出,如果我们把冒犯少数人的行为转向冲击整个社会道德观的行为,我们就会发现,对此行为的反应会合乎逻辑地以相同的形式产生,也就是说,排斥出社会圈;通过这种方式,社会力量将会影响人为选择,而人为选择与自然选择之间有某种相似之处;物种由于不能适应它们生来的或者被移动的特殊环境下的条件而消亡,这种状况影响着自然选择,同样的,国家应当无条件地遵循自然选择的事例。从以上描述中不难看出,加罗法洛认为应依据自然法则确定刑罚。

参考达尔文生物进化论、斯宾塞赔偿和免责学说,加罗法洛提出了遏制犯罪的刑罚体系。一是消除。可以分为完全消除和不完全消除。前者是指死刑,后者包括终身监禁、流放、拘留在惩戒营或者安置在海外、永远禁止犯罪人从事一定职业或者剥夺民事权利和政治权利等。二是强制赔偿。它是指迫使罪犯赔偿因其犯罪行为所导致的物质上和精神上的种种损失,这种赔偿方式,可能是罪犯被迫支付一定数额的金钱,或者为弥补受害者的损失而工作,直至恢复原状。此外,在第三篇的第四章"合理的刑罚体系"中,加罗法洛针对谋杀犯、暴力犯、缺乏正直感罪犯、色情犯提出了具体的刑罚措施,从中我们也可以看到加罗法洛一些犯罪学的思想,如罪行相适应、刑罚效益化以及社会防卫等。

国际刑法论。加罗法洛认为,为有效遏制自然犯罪,世界各国必须互相协助,开展必要合作。因此,制定一部能适用于世界各国的、共通的国际刑法典非常有必要。在该书的第四篇中,加罗法洛列出了国际刑法典的纲要性内容,该纲要分为总则、刑罚体系与程序三个部分，共 36 条。笔者认为，这一主张对现今国际性犯罪预防、国际刑事法律政策拟定以及国际刑事合作等，均具有重要借鉴和促进作用。

该书是犯罪学领域有较大影响的著作之一。虽然加罗法洛的理论带有一定的片面性，比如：将道德异常因素视为自然犯罪的绝对原因，缺乏必要的科学考证；将自然犯罪归结为遏制犯罪的唯一对象，忽视了法定犯罪的预防与研究，不利于防卫社会刑罚目的的实现；主张对谋杀犯适用死刑而否定终身监禁的作用；以人类道德的基本情感作为划分犯罪的标准，既逻辑混乱又标准不一等，但是这种片面是深刻而富有启发的片面，是具有积极意义、值得肯定的片面。正如我国刑法学家陈兴良教授所说的那样，"恰恰是这种深刻的片面代表了一种否定性力量，一种革命性力量，一种批判性力量"，并成为犯罪学思想发展的伟大原动力，推动犯罪学理论向纵深发展，难怪美国刑法及犯罪学协会执行委员会成员 E. 雷·史蒂文斯如此评价加罗法洛："作者对犯罪学提出了十分合情合理的看法，不带有一丝一毫的虚伪情感。他对问题所持的观点预示着现代和进步刑事科学的新阶段。"

38. 从研究犯罪到研究罪犯

——《犯罪人论》*导读

> 无论从统计学的角度看,还是从人类学的角度看,犯罪都是一种自然现象;用某些哲学家的话说,同出生、死亡、妊娠一样,是一种必然的现象。
>
> ——［意］龙勃罗梭

【作者、作品简介】

切萨雷·龙勃罗梭（1835—1909）是意大利犯罪学家、精神病学家,刑事人类学派的创始人。他出生于维罗纳犹太人家庭,曾任军医、精神病院院长、都灵等大学教授。龙勃罗梭重视对犯罪人病理解剖的研究,比较研究精神病人和犯罪人的关系,运用人类学的测定法作为研究精神病犯罪人和其他犯罪人的方法,对于犯罪人的头盖骨和人相,特别加以注意。主要著作有:《天才与堕落》(1877)、《天才》(1888)、《女性犯人》(1893)、《政治犯和革命》(1895)等。

---

* ［意］切萨雷·龙勃罗梭：《犯罪人论》,黄风译,北京大学出版社2011年版。

《犯罪人论》是龙勃罗梭有关犯罪人理论的代表作。书中提出的生来犯罪人论、犯罪人类型、犯罪对策论等理论，极大地推动了犯罪学的发展。虽然他的理论引起了很大争议，也有人对此给予了否定评价，但这都无法否认他是一位伟大的犯罪学家的定论。或许美国现代犯罪学家索尔斯坦·塞林的话是对龙勃罗梭中肯的评价："总之，龙勃罗梭究竟是正确还是错误，可能并没有像这种无可非议的事实那样重要，即他的观点是那样具有挑战性，以至于它们产生了史无前例的研究犯罪人的动力。任何成功地激励许多追随者探求真理，而且他的观点在半个世纪后仍然具有生命力的学者，都在思想史上占有光荣的位置。"

【名句共赏】

对于所有犯罪人来说，自杀有时候是一种安全阀，有时候是一种危机和对明显的或者刚刚产生的犯罪倾向的补充。对某些人来说，是一种对已实施的或者即将实施的犯罪的解脱手段，是向他人或自己要求原谅的方式，无论它证明那种支配他们的激情具有不可抵御的力量，还是表明随后产生反悔。

——第五章，第 62 页

正义与非正义的观念并非已在所有犯罪人头脑中完全泯灭；但是，它不起作用，因为它只是被头脑所接受，而没有被心灵所感知，总是受到情欲和习惯的压制。

——第八章，第 97 页

38. 从研究犯罪到研究罪犯

在许多情况下，某些犯罪人看起来有着非凡的技艺。但是，如果我们认真观察一下，就不再感到惊奇。他们获得这样的成功是因为他们经常重复实施同样的行为；即使是笨人也会成为一项不断重复行为的伶俐者。

——第十章，第 108 页

惩罚权应当以自然必要性和自我防卫权为基础，脱离了这样的基础，我（指龙勃罗梭——编者注）不相信有哪种关于刑罚权的理论能够稳固地站住脚；意大利早期的理论都是以此为基础的。

——第十七章，第 229-230 页

刑罚最初起源于犯罪，从犯罪那里获得特色，它本身也是返祖现象，曾经毫不掩饰地表现为赔偿或者复仇；……犯罪不仅被视为一种恶，而且被视为恶中之最，只有死刑能足以惩罚它。

——第十七章，第 231 页

一种定义，无论它多么高尚和完善，如果想从它的细微脉络中推导出决定千万人性命的整个刑罚体系，我（指龙勃罗梭——编者注）认为这种愿望是奇怪的和冒昧的。如果首先关注的是才智的一时迸发，而忽略对事实的耐心观察，无论这种才智多么伟大，都可能导致对人类才智的过分推测。

——第十七章，第 233 页

这后一种刑罚（指罚金——编者注）……为了加强其感知度，可以根据富裕程度予以提高，同时可能有助于减少庞大的司法开支，并且从最要害的地方打击现代犯罪，即：最容易为之而学坏的地方，因此，它或许也能够成为真正的预防手段。

——第十八章，第249页

劳动应当被用来重新激发委顿的精力，被作为对生活的调剂，它是一切监狱机构的目的，以便帮助囚犯在获释放后能够适应谋生的职业；它作为一种监狱管理的手段，同时也是对国家为囚犯开支的费用的补偿。

——第十八章，第252页

社会因他们（指累犯——编者注）的犯罪而受到侵扰，为他们的服刑而操心和开销，现在再不应当因他们的获释而遭受苦难；这完全符合那条几乎没有任何人相信的理论原则，即监狱应当是一种荡涤任何罪过的洗浴中心。

——第十八章，第261页

【作品点评】

从研究犯罪到研究罪犯[①]

切萨雷·龙勃罗梭是意大利精神病学家、犯罪学家、实证主义

---

① 原载《检察日报》2017年9月7日。

犯罪学学派的创始人和代表人物之一。纵观龙勃罗梭的一生，其最伟大的成就是撰写了《犯罪人论》一书，该书被誉为是刑法学领域的经典著作之一。在书中，龙勃罗梭首次将实证方法引入犯罪学领域，引发了犯罪研究领域的一场方法论革命，并以翔实的实证资料为基础，提出了一系列犯罪学思想，由此，他也被尊称为"现代犯罪学之父"。

与古典犯罪学派不同，实证主义犯罪学学派主张以实证方法来研究犯罪问题；崇尚行为决定论，认为犯罪原因由多种因素共同作用形成，并非由行为人的自由意志造成；推崇社会责任论，认为刑罚的唯一目的就是防卫社会，着眼于犯罪人特征，将犯罪人作为研究对象；主张刑罚矫治论，以对犯罪人的矫正救治作为刑法观念。循着实证主义犯罪学学派的观点，龙勃罗梭在书中对以下理论展开了深入论述。

生来犯罪人论。龙勃罗梭运用体质人类学等学科方法，对383名死刑犯人的颅骨进行解剖时发现，这些犯罪人具有一系列不同于正常人的解剖学特征。从中龙勃罗梭提出了著名的生来犯罪人理论。这一理论是龙勃罗梭最重要、最有影响力的犯罪学理论，也是龙勃罗梭用力最多、最富有创新精神的理论，当然，也是后来最有争议的理论观点之一。该理论的主要内容是：犯罪人是出生在文明时代的野蛮人，他们的生物特征决定了他们从出生时起就具有原始野蛮人的心理与行为特征，这种行为必然不符合文明社会中的传统、习惯和社会规范，必定构成犯罪。因此，犯罪人是一种自出生时起就具有犯罪性的人，他们的犯罪性是与生俱来的，是由他们的异常的生物特征决定的，犯罪人就是生来就会犯罪的人。决定犯罪人生来就具有犯罪性的这种生物异常，则是通过隔代遗传而来的。

犯罪原因论。龙勃罗梭认为，犯罪的原因可分为自然原因和社会原因。前者如气候、种族、饮食、文化、遗传、年龄等因素。如以气候因素为例，龙勃罗梭认为，侵犯财产罪在冬季的发案率明显最高，这里气候的影响是不一样的，这种影响使需求增加，又使满足这种需求的手段减少。后者包括文明程度、生活状况、教育、宗教、经济条件、家庭出身、吸烟等因素。如以文明程度为例，龙勃罗梭认为，文明社会的犯罪与野蛮社会的犯罪，两者的不同之处在于犯罪类型方面，随着社会向文明方向的发展，犯罪的数量也可能正在增加；再以教育为例，文化水平高的人会使用更复杂的犯罪方式进行犯罪，会给社会造成更大的危害。

犯罪人类型论。龙勃罗梭着眼于犯罪人的特征，尤其是犯罪人的生物特征，对犯罪人进行了分类，从而完成了从研究犯罪到研究罪犯的巨大转变。虽然龙勃罗梭是从犯罪学的意义上对犯罪人进行分类，与刑法学意义上的犯罪人分类不完全相同，但是，在刑法学历史上他的犯罪人分类与处遇措施相对应，开创了刑法理论的新纪元。龙勃罗梭将罪犯分为以下四种。一是生来犯罪人。这类犯罪人有许多独特的身体方面的特征，注定他们先天已有犯罪本性，因而注定要犯罪。二是激情犯罪人。这类犯罪人具有残忍、鲁莽、犯罪行为突然发生等特点和强烈的暴力行为倾向，他们的犯罪行为基本上都是在激情作用下发生的暴力行为，因此，应当更确切地将他们称为"暴力犯罪人"。三是精神病犯罪人。将精神病人与犯罪人区别开来，是实证主义犯罪学学派的主要贡献之一。所谓精神病犯罪人，就是由于精神病的影响而犯罪的人，这类犯罪人具有这样一些特征：他们很少表现出对可能遭受到的刑罚的恐惧，他们常常暴怒发作，他们几乎不隐匿自己的犯罪行为，他们常常否定自己是精神病人等。四是偶尔犯罪人。这类人是指"那些并不寻找犯罪机会，但总是遇到犯罪机会，或者由于极其轻微的原因而犯罪的人。他们仅仅是那些与隔代遗传和癫痫完全无关的人；但是，正像加罗法洛所观察的那样，恰当地说，这些人不应该称为犯罪人"。偶尔犯罪人可以分为虚假犯罪人、倾向犯罪人、习惯犯罪人、癫痫犯罪人四种。

犯罪防治论。龙勃罗梭认为，刑罚的本质是一种侵犯报复另外一种侵犯，频繁和严峻的刑罚并不能消灭犯罪，反而会引发更多更残酷的犯罪。因此，刑罚应当以自然必要性和自我防卫权为基础，并从气候、文明、教养院、监狱管理的心理学、监护机构、刑事精神病院等十几个方面论述对犯罪防治的看法，其中较为系统的是社会防卫论、罪行共栖理论和监狱管理理论。

关于社会防卫理论。该理论主要是针对生来犯罪人这种特殊的犯罪人类型而提出的。龙勃罗梭根据达尔文进化论和人类遗传学提出了"决定论"，他认为，"意志自由只是哲学家的虚构，在现实生活中，一个人根本没有自由意志可言，人的行为是受遗传、种族等先天因素制约的，对于这些人来说，犯罪是必然的，是命中注定的"。生来犯罪人具有先天性，是无法被教育改造的，只能对其实行处死、终身监禁、切除前额、流放荒岛等消除危险性的"社会防卫"措施。

关于罪行共栖理论。该理论指对犯罪人采取再适应的方法，强调通过劳动来改造犯罪人，社会也得以利用罪犯的劳动和才能使社会和被害人从其劳动成果中得到损害赔偿。龙勃罗梭提出，劳动不仅可以补偿国家为囚犯开支的费用，对于囚犯而言也有不可忽视的重要意义：一是调剂监狱生活；二是帮助囚犯在被释放后适应谋生的职业。此外，龙勃罗梭还论及了囚犯适合从事的劳动、劳动的去利益化、对努力劳动者的奖励以及对劳动报酬的管理等问题，这些都是完善现代劳动改造制度不可或缺的真知灼见。

关于监狱管理理论。首先，在龙勃罗梭看来，"监狱是犯罪的学校，它教人实施最有害的犯罪和团伙犯罪"。因此，应当避免将犯罪人送进监狱。可改用一些可以真正渐进的身体刑，如禁食、强制劳动、监视居住、管制、流放、罚金等惩罚措施来应对犯罪。其次，如果由于特别严重的罪行必须将犯罪人送进监狱，也应当尽量避免他们之间可能发生的任何交往，故有必要建立独居制监狱。尽管建立独居制监狱有着开支巨大、损害囚犯社会适应能力等不足，但是独居制监狱可有效避免集体监狱中的"交叉感染"问题，防止囚犯从共同被监禁人处习得新的犯罪方法和手段，并部分消除结伙犯罪的可能性，对每个囚犯获得细致的个别教育和改造也是不无裨益的。再次，在对囚犯教育改造问题上，龙勃罗梭提出强制性的纪律约束不能改造囚犯，应刚柔相济、以教育为主，不要过多地诉诸处罚和管制；教育内容方面，应教授农耕、缝纫、应用物理等有用的技艺和绘画方面的知识，而不是进行可能使囚犯学到监狱中应当禁止的联系方法、为犯罪提供新的武器的传统文化教育；根据人的兴趣和情感进行美德教育时，更多地通过表扬、允许探视、增加其一定程度的生活自主权和提前释放等措施来引导囚犯向好的方面发展。最后，提出了累进制、储蓄、关押屡教不改的场所等制度，以应对监狱管理问题。如对于累进制，龙勃罗梭认为，这种以矫正和更新为核心的累进制度有效地将经济学和犯罪心理学结合起来，通过将监管生活分为三个阶段（独居生活、从事集体劳动、暂时自由阶段）实施，以实现在押囚犯通过改造逐渐过渡到完全自由的目的。这一监管方式大大节省了国家开支,囚犯也获得了一定程度的减刑,这对减少在押人数、减少模仿犯罪以及保留足够数量的独居制牢房都具有重要作用。

虽然龙勃罗梭的犯罪学思想自问世以来,即遭到众多批评和否定,但是毋庸置疑的是,龙勃罗梭是一位伟大的犯罪学家,他的许多结论、观点即使在今天看来仍然具有生命力,仍然富有启发性。比如:他对犯罪人全面而细致的分类,为合理定罪量刑、实施犯罪防治措施奠定了基础;他对监狱所持的根本反对态度和对囚犯教育的相关理论既维护了社会整体利益,又在一定程度上保全了犯罪人,是其主张目的刑主义、促进刑罚价值多元化的体现,极大地推动了现代刑事政策学的发展;他认为减少犯罪的最佳方法是预防而非惩罚,而做好预防工作,对保障社会和谐稳定具有重要意义,因此,刑罚不应成为对犯罪人的报应,而应成为对犯罪人的矫正救治;他倡导的犯罪原因"多因论",为制定预防犯罪措施、构建社会防卫思想提供了基础性理论等。难怪著名社会学家莫里斯·帕米利如此评价龙勃罗梭:"无论他有什么错误,他都是伟大的先驱者,他的独创性和多方面的天才,他的富于进取性的人格,导致了将近代科学的实证方法、归纳方法应用于犯罪问题的伟大运动,他比任何其他人都更加有力地促进了新的犯罪学科学的发展。"

39. 近距离观察德国刑法学的窗口

——《刑法总论教科书》(第六版)[*]导读

> 民主国家需要保护个体的自由发展。因此，法律就有了这一任务，亦即，在协调市民之间不同利益的问题时，实现非暴力的协和，从而维系社会的正常运转。
>
> ——[德]金德霍伊泽尔

【作者、作品简介】

乌尔斯·金德霍伊泽尔是德国波恩大学刑事法研究所主任和波恩大学学校委员会成员。1949年5月出生于德国吉森，1968年进入吉森大学法律系学习，次年于弗兰肯塔尔市立医院服民役，1971—1976年先后在吉森大学、马尔堡大学、慕尼黑大学和弗莱堡大学法律系学习。1979年于弗莱堡大学获得法学博士学位。1987年在蒂德曼教授指导下完成教授资格论文，于弗莱堡大学取得刑法学、刑事诉讼法和法哲学教授资格。主要著作有：《刑法总

---

* [德]乌尔斯·金德霍伊泽尔：《刑法总论教科书》(第六版)，蔡桂生译，北京大学出版社2015年版。

论》《刑法分论Ⅰ》《刑法分论Ⅱ》和《刑事诉讼法》等。

法律科学是一门规范科学。刑法上的规范分为举止规范和制裁规范。举止规范的目的在于保护生命、身体、财产等各种法益，制裁规范旨在维护举止规范的效力。当举止规范被违反时，当事人具有相应的行为能力而未为举止规范所要求的行为，成立刑法上的不法；当事人能够形成避免违反举止规范的相应动机，而却没有形成，则有罪责。在《刑法总论教科书》一书中，作者以规范理论为基础，对刑法在法律体系中的位置、犯罪的一般学说以及构成要件、违法性、罪责、错误、力图、过失犯、不作为犯、参加、竞合等犯罪论各基本领域进行了深入、平实、简易、全新的阐述。

【名句共赏】

刑事处罚并非什么善行，而是一种恶。确切地说，这种恶又是一种特殊的恶：通过施加这种刑法上的恶，可以同时表达出针对行为人所犯下的不良举止的社会伦理意义的责难。

——前言，第 1 页

作为法秩序的一个部分，刑法所规定的是：人们利用刑罚或保安措施、矫正措施来进行威胁的那些举止方式，需具备哪些条件和会造成哪些后果。

——第一编，第 13 页

民法和刑法都是对过去的事情进行处理；它们回溯性地问道：我们应当如何对已经发生的事实做出反应？在具体案例中，刑法关注的是公共利益，而民法则不同，它仅仅关注当事人之间的利益。

——第一编，第 15 页

正义必须被实现，因为实现正义乃是绝对命令。如果公正和正义沉沦，那么人类就再也不值得在这个世界上生活了。

——第一编，第 25 页

今日的刑法学理中贯彻的观点是，将违反刑罚法规的某个举止评价为不法，理解为这样一个事件（Geschehen）：在不存在正当化事由的情况下，将某个犯罪的构成要件的实现归属为行为。换言之，若按照行为人体力和智力情况，他是有办法避免实现违法的构成要件的，而却实现了它，那么，就出现了刑法上的不法。

——第二编，第 43 页

构成要件理论乃是人们对于所谓的"罪体"（corpus delicti）理论的进一步发展。这种"罪体"乃是犯罪的外部表征，正是有了这种犯罪外部特征，人们才有权采取追究措施。费尔巴哈是这样定义该概念的："某种形式的违法行为的法定概念中所包含的特定行为或事实之要素的总和，就叫作犯罪的构成要件（罪体）。"

——第三编，第 61 页

犯罪的构成要件必须对可罚举止进行尽可能精确的表述（"类型化"），这样，它才能清晰易懂地向各个公民指明每个不法，以此才可以要求他们做出忠诚于法律的举止。

——第三编，第 71 页

不计任何代价来避免损害，这不是刑法的任务，因为那样会使得社会生活僵化而无法发展。在（某些）特定的条件下，社会交往必须不受制于刑法上的结果答责，而自由地向前发展。

——第三编，第 92 页

不管人们怎么界定刑法中实质意义的罪责，它都只是法律罪责，也就是说，它仅仅是对缺乏忠诚的责难。尽管在刑法中出现了社会评价，但是，刑法上的罪责责难不是一种道德审判。

——第三编，第 211 页

过失责任的机能便是：确保对于普遍期待的（保障可辨认性和屏蔽风险的）安全标准的遵守。这种机能的发生机制是，行为人实现构成要件虽然不是故意的，但是他若保持交往中所必要的且对他而言可能的谨慎，本来是能够避免实现构成要件的，则要因过失而对结果的发生承担责任。

——第四编，第 325-326 页

"疑罪从无"（in dubio pro reo）（"有疑义时做有利于被告人的解释"）的原则乃是法律适用之中的一个判定性规则。这一原则是指，定罪只能建立在（为形成法庭的确信）已于程序中证实的行为事实之上。

——第七编，第 494 页

【作品点评】

近距离观察德国刑法学的窗口[①]

法律以维护公平正义、追求人类良知为己任，通过裁判者适用法律，从而达致社会的安定与和谐。刑法作为判断社会伦理意义上的责难、确定刑法意义上的罪行的评价性法律，承担着认定犯罪、实施刑事处罚的任务，尤应以实现公平正义为目标。在事实含混不清、法律晦暗不明的情况下，如何实现刑法既定目标，离不开刑法理论体系的指引。德国著名刑法学家乌尔斯·金德霍伊泽尔所著的《刑法总论教科书》（第六版）即是这样一本解读犯罪论、认定犯罪与刑罚的经典著作。

作者在序言中指出，犯罪论总论所关注的是，要将任一举止认定为犯罪，所需满足的各种前提条件。事实上，本书的内容构架就是围绕这个而展开的。基于本书内容繁多，笔者借鉴刑法学总则、分则之布局，将犯罪论分为通论与各论两部分进行评述，以期展现作者犯罪论的主要内容与思想。

---

① 原载《人民检察》2018 年第 21 期。

犯罪论通论：刑法学的普遍正义。刑法的目标是通过确证规范的效力，实现对种种法益的保护。为了实现这一目标，刑法必须具备以下要素。第一，刑法正当性。就法律而言，利益协调乃是通过规范来实现的，刑法规定了两种规范，即举止规范和制裁规范。就举止规范的正当性而言，其源于对法益的保护，简言之，就是刑法禁止威胁或侵害法益的举止方式，或预先保障或维护法益的方式。而对于制裁规范来说，其正当性则来自于刑罚。有关刑罚理论，作者认为，在判例和大多数学说中，采取的是融汇绝对刑罚理论和相对刑罚理论之长的综合理论，即：刑罚在根本上是必须有目的的，但是它也应受到报应理论之意义上的罪责原则的限制。

第二，违法性。作者认为，如果某行为实现了某个犯罪的构成要件，同时又没有正当化事由，那么，该行为在刑法意义上就是违法的。因此，正当化事由乃是"不法阻却事由"。在德国《刑法典》中，法定的正当化事由包括：紧急防卫、正当化紧急避险和损失名誉上的正当权益的维护；不成文的正当化事由有：正当化的义务冲突、推定承诺和父母监护人的养育权等。就其意义而言，违法性是犯罪论的重要评价标准，也是实现刑法学普遍正义的有效工具。

第三，罪责。罪责是刑法学上的重要概念，区分为形式意义的罪责和实质意义的罪责。前者是指一种责难，这种责难是在将某个犯罪归属到某个行为人之后，作为结果而出现的。后者则存在争议，通行观点采用的是规范的罪责概念，是指一种"可责难性"，即违法地实现了构成要件明确表明行为人对于法律规范的错误态度。笔者认为，罪责作为刑法上的基本原则，体现的是"没有罪责就没有刑罚"，可见罪责的重要意义在于，它是证立刑罚和限制刑罚之作用的犯罪要素。

第四，犯罪构造。犯罪就其实质而言，是一种对规范的违反，犯罪通过刑罚宣示：行为人必须为他引发的冲突付出代价，这时，刑法上的"恶"就是这种代价的象征。而要论及犯罪的要素，不法和罪责是两个基本要素。如何审查这两个基本要素，刑法学理中存在两种观点：两阶层的犯罪构造和三阶层的犯罪构造。所谓两阶层的犯罪构造，是指只区分不法和罪责，并且将犯罪的构成要件之前提条件视为积极的要素，将正当化构成要件的前提条件视为消极的要素，同时，这两种要素组成了统一的不法构成要件；这样，在一定程度上，正当化构成要件的前提条件就成了消极的构成要件要素。而三阶层犯罪构造是指区分犯罪的构成要件符合性、违法性和罪责，起源于贝林的构成要件论。对故意犯的不法审查上，虽然两种模式都是依次在证立不法之前提条件、阻却不法之前提条件方面进行审查，同时，都是先进行客观方面审查，而后是主观方面审查，但区别在于客观和主观不法要素的顺序上，即：在两阶层犯罪构造中，客观不法的所有条件先于主观不法的所有条件进行审查；在三阶层犯罪构造中，犯罪的主观构成要件先于客观的正当化构成要件进行审查。作者采用的是三阶层犯罪构造。应予肯定的是，作者对于两种结构的对比，不仅直指大陆法系犯罪论体系的本质，更让我们对大陆法系犯罪论体系的认识更为深刻。

笔者认为，上述犯罪必备要素中的基本要素，直接决定了犯罪的特质与内涵，而且适用于所有犯罪，因而，理顺上述要素，有助于实现刑法学的普遍正义。以刑罚如何实现正义为例，不妨借用边沁的话，"刑罚的严厉程度应该只为实现其目标而绝对必需。所有超过于此的刑罚不仅是过分的恶，而且会制造大量的阻碍公正目标实现的坎坷"。

犯罪论各论：刑法学的具体正义。第一，犯罪的客观构成要件。犯罪的构成要件如同犯罪的标签，故而对于认定犯罪行为的重要性不言而喻。所谓犯罪构成要件，是指对于一个可罚举止要素的法律上的表述，其中客观的构成要件所表述的是行为的外部表象，包括行为客体、行为人、犯罪行为等。作者重点论述了因果关系。如何理解刑法上的因果关系，作者认为，法益保护的思想具有决定性作用：凭借对于规范的遵守，当事人必须避免或阻止那种被评价为损坏法益的特定损害，按此目标设定，因果联系在一定程度上即是"行为方案"。对于因果关系的证明，从时间视角看，有事前观察法和事后观察法两种方法，而从理论视角看，有等值或条件理论、合乎法则的条件说、修正的"若无前者，即无后者"公式。所谓等值理论，是指对于引发的结果而言，若某个举止是无法排除的，没有这个举止，就无法产生具体的结果，那么，该举止便是导致结果的原因；而修正的"若无前者，即无后者"公式，是指在给定的情况下，倘若某个举止是人们不得不考虑的，没有这个举止的话，按照公认的因果法则，具体结果就不必加以考虑了，那么，该举止则是促成结果的原因。可见，后者是对前者的一种修正，目的是为了按照公认的因果法则有效地解释具体结果的发生。

第二，犯罪的主观构成要件。所谓犯罪的主观构成要件，是指行为人的精神心灵领域和思想世界中的相应情状，包括故意或主观的过失、特定目的、特定动机等。其中，作者重点介绍了故意。从故意的定义看，故意必须包含认识因素，即必须对行为情状有认识，至于是否必须包含意志因素，存在争议，作者认为，这样的争议并无意义。从故意的种类看，可以分为蓄意、直接故意和间接故意。这里，需要重点论述间接故意。作为故意的基本形式，间接故意在认识因素上并没有确信，而只是以为结果发生有具体的可能性，这与蓄意和直接故意均不同。有关间接故意的定义，存在不同观点，作者认为，建立于"可能性理论"基础之上的定义是合理的，即：若行为人根据某个构成要件的情状，认为从具体风险上看，实现该情状乃是他所"欲"的举止的某种可能的结果，那么，他就是在间接故意地行事。

第三，不作为犯。其是指行为人没有为法律所要求的行为。如果各法规中已对不作为符合构成要件的条件进行了最终规定，称为纯正不作为犯；如果就实现某一犯罪的构成要件而言，采取和作为相等价的不作为，则可成立不纯正不作为犯。构成不纯正不作为犯，客观的构成要件有结果的发生、不作为、因果关系、保证人地位、客观归属等，主观的构成要件则是故意。而纯正不作为犯的构成要件，主要是指客观的构成要件：需要性、可能性、期待可能性等。笔者认为，之所以要规定不作为犯，是因为一方面可以区分作为犯和不作为犯，另一方面则是通过规定不作为犯，以应对社会现实中大量存在的因行为人不作为而构成犯罪的现象。

第四，竞合。刑法上的竞合可以分为行为竞合和法规竞合，审查前者，可以判断是构成行为单数还是行为复数，审查后者则可以区分一罪还是数罪。论及法规竞合，可以分为特别关系、补充关系和吸收关系三种。简言之，如果一个法规包含了另一个法规的所有要素，那么就是特别关系，如果一个法规只有在不适用另一法规的时候才适用，那么即是补充关系，而如果某个犯罪的不法通常都为另一个犯罪的不法所包含，那么即是吸收关系。事实上，竞合事关定罪、刑罚和适用程序，因此，属于刑法学上的重要概念。此外，作者还论述了过失的作为犯、参加等内容。笔者认为，刑法的具体理论唯有适用于具体案件,才能实现个案的公平正义,因此,透彻理解、深刻把握上述具体理论,有助于实现个案的衡平与公正,从而实现整体正义。

德国刑法学家冯·李斯特说:"刑法是被告人的大宪章,也是善良公民的大宪章。"可见,刑法对保护公民权利义务有着特殊的意义。本书虽然是犯罪论总论部分的一个浓缩版,但是从内容广度、理论深度、结构精度看,丝毫不亚于任何一部名著,恰如我国刑法学家陈兴良教授所说的那样,借鉴德国刑法学理论,对于我国刑法学的发展至关重要,本书的出版,给我们提供了一个近距离观察德国刑法学的视窗。因此,本书值得每一位学习、研究刑法学的法律人仔细品读,相信读者一定会收获丰富的理论知识和深邃的思想精华。

40. 菲利的犯罪学多因素理论
——《犯罪社会学》*导读

死刑是一种简单的万灵药，远远不能解决像严重犯罪这样复杂的问题。

——［意］菲利

【作者、作品简介】

恩里科·菲利（1856—1929）是刑事科学中实证主义犯罪学学派的主要代表人物。1856年2月25日，菲利出生于意大利曼图亚省的圣贝内德托一个贫穷家庭。中学毕业后，菲利进入博洛尼亚大学学习，1877年获得博洛尼亚大学学士学位，1879年获得都灵大学讲师资格，1880年担任博洛尼亚大学刑法学教授，1882年离开博洛尼亚大学，接受锡耶纳大学的教授职位。3个月后，年仅30岁的菲利被曼图亚省选举为意大利众议院议员。1906年，菲利应邀继任罗马大学因派罗梅尼的刑法学教授职位。1921年，菲利主持起草

---

* ［意］恩里科·菲利：《犯罪社会学》，郭建安译，商务印书馆2017年版。

的刑法典草案出炉。1924年,菲利辞去众议员职务。1929年4月12日,菲利逝世,"犯罪学史上一位最多彩和最具影响力的人物消失了"。

《犯罪社会学》是菲利犯罪学思想的集中体现。第一章根据犯罪人类学资料,对易于导致习惯性犯罪心理和犯罪行为产生的个人情况进行了研究。第二章根据犯罪统计学资料,对易于导致某些人犯罪的有害社会环境进行了研究。第三章则从实际改良的观点出发,试图说明刑法和监狱管理怎样才能取得更好的社会防卫效果。

【名句共赏】

刑罚,作为一种心理力量,只能抵消犯罪产生的心理因素,而且实际上只能抵消那些偶然的和不太有力的因素,因为它除非实际适用显然不能消除犯罪人类学向我们揭示的生理遗传因素。

——第二章,第80页

自称为一种能够消除所有犯罪因素的简便并且有效的救治措施的刑罚,只不过是一种徒负盛名的万灵药。

——第二章,第80页

只要刑罚是含混和不确定的,他们(指执行死刑的人——编者注)就不会感到恐惧,而总是屈服于一时的意念,屈服于犯罪的冲动。

——第二章,第87页

在刑罚中，尤其是在死刑中，刑罚的确定性比严厉性更有效，这是古典派犯罪学家取得并反复强调的几个实际的心理学研究结论之一。而且，我（指菲利——编者注）还要加上一点，即使很小的确定性也会大大削减我们所担心的痛苦的抵御力量，即使很大的不确定性也不会打消我们所希望的快乐的吸引。

——第二章，第89页

在犯罪领域，因为经验使我们确信刑罚几乎完全失去了威慑作用，所以为了社会防卫的目的，我们必须求助于最有效的替代手段。

——第二章，第94页

我（指菲利——编者注）称这些间接的防卫手段为刑罚的替代措施。但是，食品的替代物一般只是临时食用的次要物品，而刑罚的替代措施则应当成为社会防卫机能的主要手段，因此刑罚尽管是永久的，但却要成为次要的手段。

——第二章，第94页

我们必须在心中牢记那些除制定刑法典之外所应当做的一切，因为历史、统计资料和对犯罪现象的直接观察都表明，刑法对犯罪的预防效果最小，而经济、政治和行政管理法规的效力最大。

——第二章，第108页

对社会预防犯罪来说就像对公民提高道德水准来说一样，关于预防犯罪措施的改革哪怕只进步一点，也比出版一部完整的刑法典的效力要高一百倍。

——第二章，第110页

刑罚的执行，尽管是应当与其他社会功能协调而实现的社会防卫功能中的一个次要的组成部分，但却总是最后的、不可避免的辅助手段。

——第二章，第114页

罪犯本身才是刑事审判的真正的、活的对象。其实，全部审判都是根据重要事实产生的，法官关注的全部所在是对事实进行法律解释，因此在幕后总是只把罪犯当作一个与某一刑法条文相适应的法律决定的最终落脚点。

——第三章，第132页

法律总是具有一定程度的粗糙和不足，因为它必须在基于过去的同时着眼未来，否则就不能预见未来可能发生的全部情况。现代社会变化之疾之大使刑法即使经常修改也赶不上它的速度。

——第三章，第145页

现行刑事司法是一部庞大的机器，吞食并吐出大量的人。这些人轮番失去生命、荣誉、道德感和健康，因而留下不能消除的创伤，流入不断增加的职业犯罪和累犯的队伍中去，一般没有希望复原。

——第三章，第159-160页

就像好的法官执行一部不完善的法典比愚蠢的法官执行一部"不朽的"法典要好一样，一种有独创性而且协调的监狱制度如果没有相应的管理人员来执行也没有价值。

——第三章，第178页

【作品点评】

菲利的犯罪学多因素理论

纵观西方犯罪学研究的历史,可以分为三个阶段:18世纪的古典犯罪学、19世纪的实证派犯罪学和20世纪的现代学派犯罪学。其中,实证派犯罪学的影响最大,恩里科·菲利即是实证派犯罪学的主要代表人物。而《犯罪社会学》即是代表作之一,书中菲利以实证主义哲学为基础,将实证方法引入犯罪学研究,对犯罪原因、刑罚替代措施、刑事制度改革等进行了深入分析,创立了独特的犯罪社会学理论体系。可以说,菲利的犯罪社会学思想对刑事科学的发展发挥了极其重要的促进作用,也实现了犯罪学研究领域一次意义深远的变革。

作为实证派犯罪学的代表人物,菲利一生致力于运用实证分析方法研究犯罪和罪犯,探寻犯罪社会学领域的无穷奥秘。他说:"我们的任务是,证明有关社会对罪犯进行自卫的每一理论基础都必须是对罪犯的犯罪行为进行个人和社会两方面观察的结果。一句话,我们的任务是建立犯罪社会学。"具体而言,在罪犯分类方面,提出了罪犯五分法;在犯罪原因方面,提出了犯罪因素三元论;在犯罪现象方面,提出了犯罪饱和理论;在犯罪惩防方面,提出了一系列社会防卫措施,并主张对监狱、陪审团等制度进行改革。上述观点构建了菲利心目中的犯罪社会学思想。

实证派犯罪学的原始名称源于人类学研究。论及犯罪人类学,其起源可以追溯到柏拉图对人的脸和个性与动物的脸和个性之间的比较,甚至还可以追溯到亚里士多德有关"人的情感与其面部表情之间在生理和心理上的一致"。不过,"只是从《犯罪人论》第1版(1876年)开始,犯罪人类学才自称为一门独立的科学,区别于普通人类学"。谈及犯罪人类学的研究方法,菲利认为,这一学科是从器官和心理结构方面研究罪犯的,因为器官和心理结构是人类生存不可分离的两个方面。器官研究包括解剖学和生理学两个方面,而心理学研究对犯罪社会学具有更直接的作用,因为"犯罪心理学向我们提供像罪犯行话、笔迹、秘密代号和罪犯文学艺术这样一些可以称之为说明性的特征。此外,它还使我们了解用来与器官异常相结合而解释个人犯罪行为产生的那些特征"。

菲利认为,通过对犯罪人类学著作的研究,特别是通过从生理学和心理学角度对大量精神错乱和智力正常的罪犯的直接的、连续不断的观察,他确信,犯罪人类学资料并非完全适用于所有犯罪人,仅适用于"一定数量的、可以称其为先天性的、不可改造的和习惯性的罪犯之类的人"。在此,菲利又重申了其于1880年提出的罪犯分类法,即将罪犯分为精神病犯、天生犯罪人、惯犯、偶犯和情感犯。接着,菲利逐一论述了上述五种罪犯的特征:精神病犯应当包括精神不健全的罪犯;天生犯罪人最容易表现出犯罪人类学所确定的器质和心理特征,"这些人既残忍又狡猾懒惰,他们分不清杀人、抢劫或其他犯罪与诚实勤劳之间的区别";惯犯表现出或略微表现出天生犯罪人的人类学特征,"他们的犯罪主要是由于污浊的环境引起的道德感淡薄而不是其先天性的主动倾向所致";对于偶犯,"这种罪犯没有任何先天固有的和后天获得的犯罪倾向,他们由于经受不住其个人状况以及自然和社会环境的诱惑,在青少年时期犯了罪。如果没有这些诱因,他们就不会犯罪或不会继续犯罪";情感犯"能够抵御导致偶犯犯罪的非意外力量的一般诱惑，但不能抵御有时确实难以抗拒的心理风暴"。作为对罪犯分类法的总结，菲利给予了高度评价："我们有确凿的证据证明，无论它是否论及罪犯的自然原因，或者是否论及社会自卫的不同方式，这种分类实际上构成了所有对罪犯进行人类学分类的一般的和持久的基础。"

借助于犯罪统计学，菲利对犯罪原因进行了归类，从而提出了犯罪原因三要素相互作用论。第一，人类学因素。人类学因素是犯罪的首要条件，由三方面构成。一是罪犯的生理状况，包括颅骨异常、脑异常、主要器官异常、感觉能力异常、反应能力异常和相貌异常及文身等所有生理特征；二是罪犯的心理状况，包括智力和情感异常，尤其是道德情感异常，以及罪犯文字和行话等；三是罪犯的个人状况，包括种族、年龄、性别等生物学状况和公民地位、职业、住所、社会阶层、训练、教育等生物社会学状况。第二，自然因素。犯罪的自然因素是指气候、土壤状况、昼夜的相对长度、四季、平均温度和气象情况及农业状况。第三，社会因素。犯罪的社会因素包括人口密集、公共舆论、公共态度、宗教、家庭情况、教育制度、工业状况、酗酒情况、经济和政治状况、公共管理、司法、警察、一般立法情况、民事和刑事法律制度等。菲利认为，人类学因素仅适用于惯犯和天生犯罪人；犯罪的周期性变化主要应归结于社会因素的作用，"最严重的犯罪，尤其是侵犯人身罪，恰恰因为它们多半为天生犯罪行为而表现出来的周期性变化，往往比那些程度轻微但数量众多的侵犯财产罪、妨害公共执行罪和更带有偶然性的侵犯人身罪的变化要稳定并且更有规律"。

谈及三种因素之间的关系，首先，这三个因素本身之间存在着互为因果的关系，菲利声称："我们必须认识到原因与结果的区别只是相对的,因为每一个结果都有其原因,每一个原因也都有其结果。因此,如果不幸——物质的和精神的——是变态的原因,那么像生物学上的异常这样的变态本身也是不幸的一个原因。而且,如果从这个意义上讲,这个问题就像有关先有蛋后有鸡,还是先有鸡后有蛋这样一个著名的拜占廷式的争论一样,完全是形而上学的。"其次,每一种因素的相对作用随着每一种违法行为的心理学和社会学特征不同而不同。比如"就杀人和偶然杀人来说,偶然杀人在很大程度上是社会环境(赌博、酗酒、公共舆论等)的结果,而杀人则更倾向于由于行为人的残忍、无道德感和因生理变态导致的精神病理学状况而产生"。菲利首次以多因素论解释犯罪的成因,正如储槐植和许章润先生所指出的,"标志着犯罪学多因素理论的建立。与单因素说相比,多因素论不仅仅反映了犯罪现象本身的复杂性,而且也反映了犯罪学研究水平的进一步提高。这无疑是犯罪学发展史上的一大进步"。[1]

菲利认为,根据犯罪饱和法则,可以得出两个犯罪社会学的结论。一是主张犯罪具有机械的规律性是错误的,因为决定犯罪水准的自然和社会环境不可能一成不变,"一直保持不变的是一定的环境与犯罪数量之间的比例,确切地说,这才是犯罪饱和法则"。二是迄今为止一直被认为是救治犯罪疾患最好措施的刑罚的实际效果比人们期望于它的要小。"因为重罪和轻罪是由于其他与立法者轻而易举写出的、法官一直适用的刑罚根本不同的原因的共同作用而增加和减少。"为此,菲利列举了一些例子,比如:尽管中世纪的法律对暴力犯罪的惩处很严,但这种犯罪仍然很多;罗马帝国用刑罚和

---

[1] 转引自潘永建:《犯罪学多因素理论的建立——恩利科·菲利〈犯罪社会学〉解读》,载《中共郑州市委党校学报》2009年第2期。

刑讯不仅未能扑灭基督教之火,反而起到为基督教之火煽风的作用等。由此,菲利得出结论,刑罚不是简单的犯罪万灵药,它对犯罪的威慑作用是很有限的,"在犯罪领域,因为经验使我们确信刑罚几乎完全失去了威慑作用,所以为了社会防卫的目的,我们必须求助于最有效的替代手段。我称这些间接的防卫手段为刑罚的替代措施"。

关于刑罚的替代措施,体现在以下几个领域。第一,经济领域。该领域有许多措施可以起到预防犯罪的作用,如自由贸易通过防止饥荒和食品税过高,消除了侵犯财产罪;市政工程能够遏制侵犯财产罪、侵犯人身罪和妨害公共秩序罪的增长;用硬币代替纸币可以减少伪造犯的数量;让已婚妇女监督检查童工工作的车间,可以防止刑罚所不能防止的猥亵奸污童工罪等。第二,政治领域。警察专断的镇压和预防,对于预防暗杀、叛乱、共谋和内乱等政治犯罪是无效的,"要预防这类犯罪,除了协调政府和民族的愿望之外没有其他办法"。如对于选举过程中的犯罪,改革选举制度使其适应本国的情况是唯一的预防措施。第三,科学领域。科学的发展会提供比刑罚镇压更有效的办法,如解剖学和毒物学的发展减少了投毒案件的数量;女医生的出现减少了医生进行有伤风化犯罪的机会;通过避免货币的经常流动,支票比刑罚对预防盗窃所起的作用还要大等。第四,立法和行政领域。如明智的遗嘱立法可以防止因亲属急于继承财产而产生的谋杀;建立弃儿和孤儿院,能够防止用严刑不能防止的溺婴和堕胎罪等。第五,教育领域。如书本教育可以减少偶犯;禁止放映残忍的镜头和查禁赌场是替代刑罚的好方法等。最后,菲利对刑罚替代措施作了如下总结:刑罚替代措施的目标不是使所有重罪和轻罪都不可能产生,而是在任何特定的自然和社会环境下都力争将它们减少到最小的数量。"为了保护我们免遭犯罪侵害，最好是研究心理学和社会学规律，利用比所有镇压措施都更有效的社会替代措施。"

面对刑事司法制度中的实际缺陷以及镇压的长期无效，实证派犯罪学认为，唯有通过改革，建立社会防范犯罪的新制度，才能实现减少犯罪的目的。为此，菲利提出了以下改革内容。第一，刑事立法。根据"遇有疑义时应有利于被告"这一普遍规则而产生的无罪推定原则，理应得到遵守，但是，"当证明被告有罪的证据确凿时，例如，在现行犯罪案件中或在审判中有其他因素证实的自首案件中，鉴于有绝对事实存在，无罪推定原则似乎应当停止适用"。此外，在初审中适用无罪推定原则是正确的，但是"在事实已经推翻这个推定，初审已经定罪之后再坚持这一推定原则是不可理解的"。因此，恢复罗马人以"案情不清"形式所承认的"证据不足"的裁决作为"无罪"和"有罪"裁决的替代形式更为合理。

第二，犯罪与罪犯。罪犯而非犯罪才是刑事审判的真正的、活的对象，刑事审判包括搜集证据、辩驳证据和确认证据三个部分。在搜集证据阶段，要强化犯罪社会学的司法应用，例如，在每一个初审法庭都设置权威专家，以确定证据的真实效力；在辩驳证据阶段，要确立法定官员公开辩论的原则；在确认证据阶段，要实现对法官制度的改革，如改革大学以引进社会学和人类学研究的现代成果、开设"临床犯罪学"课程、为警察和监狱看守建立专门的学校等。

第三，陪审团。菲利从社会分工专业化角度出发，主张废除陪审团制度。并给出了实证派犯罪学的唯一结论是，"在保留陪审团参与审理政治犯罪和违反社会秩序的犯罪的同时，我们应当在完成关于保证法官的独立和权力的改革之后不久就取消陪审团对一般犯罪的审理"。

第四,现代监狱制度。"现代刑事司法是一部庞大的机器,吞食并吐出大量的人。这些人轮番失去生命、荣誉、道德感和健康,因而留下不能消除的创伤,流入不断增加的职业犯罪和累犯的队伍中去,一般没有希望复原。"因此,现代监狱制度注定是失败的。为了制定可行方案,需要确立一些标准,这些标准包括:一是不确定罪犯隔离时间;二是具有公共和社会性质的强制赔偿;三是对各种罪犯都适用防卫措施。具体来说,就是对天生犯罪人、精神病犯罪人和习惯性犯罪人实行不定期隔离,对轻微罪犯施以赔偿损失代替短期监禁。菲利总结道:"总之,就像不定期隔离——除了保证其实施监禁和拘留的专门程序规则之外——是实证派提出的社会防卫制度的一个原则一样,作为一种社会职能的赔偿,除了保证其实施的程序规则之外,是实证派提出的社会防卫制度的第二个基本原则。"

第五,犯罪精神病院。古典犯罪学派认为,一个实施危险行为的实施者要么是一个精神病人,要么是一个罪犯。如果他是一个精神病人,就应当进普通精神病院;如果他是一个罪犯,就应当进监狱。问题是,如果有些人同时是有精神病的和犯罪的,该怎么办?基于"对各种罪犯都适用防卫措施"的原则,菲利主张设立专门的犯罪精神病院,通过对这类人实施不定期隔离,从而使他们能适应社会而不再对社会构成威胁。对于隔离对象,包括四类:一是由于精神病而被宣告无罪的人或在初审中判处一定期限隔离的罪犯;二是在服刑期间患精神病的罪犯;三是在普通精神病院犯了罪的人;四是经过审判因怀疑有精神病而被置于专门的监房中进行弱智观察的人。此外,菲利还提出了废除死刑、反对单独监禁等观点。

总之，菲利通过社会学的视角来观察、解决一系列犯罪问题，把犯罪的研究重点由行为转向行为人，并因人的属性多元论而采取多种研究方法，从而把犯罪学研究引入了一个更广阔的视野；在研究犯罪状况时分析犯罪的社会原因，从而揭示了犯罪的社会性；把罪犯作为研究对象，认为犯罪是行为人的犯罪，刑罚亦是对行为人的惩罚，行为人的危险性格应当是刑法中的重要参考依据，从而促进了刑法观念的更新。就此而言，菲利的犯罪社会学思想对于我国刑法理论的发展、刑事政策的革新以及司法制度的改革，均具有重要的借鉴意义。

后　记

　　时光飞逝，距离第一本书评集出版已过去两年多了。在这两年多的时间里，我依然执着地坚持写作书评，其中的原因，除了坚守初衷，将法学名著介绍给更多人，期待读者喜欢并走进法学名著的神圣殿堂之外，还多了一个原因，就是深切感受到阅读法学名著是提升法律素养、探寻法律精髓的一条捷径，而穿越这条捷径的过程中，我们获取了法律知识，开阔了法律视野，领悟了法律思想。

　　遵循第一本书评集选择名著的标准，即较高的学术水准、较高的知名度、较高的翻译水平，此次选择了40本法学名著，涉及人物传记、法理学与法哲学、法律史、比较法、司法制度、法人类学、法社会学、刑法学等领域。且选取"作者、作品简介""名句共赏""作品点评"三个角度予以介绍、解读。相比第一本书评集，此次编著作了如下调整。

　　法学名著扩展至40本。或许一些名著难以被纳入经典之列，但毋庸置疑的是，均属于名著序列。扩展的目的是，给读者推荐尽可能多的名著。

　　名著涉及的领域广泛。正如澳大利亚著名法学教授维拉曼特在《法律导引》中所说，"法律本身是个广泛的知识领域，而不是一个封闭的知识盒子"。因此，法律作为人类文明的成果，体现在诸多领域，因此有必要予以多方位展现。

选择角度略有变化。此次编著将作者、作品简介予以合并，一方面基于篇幅不宜过长，另一方面考虑到将更多的内容留给作品点评，故而适当简化作品简介，以此增强作品的点评分量。

部分作品点评未予发表。虽然未能发表，可能会影响作品点评的权威性，但并不会影响展示作品原貌。本着尽可能真实体现作品原味，我采取了主要内容介绍辅之以适当点评相结合的方式，力求点面结合，全方位展示作品。

与第一本书评集的撰写、汇集一样，此次书评集的形成也经历了一番艰辛。

正如穿越卢埃林笔下的荆棘丛一样，或许荆棘会划破衣衫、刺伤眼睛，但如能奋力穿过，那么就会直达光明，美好的风景就在前方。这种风景是艰难之后的豁然开朗，是艰辛之后的一片坦途，是艰巨之后的欣然愉悦。当然，与编著第一本书评集一样，我时常诚惶诚恐，生怕歪曲了作品原意和作者思想，唯有尽其所能去阅读，直至读懂读透，并在此基础上进行理解与把握。

现在到了该说谢谢的时候了。感谢北京师范大学法学院暨人文和社会科学高等研究院法治发展研究中心特聘教授米健老师长期以来对我的关心与支持，因同有一种"青海情"，我才得以结识米健教授，他不仅亲笔撰写了本书的序，还提出了许多独到的修改意见和建议。感谢青海师范大学法学与社会学学院岳欣、宋纪颖、张艳霞三位同学承担了前期的校对工作，青海民族大学法学院黄悦、陈雅文、肖燕、薛景四位同学承担了后期的校对工作。感谢知识产权出版社法律编辑室齐梓伊主任以及秦金萍和唱学静两位编辑的辛劳，使本书可以顺利出版。然而，我自知才疏学浅，书中难免有不妥或错误之处，尚盼读者不吝指正。

  2013年8月18日、2015年5月31日，这两个日子在我的记忆中永远难忘。孩子们的到来，改变了我的人生，也改变了我对生活的态度，从此怀着一种希望、一种期待、一种信念而认真细致地生活着。谨以此书献给他们，以表达我对他们的期盼与关爱。

  最后，我想引用被誉为美国历史上五位最伟大的法官之一、美国联邦最高法院大法官霍姆斯在《法律的道路》中的一句名言，与读者共勉："法律是人类心智的最广大的成果之一，作为一个思想家，可以通过掌握'法律更深远和更普遍的东西'，成为你们职业上的'专家'，把（你们的）专业同天地万物联系起来，并聆听到来自苍穹的回响，瞥见其深邃过程的微光，领悟到普遍规律的微弱线索。"我以为，这种对法律的宽阔视野、宽广胸怀、深邃领悟，永远是法律人心中的精神家园与不懈追求。

王水明
庚子年夏于西宁